TEN UN CORAZÓN DE MARÍA EN UN MUNDO DE MARTAS

"Muchas veces los libros no coinciden con sus títulos, pero el de Joanna Weaver, *Ten un corazón de María en un mundo de Martas*, cumple la promesa. Es sencillo de leer, personal, está muy bien escrito y contiene un mensaje profundo. Este libro me probó, me desafió y animó a vivir el día a día como María en un mundo de Martas, a la vez que me señaló las cualidades positivas de ambas personalidades. ¡Los lectores serán muy bendecidos!"

—CAROLE MAYHALL, autora de *Come Walk with Me* y
Here I Am Again, Lord (Ven, camina conmigo y Aquí estoy de nuevo, Señor)

"Joanna Weaver tiene un corazón que canta. Cuando estoy cerca de ella, me hace sonreír. Su voz se oye sincera y clara en *Ten un corazón de María en un mundo de Martas*. Este libro nos invita a unirnos al coro de la comunión diaria con Cristo, a pesar de las presiones que amenazan con silenciarnos. Considéralo como una partitura para tu alma."

—ROBIN JONES GUNN, autor de los libros más vendidos, las series Glenbrooke y Christy Miller

"Equilibrio. De eso se trata la vida, y Joanna Weaver lo ha encontrado, descrito y nos invita a encontrarlo en esta maravillosa y práctica obra. Si alguna vez te encontraste luchando para encontrar un momento tranquilo y anhelaste una comunión santa y profunda, o te desanimaste porque ninguna de las dos parece posible, ¡serás desafiado y bendecido por *Ten un corazón de María en un mundo de Martas*!"

—DAN SILVIOUS, autor de *Foolproofing Your Life* (Blindando tu vida)

"Con franqueza, humor y pasión, Joanna Weaver nos invita a cultivar un 'corazón de María' que se deleita en el tiempo con Dios y le asigna la prioridad número uno. Con todo, no descarta a una Marta orientada al servicio. En cambio, de manera sabia y práctica nos muestra cómo equilibrar las cualidades de Marta y María que todos tenemos. Especialmente aprecio sus pensamientos sobre expresar un amor abundante a Dios y a la humanidad."

—JUDITH COUCHMAN, autora de *Designing a Woman's Life* (Diseñando la vida de una mujer) y directora de seminarios

Otros libros en español de Joanna Weaver

Un espíritu como el de María: permitamos que Dios nos cambie de adentro hacia fuera.

Ten un
corazón de **María**
en un mundo
de **Martas**

Ten un corazón de María en un mundo de Martas

Encontrando intimidad con Dios en medio de una vida ajetreada

JOANNA WEAVER

ORIGEN

Penguin
Random House
Grupo Editorial

Título original: *Having a Mary Heart in a Martha World*
Primera edición: mayo de 2023

Esta edición es publicada bajo acuerdo con
WaterBrook, un sello de Random House.

© 2000, Joanna Weaver
© 2023, Penguin Random House Grupo Editorial USA, LLC
8950 SW 74th Court, Suite 2010
Miami, FL 33156

Traducción: María José Agostinelli

Impreso en Colombia / *Printed in Colombia*

ISBN: 978-1-64473-668-5

ORIGEN es una marca registrada de Penguin Random House Grupo Editorial

*Dedicado a mi madre con un corazón de
María, Annette Gustafson, y a mi mentora con
un corazón de María, Teri Myers.*

La belleza y gracia equilibradas en su vida continúa
desafiándome e inspirándome.
Gracias por hacer que el sendero hacia los pies del
Maestro fuera tan claro que sería inevitable seguirlo.

CONTENIDO

RECONOCIMIENTOS

Soy bendecida por tener muchos amigos y amigas que recorrieron conmigo este trayecto llamado "escribir un libro". Amigas que leyeron los manuscritos, que me visitaron y me trajeron comida hecha en casa, que oraron por mí en los momentos tensos, y que me alentaron con un "¡Tú puedes!" cada vez que sentía que no daba más. Mirando el camino recorrido, no puedo imaginar haber llegado hasta aquí sola.

Y aunque no puedo agradecerle a cada uno por nombre, debo darle las gracias a Erica Faraone y a Tricia Goyer por su don de perspectiva y aliento, así como a las mujeres de mi iglesia, FaithBuilders, y a One Heart/Blessed Hope por su intercesión constante. Un especial agradecimiento a mi amiga Rosemarie Kowalski, que me permitió usar su historia en el capítulo cuatro para ilustrar la libertad de la gracia, que captura la verdadera esencia de este libro.

A mi editora, Anne Buchanan, un sincero agradecimiento. Verdaderamente "dos son mejores que uno". Gracias, Anne, por ayudarme a encontrar las palabras precisas para transmitir el mensaje que tanto ha llenado mi corazón, y por las risas que nos acompañaron a lo largo del camino.

A la hermosa gente de WaterBrook —Carol Bartley y Liz Heaney, por nombrar a dos de ellos, mi más profunda gratitud.

Estoy especialmente agradecida por mi agente y amiga, Janet Kobobel Grant. Muchas gracias por todo lo maravillosa que eres.

Y, por último, a mi esposo John y a mis dos increíbles hijos, John Michael y Jessica. Su apoyo amoroso y su paciencia han sido regalos preciosos y valiosos, tesoros que no doy por sentado. John, gracias por creer en mí. Chicos, gracias por todas las risas juntos y por dejarme compartir con ustedes mi mundo. ¡Son los mejores!

Pero más que nada, a mi Señor Jesús, gracias por hacer posible que cada uno de nosotros te conozcamos —te conozcamos de veras— Marías y Martas juntamente. No tengas en cuenta nuestras palabras inadecuadas como humanos, y por medio de tu Espíritu, llévanos a cada uno a tu presencia. Ayúdanos a descubrir el gozo y el secreto para "tener un corazón de María en un mundo de Martas". *Soli Deo Gloria.* Solo a ti, Señor.

1

Historia de dos hermanas

Mientras iba de camino con sus discípulos, Jesús entró en una aldea, y una mujer llamada Marta lo recibió en su casa. Tenía ella una hermana llamada María que, sentada a los pies del Señor, escuchaba lo que él decía.

LUCAS 10:38-39

❧

¿Alguna vez trataste de hacer de todo?

Yo lo hice. Lo hago. Y probablemente lo haré siempre. No solo está en mi naturaleza, sino que es parte de mi descripción de trabajo. Ser mujer requiere más energía, más creatividad y más sabiduría de la que jamás soñaste cuando eras una niña. Y eso no solo es cierto para las mujeres ocupadas de hoy. Siempre ha sido así.[1]

"La realidad para muchas familias de la clase trabajadora del siglo XIX es que es absolutamente esencial que las mujeres trabajen [fuera de la casa] de doce a quince horas diarias, todos los días", según la Dra. Amanda Wilkinson, una investigadora británica.[2] Cruzando el charco, en 1884 *The American Farmer* notó que "la esposa promedio de un granjero es una de las mujeres más pacientes y sobrecargadas de este tiempo". Una esposa anónima de un granjero a principios de 1900 describió sus tareas en "una mañana cualquiera a fines de mayo". Estas son algunas de las cosas que ella hacía antes de preparar el almuerzo:

- Levantarse a las 4 a.m.
- Prender el fuego en el horno de leña.

- Barrer el piso.
- Hacer el desayuno.
- Colar la leche de la mañana.
- Preparar el almuerzo que se llevaría su esposo.
- Atender el ganado, incluyendo un caballo, una docena de ovejas, algunas vacas, cerdos y gallinas.
- Hacer las camas y ordenar la casa.
- Batir la mantequilla.
- Cerciorarse de que los niños estuvieran preparados para iniciar el día.
- Limpiar las malezas del jardín.[3]

¿Qué hiciste tú hoy? Quizá no batiste la mantequilla o alimentaste al ganado, pero sé que estuviste muy ocupada. Ya sea que vendas bienes raíces o estés en casa mimando a tus pequeños (o ambas cosas), tu día pasa volando. Tu mente y tu cuerpo probablemente están tan cansados como el de la esposa del granjero, además, tienes que sacar algo de tiempo para leer este libro.

Tener un corazón de María en un mundo de Martas. Solo pensarlo te intriga. Muy en lo profundo tienes un deseo, un llamado por conocer y amar a Dios. Realmente conocer a Jesucristo y tener amistad con el Espíritu. No estás buscando más conocimiento intelectual: es la intimidad de corazón a corazón lo que anhelas.

Aun así, una parte de ti se queda atrás. Exhausta, te preguntas cómo encontrar las fuerzas o el tiempo. Nutrir tu vida espiritual parece ser una tarea más, una más que agregar a una vida que ya rebalsa de responsabilidades.

Es como si estuvieras de pie frente a una escalera que se extiende hasta el cielo. Ansiosa pero intimidada, nombras los peldaños como las tareas espirituales que sabes que debes hacer: estudiar la Biblia, orar, tener comunión…

"Él está ahí arriba, en alguna parte", dices meciéndote suavemente mientras miras hacia arriba, dudando sobre cómo comenzar o si tan siquiera debes intentar emprender el largo y vertiginoso ascenso. Pero no hacer nada significaría perder lo que tu corazón ya sabe: que hay más en la vida cristiana de lo que has experimentado hasta ahora. Y estás suficientemente hambrienta —y desesperada— para quererlo todo.

LA HISTORIA DE DOS HERMANAS

Talvez no haya otro pasaje en las Escrituras que describa mejor el conflicto que sentimos como mujeres que el que se encuentra en el evangelio de Lucas. Solo mencionar los nombres Marta y María en un grupo de mujeres cristianas despierta miradas cómplices y risitas nerviosas. Todas hemos sentido esa lucha. Queremos adorar como María, pero la Marta que llevamos dentro sigue imponiéndose.

Te refrescaré la historia en caso de que la hayas olvidado. Se encuentra en Lucas. Es la historia de dos hermanas; es tu historia y la mía.

Mientras iba de camino con sus discípulos, Jesús entró en una aldea y una mujer llamada Marta lo recibió en su casa. Ella tenía una hermana llamada María que, sentada a los pies del Señor, escuchaba lo que él decía. Marta, por su parte, se sentía abrumada porque tenía mucho que hacer. Así que se acercó a él y le dijo:

—Señor, ¿no te importa que mi hermana me haya dejado sirviendo sola? ¡Dile que me ayude!

—Marta, Marta —le contestó Jesús—, estás inquieta y preocupada por muchas cosas, pero solo una es necesaria. María ha escogido la mejor [parte], y nadie se la quitará." (Lucas, 10:38-42)

EL MUNDO DE MARTA

Cuando leí la primera parte de la historia de Marta y María, debo admitir que me encontré animando a Marta. Sé que tendemos a cantar las alabanzas de María en los estudios bíblicos, pero Marta —para ser honestas— apela más a mis tendencias perfeccionistas.

¡Qué mujer! Abre su casa a una banda de treinta hombres hambrientos (posiblemente más). ¡Qué anfitriona! No improvisa una rápida cacerola de macarrones con queso y salchichas alemanas como hacen otras. ¡Ella no! Es la Martha Stewart original, la mujer de Proverbios 31 en el Nuevo Testamento, la respuesta de Israel a Betty Crocker. O al menos esa es la forma en que yo me la imagino. Es la reina de la cocina (y del resto de la casa también).

La historia de Lucas comienza con Marta en su gloria. Después de todo, se trata de Jesús. Descarta su menú común y corriente de sopa con pan y echa mano a sus recetarios de cocina. Esto —decide— será un banquete digno de un mesías. Para *el* Mesías. Marta envía a un sirviente al campo a matar un cordero, a otro al mercado a traer algunas de esas granadas deliciosas que vio ayer. Como una comandante general militar, vocifera órdenes a sus asistentes de cocina. ¡Remoja las lentejas! ¡Muele los granos! ¡Estira la masa!

Tanto por hacer y tan poco el tiempo. Debe asegurarse de que el centro de mesa combine con las servilletas, que los sirvientes sirvan el vino por la derecha y no por la izquierda. La mente de Marta está tan alborotada como el aula de un preescolar. ¿Qué haremos para el postre? ¿Un poco de queso de cabra con una bandeja de frutas frescas? ¿Jesús y sus seguidores se quedarán a pasar la noche? Alguien debe cambiar las sábanas y poner toallas limpias.

"¿Dónde está María? ¿Alguien la ha visto?", le pregunta a un sirviente que se escabulle por ahí. Si María cambiara las sábanas, entonces Marta tendría tiempo para esculpir el queso en forma de arca y poner dentro las frutas talladas con forma de animalitos, de dos en dos. Producciones de esa magnitud requieren las habilidades de una experta en planificación. Y Marta lo es; una administradora extraordinaria, ejemplo de eficiencia en cada preciso movimiento, con un toque de demonio de Tasmania para motivar a los servidores.

Sucede que soy la mayor en mi familia. Tal vez por eso entiendo lo frustrada que se debe haber sentido Marta cuando finalmente encontró a María. Toda la casa es un alboroto de gente ocupada tratando de atender al maestro más famoso de su tiempo, al hombre que probablemente sea el próximo rey de Israel. Me puedo identificar con la ira que hierve dentro de Marta cuando ve a su relajada hermana sentada a los pies del Maestro en la sala de estar.

¡Esto es demasiado! Con todo lo que queda por hacer, allí está Mariíta, escabulléndose en una reunión que supuestamente debe ser solo para hombres. Peor todavía, parece ignorar los gestos que le hace Marta desde el pasillo.

Marta intenta aclarar su garganta. Hasta recurre a su herramienta más efectiva: la mirada de odio, famosa por poner a los hombres en su lugar. Pero nada de lo que hace funciona en su hermanita. María solo tiene ojos para Jesús.

Arrastrada al límite, Marta hace algo inaudito: interrumpe el club masculino, segura de que Jesús se pondrá de su lado. Después de todo, el lugar de la mujer es la cocina. Su hermana, María, debería estar ayudando a preparar la comida.

Marta comprende que hay un dejo de hostilidad en su voz, pero Jesús lo entenderá. Él más que nadie sabe lo que es cargar el peso del mundo.

Por supuesto que no encontrarás nada de esto en la Biblia. Lucas tiende a reducir la historia completa, dedicándole solo cuatro versículos a un evento que estaba destinado a cambiar la vida de Marta para siempre. Y la mía también. Y la tuya, si dejas que la sencilla verdad de este pasaje entre en tu corazón.

En vez de aplaudir a Marta, Jesús gentilmente la reprende, diciéndole que María ha escogido "la mejor parte".

"¿La mejor parte?", Marta debe haber repetido con incredulidad.

"¡La mejor parte!", le digo a Dios en medio de mi torbellino de actividades. "¿Quieres decir que hay más, que tengo que hacer más?".

No, no, llega la respuesta a mi cansado corazón. Las palabras de Jesús en Lucas 10 son increíblemente liberadoras para aquellos que andamos en la máquina caminadora del perfeccionismo en la vida.

No es "más" lo que Él requiere de nosotras.

De hecho, hasta puede ser menos.

UN CORAZÓN DE MARÍA

La Biblia no dice mucho sobre Marta y María. Se mencionan sus nombres solamente tres veces en las Escrituras: Lucas 10:38-42; Juan 11:1-44 y Juan 12:1-11. Pero de esos breves relatos extraemos una fascinante imagen de lo que debe haber sido la vida en esa casa de Betania, y de lo que la vida muchas veces es para nosotras.

Se dice que en la variedad está el gusto. Tal vez por eso Dios pone a menudo en una familia individuos con personalidades tan distintas (es eso o está tratando de prepararnos para el matrimonio). María era el rayo de sol para el relámpago de Marta. Era el vagón de la locomotora de Marta. Era la dispuesta a detenerse por la vida para oler el aroma de las rosas, mientras que Marta era de las que recogía las rosas, cortándolas en ángulo para acomodarlas en un jarrón con diminutas flores de ilusión y helechos.

Esto no quiere decir que una estuviera bien y la otra mal. Todos somos diferentes, y así es como Dios nos creó. Todos los dones y personalidades tienen sus fortalezas y debilidades, sus glorias y tentaciones.

Me resulta interesante que Jesús no le dijo a Marta: "¿Por qué no puedes ser más como tu hermana, María?". Él sabía que Marta nunca sería María, y también sabía que María no podría ser como Marta. Pero cuando ambas fueron confrontadas con la misma elección —trabajar o adorar— Jesús dijo: "María ha elegido la mejor parte."

Para mí, esto implica que la mejor parte estaba a disposición tanto de una como de la otra. Y también está disponible para cada una de nosotras, más allá de nuestros dones o personalidades. En una elección que cada una puede hacer.

Tomando en cuenta las personalidades, es verdad que la decisión le resultaría más fácil a María que a Marta. María parece más tranquila por naturaleza, más dispuesta a caminar bajo el rocío de la mañana que a ser atrapada por las tareas del día.

Estoy segura de que cuando Jesús se les apareció inesperadamente esa tarde en la casa, María probablemente comenzó la visita sirviéndole, como lo había hecho muchas veces. Puedo verla agarrando su bastón y mochilas mientras los discípulos se dispersan por la ordena-dísima casa de su hermana. Asomando de debajo de mantos, capas y morrales, ella observa al hombre que ha tomado cautivo el corazón de todo Israel con sus palabras. Hay tanto gozo y encanto en torno a él que ella no puede evitar sentirse atraída hacia ese hombre.

"¿Podría ser el Mesías que la gente dice?", se pregunta María. Sabe que es un gran maestro, ¿pero podría ser verdad que el Hijo de Dios estuviera admirando el tapiz que ella bordó, y que luego la sacara de su timidez y la introdujera al círculo de sus amigos más íntimos?

Coloca las cosas de los discípulos en una esquina y se apura a servir vino al sediento grupo. Hay un sentimiento de familiaridad en ellos, una verdadera camaradería. Los hombres se ríen de las bromas que se hacen, mientras se enjuagan el polvo del camino con el agua que ella les lleva. Después tienden unos cojines por toda la sala y Jesús comienza a enseñar.

Nunca había oído a alguien hablar como Él. Hay un magnetismo en sus palabras, como si contuvieran aliento y vida: un aliento y una vida que María no sabía que necesitaba hasta ese día. Ella se acerca y se queda en un rincón oscuro escuchando a Jesús, abrazando su jarra vacía.

Ella está consciente de todo el movimiento que ocurre a su alrede-dor: varios servidores están ocupados lavando los pies de los visitantes, mientras que otro pone la mesa al otro lado de la sala para comer. María sabe que hay mucho por hacer. Aun así, es incapaz de moverse, excepto para acercarse.

No era costumbre que una mujer se sentara con un grupo de hom-bres, pero sus palabras la invitan. A pesar de su reticencia natural, gra-dualmente avanza hacia adelante, hasta que se encuentra arrodillada a sus pies. Sus enseñanzas la envuelven, revelando la verdad de su ham-briento corazón.

La Biblia no deja en claro si era la primera visita de Jesús a la casa de Betania. La franqueza de Marta con Cristo parece indicar que había un conocimiento previo, pero sea cual fuere el caso, ese día, María elige hacer algo más que servirle para poder escuchar. Después de todo, no todos los días Dios visita nuestra casa. Así que decide ignorar la tradición y romper el protocolo para estar más cerca, tan cerca de Jesús como fuera posible.

No importa si la malinterpretan. Poco le interesa que los discípulos la vean extrañados. En algún lugar a la distancia escucha su nombre, pero se sumerge en el llamado de su Maestro. El llamado a ir. El llamado a escuchar.

Y eso es lo que hace: escucharlo.

LA HISTORIA DE TODA MUJER

Con este trasfondo de las visitas inesperadas en Betania, veo la lucha que yo misma enfrento cada día cuando el trabajo y la adoración chocan.

Una parte de mí es María. Quiero adorarlo sin parar, quiero sentarme a sus pies.

Pero otra parte de mí es Marta, ¡y hay tanto por hacer!

Estoy rodeada de muchas necesidades legítimas que me obligan a trabajar. Escucho el tierno llamado de Dios de ir a su presencia, y respondo: "Sí Señor, ya voy." Pero suena el teléfono o recuerdo que ayer debía depositar un cheque. De pronto, todas mis buenas intenciones de adorarlo desaparecen, se las traga lo que Charles Hummel llama "la tiranía de lo urgente."

"Vivimos en constante tensión entre lo urgente y lo importante", escribe Hummel. "El problema es que las tareas importantes rara vez deben ser hechas hoy mismo o incluso esta semana. Las horas extra de oración y estudio bíblico pueden esperar. Pero la tarea urgente exige intervención al instante; las demandas sin fin presionan cada hora y cada día".[4]

¿Te suena familiar? A mí sí. Las veinticuatro horas asignadas a cada día no se estiran como para que yo sea capaz de cumplir con todas mis obligaciones. Tengo una casa que atender, un esposo que amar, hijos a los que cuidar, ¡y hasta un perro que alimentar! Tengo responsabilidades en la iglesia, manuscritos con plazos de entrega, almuerzos a los que debo asistir. Y muy poco de eso es lo que llamaría inútil. Hace mucho traté de eliminar lo que pensaba que era superfluo. Esta es mi vida, y las horas están atestadas de obligaciones.

No hace mucho tiempo, la revista *Today's Christian Woman* [*La mujer cristiana de hoy*] realizó una encuesta a más de mil cristianas. Más del 60% indicaron que trabajan a tiempo completo fuera de la casa.[5] Agrégale las tareas del hogar y las compras a una profesión de cuarenta horas semanales y tendrás la receta para el agotamiento. Las mujeres que eligen quedarse en la casa descubren que su vida también están sobrecargada. Perseguir por todos lados a sus pequeños, llevarlos al entrenamiento de fútbol, hacer tareas de voluntariado en la escuela, cuidar los hijos de los amigos…la vida parece caótica a todo nivel.

Así que, ¿dónde encontramos tiempo para seguir a María hasta los pies de Jesús? ¿Dónde encontrar energía para servirlo?

¿Cómo elegir la mejor parte y todavía cumplir con todo lo que debemos terminar?

Jesús es nuestro ejemplo supremo. Él nunca estaba apurado. Sabía quién era y adónde se dirigía. No era prisionero de las demandas de este mundo o de sus necesidades desesperadas. "Solo hago lo que el Padre me indica que haga", dijo a sus discípulos.

Alguien dijo que Jesús iba de un lugar de oración a otro lugar de oración y hacía milagros entre uno y otro sitio. ¡Qué increíble estar tan sintonizados con Dios que ninguna acción tiene desperdicio, ni una palabra cae en tierra!

Esa es la intimidad que Jesús nos invita a compartir con Él. Nos invita a conocerlo, a verlo con tanta claridad que, cuando lo busquemos, veamos el rostro de Dios también.

Así como recibió a María sentada a sus pies en la sala, y como invitó a Marta a dejar la cocina por un momento y a compartir la mejor parte, Jesús nos invita a venir a su presencia.

En la obediencia a esta invitación encontramos la llave a nuestros anhelos, el secreto de vivir por encima de las presiones cotidianas, que por otra parte nos desgarran. Porque a medida que aprendemos lo que significa escoger la mejor parte de la intimidad con Cristo, comenzamos a transformarnos.

Esta no es una conversión cortada con la misma tijera, o hecha con el mismo molde. Este es un Salvador que nos acepta tal como somos

—María o Marta, o una combinación de ambas— pero que nos ama demasiado como para dejarnos tal cual somos. Él es el único que puede darnos un corazón de María en un mundo de Martas.

Esta clase de transformación es exactamente lo que vemos en las siguientes historias de Marta y María en los Evangelios. Marta, como luego descubriremos, no deja de lado su personalidad ni abandona sus pasatiempos ni quema sus libros de cocina para adorar a Jesús. No trata de imitar a María, la ovejita; ella simplemente obedece. Recibe la reprensión de Jesús y aprende que, si bien hay un tiempo para trabajar, también hay un tiempo para adorar. La Marta que vemos después en los Evangelios ya no está frenética y resentida, sino llena de fe y confianza. La clase de fe y confianza que solo vienen al pasar tiempo a los pies de Jesús.

María también hace algunos cambios, porque aunque su naturaleza contemplativa la convierten en una adoradora natural, también la hace vulnerable a la desesperanza, tal como veremos más adelante en los Evangelios. Cuando el desastre llega, la tendencia de María es ser agobiada por la tristeza y paralizada con preguntas. Pero al final, cuando se da cuenta de que el tiempo de Jesús es breve, María pone en acción lo que aprendió en la adoración. Entonces avanza y busca la oportunidad de servir de una manera hermosa y sacrificial.

Esto es lo que aprecio en la representación bíblica de las dos hermanas de Betania. Dos mujeres completamente diferentes que experimentan una transformación delante de nuestros ojos: una santa renovación. La intensa se vuelve dócil y la afable se vuelve audaz. Porque es imposible estar en la presencia de Jesús y no transformarse.

Oro para que, a medida que leas los próximos capítulos, le permitas al Espíritu Santo acceder a los lugares más recónditos de tu vida. Ya sea que tengas la tendencia a ser un poco arrebatada, como Marta, o más contemplativa, como María, Dios te está llamando a la intimidad con Él a través de Jesucristo.

La elección que les dio a estas dos hermanas tan distintas —y la transformación que vivieron— es exactamente la misma que nos ofrece a cada una de nosotras.

PRIMERO LO PRIMERO

La intimidad de la sala que María disfrutó con Jesús nunca podría surgir de la ocupada cocina de Marta. La ocupación, por sí misma, alimenta la distracción. Lucas 10:38 nos muestra una mujer con el don de la hospitalidad. Marta abrió las puertas de su hogar para Jesús, pero eso no significa que automáticamente le abrió las de su corazón. En su ansiedad por servirlo, casi pierde la oportunidad de *conocerlo*.

Lucas nos dice que "Marta, por su parte, se sentía abrumada porque tenía mucho que hacer". ¿La palabra clave? *Tenía*. En la mente de Marta, nada más que lo mejor de lo mejor serviría. Ella *tenía* que darlo todo por Jesús.

Nosotras podemos caer en la misma trampa del desempeño, sintiendo que tenemos que demostrar nuestro amor por Dios haciendo grandes cosas para Él. Así que corremos y pasamos de largo por la intimidad de la sala a fin de ocuparnos para Él en la cocina, implementando grandes ministerios y hermosos proyectos, todo en el esfuerzo por llevar las buenas nuevas. Hacemos nuestras obras en su nombre y lo llamamos "Señor, Señor", pero al final ¿Él nos conocerá? ¿Nosotras lo conoceremos?

El reino de Dios, como ves, es una paradoja. Mientras el mundo aplaude los logros, Dios desea compañía. El mundo aclama: "¡Logra más! ¡Sé todo lo que puedas ser!", pero nuestro Padre susurra: "Quédate quieta y reconoce que soy Dios". Él no está buscando tanto a obreros como a hijos e hijas, personas en las que derramar su vida.

Porque somos sus hijas, el servicio en la cocina será el resultado natural de la intimidad en la sala con Dios. Al igual que Jesús, debemos estar en los asuntos de nuestro Padre. Cuanto más cerca estemos del corazón del Padre, más veremos su corazón para este mundo. Y así servimos, ministramos y amamos, con la certeza de que al hacerlo para "el más pequeño", lo hemos hecho para Cristo.

Cuando anteponemos el trabajo a la adoración, estamos poniendo el carro delante del caballo. El carro es importante, pero el caballo también lo es. El caballo debe ir primero, de lo contrario, terminaremos arrastrando el carro nosotras mismas. Frustradas y cansadas, podemos llegar a quebrarnos ante la presión del servicio, porque siempre habrá algo más para hacer.

Cuando lo primero que hacemos es pasar tiempo en su presencia —cuando tomamos tiempo para oír su voz— Dios nos da la fuerza del caballo para jalar hasta la carga más pesada. Él ensilla la Gracia y nos invita a dar un paseo.

EL LLAMADO

Nunca olvidaré el clamor en la oscuridad de una noche hace varios años. Mi esposo era pastor asociado en una iglesia grande, y nuestra vida estaba terriblemente ocupada. Sacar adelante un doble portafolio profesional en música y en educación cristiana implicaba trabajar largas horas, un proyecto tras otro; además, el tamaño de la iglesia significaba que siempre había personas con necesidad. Yo me iba a dormir por las noches preocupada por las personas que se nos habían escapado entre las grietas del afán: matrimonios con problemas, niños en crisis. Me preocupaba por todo lo que no había logrado, pero que debería haber hecho, y por todo lo que había logrado, pero no tan bien como debí hacerlo.

Recuerdo aferrarme a mi esposo esa noche sollozando, mientras él trataba de consolarme. "¿Qué pasa, cariño?", me preguntaba acariciándome el cabello. Pero yo no podía explicarle. Estaba completamente abrumada.

Lo único que lograba susurrar era una súplica: "Cuéntame las buenas nuevas", le imploraba. "Honestamente no puedo recordarlas… Cuéntame las buenas nuevas."

Quizá te hayas sentido igual. Has conocido al Señor toda tu vida, pero no puedes encontrar la paz y la realización que siempre has anhelado. Así que aceleraste la marcha esperando que, al ofrecer más servicio, de algún modo merecieras recibir más amor. Te ofreciste como voluntaria para todo: cantas en el coro, enseñas en la escuela dominical, organizas el club bíblico, visitas el hogar de ancianos todas las semanas.

Con todo eso, igual te encuentras mirando al cielo en la noche y preguntándote si acaso eso es todo.

O tal vez te retiraste del servicio. Transitaste el camino que describí antes y, francamente, tuviste suficiente. Dejaste de ser voluntaria, dejaste de decir que sí. Nadie más llamó. Nadie más preguntó nada. Estás fuera del circuito y te sientes feliz. Pero de algún modo la paz y la quietud no trajeron paz ni quietud. La tranquilidad no te ha llevado más cerca de Dios como esperabas, sino que ha traído un dejo de resentimiento. Sientes que tu corazón está pesado y frío. Vas a la iglesia, avanzas por el mover de la adoración, pero te vas a casa igual. Y por las noches algunas veces te preguntas: "¿Cuáles son las buenas nuevas? ¿Alguien puede decirme? No las recuerdo."

LAS BUENAS NUEVAS

Las buenas noticias están entretejidas a lo largo de todo el Nuevo Testamento en hebras de gracia que resplandecen con un brillo especial en las historias del Evangelio sobre Marta y María. El mensaje es el siguiente: la salvación no tiene nada que ver con lo que yo hago; tiene que ver con lo que Jesús hizo.

La cruz logró algo más que pagar por mis pecados: me hizo libre de las ataduras de los "debería" y los "si tan solo" y los "que habría sido". Y las palabras de Jesús hacia Marta son las mismas que Él quiere decirnos a ti y a mí: "Estás inquieta y preocupada por muchas cosas, pero solo una es necesaria."

Esa "única cosa" no se encuentra en hacer más.

Se encuentra sentándose a sus pies.

¡Atrapa esta verdad!: María se sentó a sus pies. No movió ni un músculo. Solo escuchó. No interrumpió con respuestas astutas o dio una tesis doctrinal. Su regalo era la disponibilidad (al final, creo que ese también fue el regalo de Marta).

El único requisito para tener una amistad más profunda con Dios es abrirle tu corazón preparado para recibirlo. Jesús dijo: "Vengan a mí todos ustedes que están cansados y agobiados, y yo les daré descanso.

Carguen con mi yugo y aprendan de mí, pues yo soy apacible y humilde de corazón, y encontrarán descanso para su alma" (Mateo 11:28-29).

Jesús nos invita a su lado y descansar, a pasar tiempo con Él en la increíble intimidad en la sala. Una intimidad que nos permite ser honestas con nuestras quejas, intensas en nuestro acercamiento y abundantes en nuestro amor. Una intimidad que nos permite oír la voz del Padre y discernir su voluntad. Una intimidad que nos llena de tal manera de su amor y su naturaleza, que se derrama en nuestro mundo reseco y sediento del servicio en la cocina.

En la intimidad de la sala, allí es donde todo comienza. Sentadas a sus pies.

Una invitación

Tal vez, igual que Marta, nunca supiste que podías entrar en la intimidad de la sala con Dios. Aunque eso es exactamente lo que Jesucristo vino a hacer. Su muerte y resurrección abrió un camino para que cada uno de nosotros se reconcilie con Dios. Pero el regalo de la salvación que Él nos ofrece es simplemente eso: un regalo. Y un regalo debe recibirse.

Puedes recibir este maravilloso regalo haciendo esta oración:

Querido Señor Jesús:

Creo que eres el Hijo de Dios y que moriste en la cruz para pagar el castigo por mi pecado.

Por favor, ven a mi corazón, perdona mis pecados y hazme un miembro de tu familia. A partir de ahora ya no quiero hacer las cosas a mi manera, quiero que Tú seas el centro de mi vida.

Gracias por el don de la vida eterna y por tu Espíritu Santo, que ahora vive en mí.

Te lo pido en tu nombre. Amén.[6]

"Yo soy el camino, la verdad y la vida.
Nadie llega al Padre sino por mí".

JUAN 14:6

2

"Señor, ¿no te importa?"

Marta, por su parte, se sentía abrumada porque tenía mucho
que hacer. Así que se acercó a él y le dijo: —Señor, ¿no te
importa que mi hermana me haya dejado sirviendo sola?
¡Dile que me ayude!

LUCAS 10:40

❧

Había sido un día muy ocupado. Prácticamente arrastré a mis hijos al supermercado y a otros mandados; cuando nos dimos cuenta, ya se nos había pasado la hora del almuerzo. Todos estábamos muertos de hambre y un poco malhumorados, pero el día se iluminó cuando estacioné el auto frente a nuestra pizzería favorita.

"¡Pizza, pizza, pizza!", cantaba Michael, mi hijo de cuatro años, mientras se balanceaba hacia adelante en su asiento. Jessica, de dos años, aplaudía pensando en el carrusel del área de juegos. Pero todo el gozo se desvaneció cuando abrí la billetera y descubrí que no tenía suficiente dinero en mi cuenta.

"¡No es justo!", me dijo Michael desafiante desde el asiento trasero mientras nos dirigíamos a casa, pensando en los sándwiches de mantequilla de maní y jalea de siempre. "Nos prometiste que podríamos comer pizza…"

Él tenía razón. El soborno de la pizza había comprado el buen comportamiento durante toda la mañana. Suspiré al mirarlo por el espejo retrovisor. Es difícil explicarle a un niño que, aunque tienes cheques en la chequera, no tienes fondos suficientes en el banco. A mí misma me cuesta entenderlo a veces.

Y ahora estábamos en un embotellamiento. Todas mis explicaciones caían en oídos sordos. Michael se sentó apretujado contra la puerta del auto, con los brazos cruzados sobre su pecho, y el ceño tan fruncido que casi se topaba con su mueca de enfado.

Entonces, desde el otro extremo del asiento trasero, la pequeña Jessica se pronunció: "¡La vida es dura, Miko!"

NO ES JUSTO

La vida *es* dura y a veces injusta. Aun cuando trabajamos con diligencia para hacer lo que se espera que hagamos, las tareas cotidianas a menudo parecen darnos poca recompensa. ¿Cuándo fue la última vez que recibiste una ovación de pie en la mesa? "¡Qué rico está el estofado, mamá! Eres la mejor." Tu familia aplaude, sus rostros sonrientes resplandecen de admiración. Tu adolescente quisquilloso te choca los cinco y dice: "¡Queremos más! ¡Queremos más!"

¿O cuándo fue la última vez que tu jefe y tus compañeros de trabajo aplaudieron el hecho de que llegaras puntual y sonriente a la oficina, además de que te quedaras hasta tarde finalizando un pendiente? "Buen trabajo con la cuenta de Anderson", dice tu jefe, asomando la cabeza por la puerta. "Tómate la próxima semana libre a cuenta de vacaciones. ¡Hey, que sean dos semanas!"

Eso nunca ocurre, ¿verdad? La última vez que revisé, no daban premio por tener el inodoro resplandeciente de limpieza; las horas extra y el esfuerzo que hacemos fuera de casa a menudo pasan desapercibidos.

Disculpa, no hay pizza para ti.

Aunque Marta puede haber sido la primera en preguntarle a Jesús: "Señor, ¿no te importa?", definitivamente no fue la última. Todas sentimos la soledad, la frustración, el rechazo y el resentimiento que ella experimentó en la cocina esa tarde en Betania, haciendo el trabajo para los demás sin que nadie lo notara o le importara.

Todas hemos hecho eco de la queja de mi hijo. "¡Simplemente, no es justo!"

En Lucas 10:40 tenemos una clara imagen de las luchas de Marta. Aparecen visitas de sorpresa tocando a su puerta. No sabemos cuántos eran. Si el comienzo de Lucas 10 es un indicativo, entonces podrían ser hasta setenta personas aterrizando en este tranquilo hogar. Y Marta responde con los brazos abiertos y una sonrisa en su rostro. Pero en alguna parte entre la cocina y la sala, una semilla de resentimiento comienza a crecer. Enseguida, germina en forma de una pregunta que se repite en el corazón de las mujeres hoy: "Señor, ¿no te importa?".

El problema es evidente. Marta está haciendo todo el trabajo, mientras María disfruta toda la gloria. Eso no es justo. Al menos eso piensa Marta, y yo sé cómo se siente. Una parte de mí desearía que Jesús hubiera dicho algo como: "Disculpa Marta, fuimos muy insensibles. Ven María. Vengan todos, muchachos, y démosle una mano a Marta".

Después de todo, eso era lo que ella quería. Eso es lo que yo quiero cuando me siento sobrecargada: palabras suaves y tranquilizantes, además de manos a la obra. Quiero que cada uno lleve su propio peso. Pero más que nada, quiero que la vida sea justa.

LA BALANZA DE LA JUSTICIA

Crecí jugando con las balanzas decorativas de mi madre, hechas de bronce ornamentado. El juego de balanzas se exhibía con orgullo sobre el piano, con varias piezas de frutas artificiales a cada lado, acomodadas de tal forma que un plato estuviera apenas más alto que el otro.

De vez en cuando, en lugar de practicar la lección de piano, cambiaba las frutas de lugar. El ejercicio era bastante didáctico. Una naranja de plástico pesaba lo mismo que dos ciruelas. La banana y la manzana pesaban casi lo mismo, y juntas equilibraban bien para hacer contrapeso a las uvas. Si por mí era, podía pasar mucho tiempo reacomodando las frutas en las balanzas.

Un día decidí llevar mi pequeño experimento un paso más allá. Después de acomodar todas las frutas de plástico en una gran pirámide en uno de los lados, eché un vistazo alrededor buscando un contrapeso. ¡Ah, las uvas de cristal de la abuela…!

¿Recuerdas las ese estilo? Me encantaba mirar a través de las enormes esferas de vidrio de colores atadas a un tronquito de madera. Su centro color púrpura hacía que todo se viera ondulado, distorsionado y etéreo. La distracción perfecta para una aburrida estudiante de piano… casi tan divertido como jugar con las balanzas.

Casi.

Adivinarás lo que sucedió, por supuesto, cuando coloqué las uvas de cristal en el platillo de la balanza. Cayeron como un ladrillo en la superficie de caoba laqueada del amado piano de mi madre mandando a volar la balanza de bronce y las frutas plásticas. Mi mamá vino corriendo, y yo comencé a tocar "Canción de Guerra India" con la esperanza de que creyera que el martilleo bajo de las teclas y no mis boberías habían provocado ese alboroto.

Señales de advertencia de una Marta sobrecargada

Tal vez seas propensa a la clase de perfeccionismo que abrumó a Marta en Betania. Carol Travilla, en su libro *Caring Without Wearing* [Cuidando sin desgastar], enumera cinco expectativas irreales que pueden contribuir con el agotamiento de quienes sirven a Dios. ¿Te ves reflejada en alguna de estas falsas creencias?

- No debe haber ningún límite en mi servicio.
- Tengo la capacidad de ayudar a todo el mundo.
- Soy la única persona disponible para servir.
- Nunca debo cometer errores.
- Tengo la habilidad de cambiar a los demás.

No está bien lo que estás haciendo, pues te cansas tú y se cansa la gente que te acompaña. La tarea es demasiado pesada para ti; no la puedes desempeñar tú solo.

ÉXODO 18:17-18

No funcionó. Me merecía lo que recibí. Al menos esa vez. Pero las balanzas de mi madre no eran las únicas a las que les presté exagerada atención en mi vida. Sospecho que te pasa lo mismo. Desde la niñez todas tenemos balanzas invisibles para pesar lo que sucede a nuestro alrededor y compararlo con las experiencias de las demás.

Al crecer, por ejemplo, pesábamos cómo nuestros padres nos trataban comparando cómo trataban a nuestros hermanos. "¡Julie tiene dos golosinas más que yo!" "Papi, es mi turno para sentarme en el asiento delantero."

Eso es parte de la niñez, claro. Pero muchas de nosotras llevamos las balanzas a la vida adulta, sin darnos cuenta, y gastamos una asombrosa cantidad de tiempo tratando de hacer que se equilibren.

Imparcial o parcializado. Equitativo o sin equidad. Justo o injusto. Intentamos sopesar todo. Y si no tenemos cuidado, nuestra visión del mundo puede distorsionarse. Cada pequeña palabra puede adquirir un significado oculto. Cada acción se puede convertirse en un ataque personal.

"Yo hago todo el trabajo, ¿pero quién se lleva toda la gloria?", murmuramos en nuestro interior.

"¡Cómo se atreven a tratarme así!"

Así como las uvas de cristal de mi abuela, esas "uvas ácidas" fácilmente pueden pesar más que todo lo bueno en nuestra vida, inclinando la balanza en nuestra contra. Porque cuando buscamos injusticia, por lo general la encontramos. Y cuando esperamos que la vida siempre sea justa, inevitablemente nos sometemos a una gran desilusión.

LAS MORTALES TRES D

Se cuenta la historia de un sacerdote que servía en la pequeña capilla de una oscura aldea. Amaba a su gente, y ellos lo amaban también, y estaba haciendo la obra de Dios con bastante efectividad (tanta que, de hecho, Satanás le asignó dos demonios para que lo molestaran y de algún modo lo hicieran malograr su ministerio). Probaron cada método que tenían en su bolsa de trucos, pero ninguno funcionó. El plácido sacerdote parecía estar fuera de su alcance. Finalmente, convocaron a una conferencia con el mismo diablo.

"Hemos probado de todo", le explicaron los demonios, enumerando sus esfuerzos. Satanás escuchaba, y luego les dio un consejo: "Es muy sencillo", susurró. "Llévenle la noticia de que su hermano ha sido ordenado obispo".

Los demonios se miraron uno al otro. Parecía demasiado fácil. Esperaban una respuesta más diabólica, pero valía la pena intentarlo porque nada de lo anterior había surtido efecto.

Varias semanas más tarde, regresaron alegremente. El viejo sacerdote no había recibido nada bien la feliz noticia de que su hermano sería promovido. El gozo anterior del hombre se había convertido en desánimo. Sus palabras de ánimo habían sido reemplazadas por quejas y pesimismo. En corto tiempo su vibrante ministerio había sido destruido por la oruga de la envidia y la nube negra de la desilusión. La amarga conclusión a la que llegó es que "no era justo".

Satanás nunca ha sido tremendamente creativo. Las herramientas que usa hoy son las mismas de siempre; no es de extrañar, porque le han resultado efectivas. Desde el Jardín del Edén hasta la cocina de Marta de Betania hasta nuestro mundo actual, Satanás todavía planea sus ataques en torno a lo que yo llamo "Las tres D de la destrucción":

- Distracción
- Desánimo
- Duda.

A través del tiempo, Satanás ha recurrido a esas tácticas para derribar lo mejor y más brillante de Dios. Su estrategia subyacente es bastante simple: hacer que las personas desvíen su mirada de Dios para ponerla en sus circunstancias. Hacerlas creer que su "felicidad" radica en los "acontecimientos" que los rodean. O enviarles alguna buena noticia sobre otra persona. Cuando las personas están completamente desanimadas, les dice que a Dios no le importa. Luego se sienta y deja que la duda haga su trabajo.

Si lo piensas bien, es una estrategia brillante. Planta las mortales D en lo profundo del corazón humano, y tarde o temprano la gente se destruye a sí misma.

A menos que, por supuesto, alguien intervenga, que es exactamente lo que Jesús vino a hacer.

UN CORAZÓN DISTRAÍDO

Cuando Jesús se encontró con Marta ese día en Betania, ella estaba "distraída". Por ahí es por donde Satanás suele comenzar. Sabe que si estamos excesivamente preocupadas y enredadas en algo, es muy probable que nuestro corazón no escuche el llamado del Salvador para que nos acerquemos. Aunque tal vez la distracción por sí sola no gane la batalla por nuestra alma, quitar nuestros ojos de lo importante ciertamente nos dejará más vulnerables al ataque.

La Biblia nos dice que Marta "se sentía abrumada porque tenía mucho que hacer". Lo cual es otra forma de decir que estaba *distraída*. El Diccionario de la Real Academia Española (DRAE) define *abrumar* como: "1. Agobiar con un peso grave. 2. Preocupar gravemente. 3. Producir tedio o hastío. 4. Sentir agobio." ¿Has sentido algo de esto últimamente? Yo sin duda lo he sentido.

El término original en griego utilizado en este pasaje es *perispao*, que significa "estar excesivamente ocupado en una cosa; alejarse." De alguna forma, eso me suena muy familiar.

En la Concordancia Strong se agrega otra dimensión a la palabra *abrumar*, definiéndola como "arrastrarlo todo". ¿Puedes ver a Marta, con todas sus responsabilidades jaloneándola de la falda como un chihuahua enojado, y arrastrando todas sus expectativas como un grillete con bola y cadena?

El anhelo de Marta distaba de ser algo trivial, esto hay que reconocerlo. De hecho, las "preparaciones" que perseguía son descritas por Lucas como la *diakonia*, la palabra que en el Nuevo Testamento se emplea para "ministerio". "Pero incluso un ministerio puro dedicado a Jesús puede convertirse en un peso que arrastramos", dice el pastor

y escritor Dutch Sheets. "Eso se llama 'la unción de la máquina caminadora' , y no viene de parte de Dios".[1]

Yo experimento la unción de la máquina caminadora en el ministerio más de lo que me gusta admitir. Incluso en esos días en los que
tengo la mejor motivación, mi corazón puede alejarse de hacer las cosas
"como para el Señor", y simplemente hacerlas. Y cuando eso sucede,
puedo decirte, esta Marta no es muy feliz.

Tampoco lo fue la Marta original. Al igual que el conejo en *Alicia
en el país de las maravillas*, ella tenía un programa que cumplir, pero
nadie parecía percibir la importancia de su misión. De hecho, parecían
bastante ajenos a su necesidad. No pasó mucho tiempo antes de que
colapsara la amable anfitriona que había en ella y la Reina de Corazones tomara el mando, les apuntara con su dedo y gritara: "¡Les cortaré
la cabeza! ¡Les cortaré la cabeza a todos ustedes!"

Yo me identifico con la Reina de Corazones. Ella alza su cabeza
real sobre nuestra casa de vez en cuando. Solo con dejar que las tareas
domésticas se amontonen, que mi agenda esté salvajemente hasta el
tope y que no pueda cumplir con todas mis obligaciones, tendré un
berrinche digno de la realeza. La reina que vive en mí acecha la cocina
golpeando las tazas y somatando las ollas, vociferando declaraciones
para todos y para nadie.

¡Pobre del niño que se atreva a cruzarse en el camino de la reina
fuera de control! Especialmente luego de que su alteza ha hecho el
recorrido por la casa recolectando la ropa sucia, solo para encontrar la
mitad de esa ropa limpia, pero tirada en el suelo. "¡¿Medias limpias?!",
vocifero. "¿Quieren medias limpias? ¡Prueben buscando debajo de la
cama, donde guardan el resto de su ropa!"

"Y de paso, ¡les cortaré la cabeza!" No lo digo, pero a veces lo siento.

Estoy abrumada y distraída. Me siento increíblemente sola, como
se sentía Marta. Y aunque nunca lo sospecharías por mi apariencia de
Reina de Corazones, el peso del desánimo abruma mi corazón.

UN CORAZÓN DESANIMADO

Cuando estamos distraídas, el desánimo está a la vuelta de la esquina. El cansancio se arrastra hacia nosotras cuando la vida nos sobrepasa. Nos hace decir y hacer cosas que nunca hubiéramos considerado decir o hacer. El desánimo quiebra nuestra perspectiva y nuestras defensas. Aunque hayamos alcanzado grandes cosas para Dios, el agotamiento y el desánimo nos dicen que somos inútiles, que estamos abandonadas sin esperanza.

Elías sintió esa clase de desánimo. A pesar de haber logrado una poderosa victoria sobre los profetas de Baal (1 Reyes 18) y de encontrarse en la cúspide de su ministerio, cuando Jezabel juró que le quitaría la vida, las malvadas palabras de esa perversa reina, con un golpe seco derribaron al poderoso profeta. Elías huía por su vida, menos de un día después de que fuego santo cayera del cielo como muestra incuestionable de que Dios era Dios.

La distracción lo hizo temer.

El desánimo lo hizo esconderse.

"¿Acaso no te importa?", le preguntó Elías a Dios cuando se sentó debajo de aquel enebro en el desierto. "¡Estoy harto, Señor!", gime en 1 Reyes 19:4: "Quítame la vida". Solo déjame morir.

¿Has pasado demasiado tiempo debajo del enebro de la autocompasión? Yo sí. Es fácil encontrar un lugar a la sombra y sentir lástima por nosotras cuando estamos distraídas y desanimadas, más todavía cuando enfrentamos oposición. Especialmente cuando sentimos que estamos huyendo para salvar nuestra vida.

En el diccionario encontramos la palabra *autocompasión* ligada a *autoperpetuación* y a *autopolinización*. Me reí cuando lo vi, porque es cierto. Resulta que soy una experta en la materia. Suelo ser la anfitriona de una fiesta de compasión con cierta regularidad. El problema es que nadie quiere venir. La autocompasión es una tarea solitaria.

O quizá te sientas más identificada con el enebro del aislamiento. El fracaso parece ser inminente, y es más fácil esconderse que enfrentar la vida. Entonces hacemos a un lado nuestra confianza hecha trizas;

con manos temblorosas, cubrimos nuestra cabeza y rogamos que nos excusen de los asuntos de la vida cotidiana. Estamos descorazonadas, abatidas y deprimidas, todo por causa del desánimo.

El desánimo puede absorber toda nuestra esperanza, toda nuestra visión, todos los mañanas y los sueños. Ciertamente lo hizo con Elías.

Pero amo la amable imagen que se muestra en 1 Reyes 19:5-7, porque representa la ternura disponible para nosotras cuando enfrentamos nuestro propio desánimo. ¿Recuerdas lo que sucedió? Dios envió un ángel que le llevó comida a su profeta abatido. "Levántate y come, porque te espera un largo viaje", le dijo el ángel a Elías. Luego montó guardia mientras Elías se quedó dormido.

Cuando estamos distraídas y desanimadas, cansadas y agobiadas, no hay mejor lugar que ir donde nuestro Padre. Solo Él sabe lo que necesitamos. No lloriquees debajo de un enebro. No te escondas detrás de un enebro. Ve al Señor y deja que barra con todo tu desánimo.

Y al hacerlo, encontrarás sanidad para tu corazón herido.

Incluso cuando no puedes evitar la duda.

UN CORAZÓN DUBITATIVO

A través de la historia, Satanás descubrió que tratar de hacer que la humanidad cuestione la existencia de Dios es inútil. Como escribe Pablo en Romanos 1:19-20, la existencia de Dios está escrita en el corazón del hombre. Una y otra vez, a lo largo de la historia, el agnosticismo y el ateísmo han caído ante la creencia sólida de que *Dios existe*. En la actualidad hemos visto un siglo de ateísmo desplomarse junto con la Unión Soviética y el Muro de Berlín. Contrario a la predicción comunista, la fe en Dios no ha muerto. De hecho, el crecimiento de Estados ateos en el siglo XX no hizo más que fomentar el crecimiento de la religión.

Dado que el ateísmo ha sido menos efectivo, Satanás regresó a otra mentira de su arsenal de engaños. Si no puede hacernos dudar de la existencia de Dios, hará todo lo posible por hacernos dudar de que nos ama. Después de habernos distraído... después de habernos desanimado... su táctica final será la desilusión y la duda. "¿Estás sola, bebé?", nos susurra en nuestra soledad. "¿Lo ves? A Dios no le importas, o para este momento ya se hubiera manifestado". Nada más lejos de la verdad, claro. Sin embargo, Satanás continúa empleando este engaño con éxito. Incluso contra los hijos de Dios.

Me avergüenza decir que mi corazón algunas veces escuchó el canto de sirenas de Satanás. Las palabras de duda y las notas de desilusión hacen eco en la frustración y confusión que siento por dentro. La melodía contraria a la fe, esa tonada quejosa se levanta en los momentos cuando Dios no actúa como yo creo que debería actuar y no me ama como creo que debería amarme. Como dos canciones que se tocan en diferente tono, la disonancia de lo que *siento* choca con lo que *sé* y amenaza con silenciar el himno del amor eterno de Dios.

Cinco estrategias para luchar contra el desánimo

Todas caemos de vez en cuando en el desánimo. El secreto es no quedarnos allí. Te presento varias maneras en que puedes batallar contra la espiral descendente de las mortales D en tu vida.

1. *Planifica paradas para descansar.* El desánimo muchas veces es nuestro cuerpo diciendo: "¡Detente! Necesito descansar". Trata de tomar siestas o de ir a dormir más temprano. Es increíble lo diferentes que se ven las cosas a la luz de la mañana (Éxodo 34:21).

2. *Descubre un nuevo punto de vista.* Retrocede un poco y pídele a Dios que te ayude a ver tu situación desde su perspectiva. A menudo lo que parece ser una montaña inescalable a tus ojos es solo un peldaño a los suyos (Isaías 33:17).

3. *Ten paciencia.* Es fácil desanimarse cuando las cosas no salen como las planeaste. Pero si entregaste tus preocupaciones al Señor, puedes estar segura de que Él está obrando, aunque no veas su mano (Romanos 8:28).

4. *Relaciónate.* El desánimo lleva al aislamiento. ¡Sal de tu casa! Visita alguna amiga. Es increíble cómo las buenas amistades pueden levantarnos el ánimo y ahuyentar las penas (Salmos 133:1).

5. *Ajusta el reloj.* De acuerdo. Las cosas no marchan bien. Entonces, me gusta poner el reloj del horno y permitirme un buen llanto durante diez minutos. Pero cuando suena la alarma, me sueno la nariz, seco mis ojos y rindo mi situación al Señor para avanzar (Eclesiastés 3:4).

El Señor mismo marchará al frente de ti y estará contigo; nunca te dejará ni te abandonará. No temas ni te desanimes.

DEUTERONOMIO 31:8

SEÑOR, ¿NO TE IMPORTA?

Comenzó una primavera cuando los azafranes se abrieron paso en una tierra reseca y los retoños de los árboles lentamente comenzaron a desplegarse hacia el sol. El mundo se estaba despertando a mi alrededor, pero la tibieza de la nueva estación no lograba alcanzar mi alma. Aunque todavía amaba a Dios, Él me parecía distante y preocupado por otras personas. Esa fue, supongo, la primera vez que en verdad enfrenté una crisis espiritual.[2]

Al nacer en un hogar cristiano, a los cuatro años acepté con entusiasmo a Jesús. Amaba a Dios con la plenitud que caracteriza a los niños, y sabía que Él me amaba, aunque algunas veces me preguntaba por qué. Lentamente, a través de los años, sin darme cuenta, delgados hilos de incertidumbre comenzaron a hilvanarse en mi alma, y gradualmente se fueron entretejiendo hasta formar un oscuro velo. Esa primavera, después de quince años a tiempo completo en el ministerio, comencé a batallar con la duda, especialmente en el área de la oración.

Dios parecía no estar respondiendo a mis oraciones como debería. "Pidan y recibirán", me había prometido, pero yo sentía que alguien en las perladas puertas celestiales ponía un sello a mi correo de oración que decía: "devolver al remitente". Mi amiga no fue sanada de su cáncer terminal, mi madre continuaba luchando luego de una cirugía a corazón abierto. Incluso las peticiones más insignificantes no eran respondidas. Mi camioneta, por ejemplo, hacía un chillido frustrante, inmune a los esfuerzos de los mecánicos y sus maniobras para lubricarla, y la calefacción no andaba bien. Otras pequeñas cosas también conspiraban. Eran insignificantes, pero lo suficientemente notorias como para mantenerme preocupada y —lo admito— distraída.

La camioneta mostró estar en su etapa final, mi Álamo espiritual. El invierno regresó a Montana y fui a ver a mi madre que estaba luchando con la depresión. Ya había pasado un año de su operación, y a pesar de una estricta dieta vegetariana, su nivel de colesterol estaba por las nubes. La medicación le provocaba terribles cambios de ánimo y dolores en el pecho. Estaba lista para rendirse.

"Prefiero irme con el Señor. Si mi calidad de vida disminuye, no tiene sentido vivir", me dijo.

Lloramos y oramos juntas. Yo quería ser comprensiva y apoyarla, pero me sentía frustrada. Mi mamá estaba lista para dejarlo todo porque sentía que le faltaba el aire después de arrancar la maleza del jardín y limpiar la casa.

"Mamá, no es lo que haces sino quién eres", le dije entre lágrimas. "Nunca ha sido importante lo que haces. Te amo por quién eres. Te necesito, por favor no te des por vencida."

A la noche siguiente, se veía tan frágil y pequeña recostada en mi camioneta para darme un abrazo. Yo había venido para animar, para reparar el cortocircuito emocional que había convertido a mi madre normalmente positiva en una negativa y desesperanzada. Pero la corta visita había terminado en un agridulce callejón sin salida.

"¿Subiste la ventanilla?", me preguntó. El día anterior había bajado la ventanilla de la camioneta y se había quedado así, rechazando todo intento creativo por cerrarla.

"No, pero estará bien." Le di un último abrazo, mirando el cielo. Había comenzado a nevar y las nubes se veían cargadas de tormenta. El mecánico de la gasolinera no me había dado ninguna solución, así que cerré la puerta trabándola con una toalla y salí de la ciudad, enojada. Enojada con la ventanilla que todavía no cedía. Enojada con mi madre, que parecía estar dándose por vencida. Pero más que nada, enojada con Dios, que no parecía estar prestándome atención en absoluto.

"Está bien, Dios. Tú dijiste que no tengo porque no pido, así que aquí va: Por favor, Señor, haz que la ventanilla suba. Ya intenté de todo, pero tú eres el único que puede ayudarme", oré.

Reuní una cantidad razonable de fe y presioné el botón del apoyabrazos. Nada. El viento azotaba por la rendija de la ventanilla, haciendo que la toalla se uniera al tráfico de la autopista interestatal. La nevada revoleó la toalla llevándola a parar al capó.

"Señor, tú sabes que no me anda la calefacción y estoy a doscientos cuarenta kilómetros de casa." Las lágrimas corrían por mi rostro mientras yo tanteaba para cerrarme el cierre del abrigo con una sola mano. "Dices que suplirás todas mis necesidades conforme a tus riquezas en gloria. Yo solo necesito un pequeño milagro."

"Por favor." Hice una pausa, como dándole tiempo a mi petición para llegar al cielo. Mis ojos se cerraron por una fracción de segundo y volví a presionar el pequeño botón negro.

Nada. Frustrada, me hice a un lado de la banquina y clavé los frenos.

"Bien." Salí del vehículo y cerré la puerta de un portazo. El viento corría por todo el valle, regando la carretera con una ventisca de nieve. Quité la toalla y saqué una frazada liviana del asiento trasero. "Si tú no me cuidas, lo haré yo misma."

La hostilidad me ardía en la garganta, ahogándome mientras escupía las palabras con aquel enojo que había estado acumulando durante ese verano y otoño largos y espiritualmente estériles.

"¿Cómo podré saber que eres real si ni siquiera respondes una pequeña oración? Estoy desesperada y tú guardas silencio. Estoy enfurecida, pero a ti parece no importarte."

Poco antes, ese mismo mes, había conducido veinticuatro kilómetros con la ventanilla baja en temperaturas bajo cero. Me había llevado horas volver a calentarme. Me subí a la camioneta, me envolví en la frazada y me preparé para un viaje miserable.

Finalmente, apagué la calefacción que fallaba, ya que el aire tibio solo enfriaba más que calentaba. Me rodeó un silencio incómodo. Mi traicionero Amigo no parecía interesado en hablar, así que atravesé sola el resto de la tormenta de nieve, luchando debajo de la mortaja de mi oscuro enojo.

Encendí la radio en una estación cristiana y escuché que la gente hablaba del amor de Dios. Pero, por primera vez en mi vida, dudé de que fuera real. ¿Ellos alguna vez se lo preguntaron? ¿Dudaron de que la soberanía del Padre pudiera llegar a sacudir su fe? Todo eso era nuevo para mí, ese frío y duro cinismo.

El reloj de la radio brillaba. Eran las 10:59 p.m. cuando finalmente llegué a casa. Había conducido lentamente la mayor parte del viaje, tratando de ver algo entre la nieve, una señal de la línea central en el pavimento. Pero en alguna parte de esas temibles millas, perdí el enojo.

El último remanente de ira se derritió cuando me di cuenta de que, cuarenta kilómetros antes de llegar a casa, me había calentado. Realmente calentado. A pesar de que la nariz estaba irritada por el viento y me ardían las mejillas al tocarlas, el resto de mi cuerpo estaba extraordinariamente cómodo. De manera milagrosa.

El Padre me había oído. El Padre me había contestado. No de la forma en que se lo había pedido y, ciertamente, no como lo había planeado. No había levantado la ventanilla, pero me había envuelto en sus brazos.

Comencé a llorar. Esta vez las lágrimas no eran las de una niña demandante, sino las de una hija que había sido corregida.

Confía en mí, hija. Solo quiero tu bien.

DUDAR DE LA BONDAD DE DIOS

Me pregunto qué sentirá el Padre cuando suponemos lo peor acerca de Él en vez de suponer lo mejor. ¿Su corazón se duele como el mío cuando cuestiono su amor?

"No me amas", me dijo mi hijo de trece años con el mismo puchero del día de la pizza muchos años antes. Estaba provocándome (más o menos) y lo dijo con una media sonrisa burlona, pero aun así quería que la frase me lastimara. Y lo logró.

"¿A qué te refieres?", quería gritarle. "Te compro la ropa, te doy de comer, me aseguro de que tengas tus tacos de fútbol. Conservo para toda la vida un horrible cierre debajo de mi ombligo donde el doctor me abrió para que tú pudieras salir y vivir, niño malagradecido ¿y ahora me dices que no te amo?".

Pero nada de eso contaba en ese momento. Le había dicho que no podía quedarse levantado mirando los playoffs de la NFL cuando al otro día tenía que ir a la escuela, y de repente todo mi amor había desaparecido.

No hace falta vivir una tragedia para dudar del amor de Dios. La duda puede crecer lentamente, de manera sigilosa y peligrosa. Sucede cuando nuestra voluntad es cofrontada, nuestras necesidades son ignoradas o cuando, al igual que Marta, estamos atascadas haciendo el trabajo sucio mientras todos los demás se divierten.

Ahora bien, la duda en sí misma no es pecado. Es simplemente un pensamiento o sentimiento que surge casi de forma involuntaria. Pero cuando la dejamos anidar en nuestro corazón el tiempo suficiente, se mete y acomoda como una semilla de amapola entre los dientes; entonces, esa pequeña duda puede convertirse en un gran problema. Al dejarla sin resolver puede infectarse y convertirse en incredulidad. Y la incredulidad, amiga mía, no solo es un pecado, también es un serio problema. Cuando ya no creemos más en la bondad de Dios, cuando ya no confiamos en su cuidado, acabamos huyendo del mismo amor que precisamos para vivir.

La incredulidad hundió a Judas, que se rehusó a confiar en el tiempo de Dios. La incredulidad endureció el corazón de Saúl, que cerró sus ojos a la justicia de los caminos de Dios. La incredulidad mantuvo a los israelitas en el desierto por cuarenta años, porque cuestionaron la habilidad de Dios para guiarlos. Y fue la incredulidad allá por el comienzo de los tiempos la que abrió la puerta a la oscuridad en un mundo que había sido diseñado para ser luz pura.

El Jardín del Edén debe haber sido maravilloso. Tan solo piensa en esto: no había casas para limpiar, ni comidas que cocinar, ¡ni ropa para planchar! Eva tenía todo resuelto. Un marido espectacular. El paraíso era su sala de estar. Dios era su compañero de juegos. Pero de algún modo, en medio de todas estas bendiciones, lo maravilloso se tornó mundano, lo destacable se volvió rutinario. Y un sutil sentido de descontento hizo que Eva comenzara a revolotear alrededor de la única cosa que Dios les había retenido: el árbol del conocimiento del bien y el mal.

¿Qué nos sucede a las mujeres que necesitamos desesperadamente saber y entender todo? Queremos un itinerario de vida, y cuando Dios no nos lo da de inmediato, empezamos a escribirlo nosotras.

"Es que necesito saber", nos decimos.

"No, lo que necesitas es confiar", Dios responde.

Pero al igual que la primera dama original, hacemos a un lado su tierna voz y vamos derecho al árbol. No el árbol sacrificial de la cruz, sino ese orgulloso y encumbrado árbol llamado conocimiento. Porque, después de todo, el conocimiento es poder. Y el poder es lo que anhelamos en secreto.

Creo que el eventual pecado de Eva comenzó con un pensamiento diminuto, un temor pequeño pero insistente que le hacía pensar que algo le faltaba de alguna manera y que Dios no tenía en mente lo mejor para ellos. ¿Qué podía estar mal con algo tan encantador y deseable como el fruto prohibido? Quizás un oculto resentimiento logró penetrar en su espíritu. Adán le puso nombre a los animales mientras *ella* recogía papayas. Sin importar cuál fue esa minúscula irritación, la hizo buscar más.

Y Satanás estaba listo y esperando, deseoso de darle mucho más de lo que ella había soñado. Llenó su mente de preguntas: "¿De veras Dios dijo...?" Satanás la alentó a dudar de la palabra de Dios y de su bondad hasta que el continuo signo de interrogación en su cabeza, finalmente anulara su confianza en el amor de Dios.

Y la humanidad ha cuestionado ese amor desde entonces.

HACER PREGUNTAS

"Señor, ¿no te importa?". Como Marta, nosotras tenemos nuestras preguntas. Así como ella, tenemos nuestras dudas. Yo estoy agradecida de que Dios no se ve amenazado por mis dudas y preguntas, incluso por mis miedos y frustraciones. Él quiere que confiemos en su amor lo suficiente como para expresarle lo que pensamos y sentimos. David lo hizo. Él es un maravilloso ejemplo de un corazón sincero y abierto delante de Dios. El pequeño pastorcito que luego se convirtió en rey derramó su queja delante del Señor a través de los salmos. En Salmos 62:8 nos invita a hacer lo mismo: "Confía siempre en él, pueblo mío; ábrele tu corazón cuando estés ante él. ¡Dios es nuestro refugio!"

Nuestra amiga Marta estaba en el camino correcto ese día en Betania. En vez de permitir que sus preguntas cargadas de duda se incrementaran, le habló a Jesús sobre sus preocupaciones y temores. Aunque su acercamiento tenso y áspero difícilmente sea el mejor modelo, hay varias lecciones importantes que podemos aprender de su valiente encuentro con Cristo.

Primero: *podemos traer nuestras necesidades a Jesús en cualquier momento y lugar.* "Pidan, y se les dará", dijo Jesús en Mateo 7:7. En griego, la forma del término *pedir* implica "continuar pidiendo". No vamos a cansar a nuestro Salvador. Él nunca está demasiado ocupado como para oír el clamor de nuestro corazón. Marta aprovechó esta disponibilidad, incluso en medio de sus ocupaciones y preparaciones para la fiesta.

Segundo: *a Jesús realmente le importa lo que nos preocupa.* "Depositen en él toda ansiedad, porque él cuida de ustedes", nos recomienda 1 Pedro 5:7. Jesús no se burló de lo que le preocupaba a Marta ni se enojó. En cambio, le habló con una infinita amabilidad y ternura, reconociendo el dolor que había en sus quejas.

Por último, *Jesús nos ama tanto como para confrontarnos cuando nuestra actitud no es la correcta.* "Yo reprendo y disciplino a todos los que amo" (Apocalipsis 3:19). Y eso fue lo que el Señor hizo con Marta. Instintivamente entendió su dolor, pero eso no le impidió decirle lo que necesitaba escuchar.

En honor a la verdad, debemos decir que Marta escuchó.

A menudo, me parece, nos aferramos a la duda y a la confusión hasta que nuestras preguntas explotan en forma de acusaciones. Le mostramos el puño a Dios, furiosas por todo el dolor que sentimos. Luego, nuestra naturaleza humana provoca que corramos a escondernos para lamer nuestras heridas y alimentar esa sensación de que fuimos víctimas de una injusticia.

Pero Marta no lo hizo. Ella presentó su caso, sí, pero después se quedó para escuchar las reglas de Jesús. Aunque ella lo había acusado de negligencia, estaba dispuesta a oír su respuesta y dejar todo en sus manos.

Amo la compasión de Jesús en esta historia. Él vio la situación de Marta y comprendió su queja. Pero la amaba tanto que le dio lo que ella necesitaba, no lo que quería: una invitación a acercarse a Él. Con los brazos abiertos, invitó a la afligida mujer a dejar sus preocupaciones y tareas, y encontrar refugio solamente en Él.

Porque cuando tienes preguntas, no hay otro lugar mejor a donde ir que con el Único que tiene las respuestas.

LA RESPUESTA A LA PREGUNTA

"Señor, ¿no te importa?".

Por supuesto que sí le importa. Por eso vino a nosotros.

Si yo fuera Dios deseando establecer contacto con el hombre, le haría una visita. Tal vez luego de una o dos semanas de publicidad que genere expectativa, llegaría a las ciudades más importantes antes de regresar a mi confortable trono celestial. Esa gira especial duraría lo suficiente como para llamar la atención de la gente y poner las cosas en orden, luego "¡Hasta la vista, baby!", me marcharía.

¿Quién en su sano juicio dejaría el cielo para vivir en la tierra? ¿Por qué un agricultor vendería su acogedora granja para vivir en el corral con los cerdos? Es como si Bill Gates donara los billones de dólares de Microsoft para comenzar un negocio de hamburguesas con el que ganaría el salario mínimo. Impensable. Pero eso fue exactamente lo que Jesús hizo.

Dios se hizo como uno de nosotros para que al preguntarle: "Señor, ¿no te importa?", pudiéramos saber con toda certeza que sí le importa. En vez de hacer una visita relámpago o una cita extraterrestre, Él vino a vivir con nosotros. A través de su encarnación, Dios entró al mundo por la misma puerta que nosotros. Luego se quedó todo el tiempo que le permitimos, hasta que lo enviamos de regreso; y al morir, salió por la misma puerta dolorosa que todos salimos.

¿Le importa? ¡Mejor que lo creas!

Mejor que lo creas. Porque hasta que respondas a esa pregunta de una vez por todas, nunca pasarás de la duda a la verdadera fe. Siempre te verás enfrentada con una manzana resplandeciente y el siseo de la tentación diciéndote que tomes el asunto en tus manos.

Lo cierto es que hasta que no dejemos de dudar de la bondad de Dios, nunca experimentaremos su amor.

Marta le puso voz a su temor secreto, y nosotras también podemos hacerlo. Pero, como ella, debemos quedarnos y escuchar la dulce confirmación de su respuesta.

No esperes explicaciones o disculpas; después de todo, Dios es Dios. Si el justo Job no pudo obligar a Dios a darle explicaciones de sus acciones, nosotras tampoco deberíamos esperar total comprensión de sus misteriosos caminos.

Pero ciertamente Dios responderá, te lo aseguro. Él desea revelarnos su amor. Un amor que no encontrarás alzando tu puño en su contra, como tampoco lo encontrarás especulando o negociando en su presencia, exigiendo ser tratada con justicia. Lo encontrarás, en cambio, sentada a sus pies y recordando quién es Él.

Emanuel. Dios *con* nosotros.

Él sabe que el camino es difícil. Sabe que pocas veces la vida es justa. Jesús peleó con los mismos vientos helados de distracción, desánimo y dudas que nos impiden conocer el amor de Dios. Pero, como el Padre, anhela envolvernos en sus brazos. Anhela cambiar las frazadas livianas de nuestra autosuficiencia por su suficiencia total. Nuestro Señor Jesús nos invita a echar nuestras dudas, nuestros temores y ansiedades sobre Él, a descubrir cuánto en realidad le importamos.

"Confía en mí, hija mía", nos susurra. *"Sé lo que es mejor para ti".*

3

El diagnóstico

Marta, Marta —le contestó Jesús—, estás inquieta
y preocupada por muchas cosas.

LUCAS 10:41

Muy lejos, en el Mar Egeo, en el archipiélago de las Cícladas, hay una
isla griega llamada Naxos. Sin la influencia del avance tecnológico y
el impacto de era de la información, Naxos ha permanecido intacta a
través de los siglos. Los olivos forman una línea junto a las orillas ro-
cosas de la isla, y las aguas color turquesa titilan resplandecientes en el
puerto. El Monte Za se erige detrás; sus frondosas praderas y sus frescas
corrientes de agua se deslizan hasta el mar. Naxos es la paz de una vida
sin apuros, donde las personas siempre están dispuestas a conversar.

Una de las primeras cosas que observas cuando desciendes a la isla
son los collares de perlas que usan muchas personas, pobres y ricos
por igual, altos y bajos, jóvenes y viejos, especialmente los hombres
mayores, porque es una antigua tradición griega. Los isleños palpan y
manipulan las perlas de sus collares todo el día. Dicen que las perlas
traen confort, que palparlas les quita la ansiedad. Las llaman *komboloi*,
que significa "cuentas de la preocupación".[1]

Una costumbre singular, por cierto. Nosotros también tenemos
rituales relacionados con la preocupación. Aunque no exhibamos collares contra la ansiedad en nuestro cuello, ciertamente nos afecta. Nos
mordemos las uñas, caminamos y caminamos en el mismo lugar y
nos despertamos por las noches, todo a causa de la aflicción. Hora tras
hora, nuestros dedos mentales se contorsionan alrededor del problema,

buscándole la vuelta como a un cubo Rubik. Manipulamos y suponemos, desesperados por resolver el rompecabezas. Aunque parece que no encontramos respuestas.

Lo triste es que somos un pueblo ansioso. Una nación de preocupados.

"Creo que hay una epidemia de preocupación", confirma el Dr. Edward Hallowell en su libro *Worry* [Preocupación]. El psiquiatra y autor de éxitos en venta estima que uno de cada cuatro norteamericanos —aproximadamente sesenta y cinco millones— padecerán ansiedad en algún punto de su vida.[2] La mitad de nosotros somos lo que él denomina "preocupados crónicos".

Pero la preocupación no es un fenómeno moderno. Jesús describió la misma condición hace dos mil años. No escribió un libro ni fundó una clínica, no obtuvo un título médico, pero conocía el corazón y el alma de la humanidad. De todo el vasto conocimiento que solo un creador que se ocupa de su creación puede tener, Jesús le reveló la verdad a una mujer que estaba atrapada en la preocupación crónica.

"Marta, Marta, estás inquieta y preocupada por muchas cosas", observó Jesús dulcemente.

LA MALDICIÓN DE LA ANSIEDAD

Esas palabras debieron haber parado en seco a Marta. Solo sé que a mí me detuvieron.

"¡Espera un minuto, Señor!", debe haber querido decirle Marta. "Solo estoy intentando servirte."

Pero sus amables palabras atravesaron las excusas y pretextos de Marta. En una simple frase, Jesús diagnosticó el problema que ha afectado a la humanidad desde el comienzo de los tiempos. Podemos rastrear el origen hasta el Jardín, el Árbol y la caída de la humanidad.

Es la maldición de la ansiedad. La carga de la preocupación y el miedo.

No se suponía que tenía que pasarnos a nosotros. El árbol del conocimiento del bien y el mal estaba fuera del alcance por una buena razón: nuestra propia protección. Dios había creado al hombre y la mujer para que disfrutaran una relación de amor mutuo con Él, la misma relación que debemos tener entre nosotros. Él cuidaría de nosotros y nos brindaría todo lo necesario. Nosotros, a cambio, "disfrutaríamos de Dios y lo alabaríamos para siempre", como dice tan bellamente el Credo de Westminster.

Pero en vez de apreciar los límites como evidencias de la misericordia de Dios, Adán y Eva interpretaron la orden como una jugada ofensiva de Dios, un deseo de esconderles lo bueno. Así que tomaron y comieron. Sus ojos fueron abiertos, y lo que vieron era mucho más de lo que esperaban. En vez de recibir un poder semejante al de Dios, se aterraron al contemplar su desnudez y total desamparo. Pero, en vez de correr de nuevo a Dios, se escondieron de Él.

¿Por qué lo hicieron? Génesis 3:10 nos dice que tuvieron miedo. Pero yo creo que fue más que un simple miedo a la ira de Dios lo que les movió a buscar con qué cubrirse.

Por primera vez en su vida, el hombre y la mujer se vieron a sí mismos separados de Dios. Como dos niños solos y perdidos, y de pronto vieron el Edén como un lugar aterrador en vez de un paraíso hermoso. De repente, con el conocimiento del bien y del mal, vinieron sombras y rincones oscuros, sonidos extraños y ruidos escalofriantes. Ya no eran más esos hijos de Dios inocentes e ingenuos. No estaban a salvo bajo la protección de Dios.

Con una mordida del fruto amaneció la terrible verdad: Adán y Eva estaban por su cuenta y, cual niños pequeños, corrieron y se escondieron, tratando de ganar tiempo para pensar una manera de salir del lío en que los había metido la serpiente. Apartados por su desobediencia de Dios, a quien tanto necesitaban, se volvieron cada vez más temerosos y ansiosos.

Y así ha sido hasta los días de Marta en Betania. Y hasta nuestros días, para ti y para mí.

PREOCUPACIÓN INNATA

Provengo de una larga descendencia de suecos ansiosos. "*Käre mej*", decía mi abuela Anna una y otra vez. "Pobre de mí, pobre de mí". Demasiado alto, demasiado rápido, demasiado abundante, demasiado poco. Frente a los potenciales peligros del mundo, solo había una respuesta: preocuparse.

Recuerdo estar en la cama una noche repasando mi lista de temores. De algún modo, como una joven adolescente, había determinado que el secreto para evitar problemas era preocuparme por ellos. De hecho, me preocupaba si me había olvidado de preocuparme por algo.

Diez señales de un gran ansioso

¿La preocupación es un problema en tu vida? El Dr. Hallowell dice que lo es si alguna de estas señales es cierta para ti.

1. Pasas mucho más tiempo que otras personas alimentando una preocupación inútil y no constructiva.
2. Las personas a tu alrededor comentan que tú te preocupas demasiado.
3. Sientes que no preocuparte es mala suerte o tentar al destino.
4. La preocupación interfiere con tu trabajo; pierdes oportunidades laborales, dejas de tomar decisiones, te desempeñas en un nivel menor al óptimo.
5. La preocupación interfiere con tus relaciones cercanas; tu cónyuge y amigos a veces se quejan de que tu preocupación agota su energía y paciencia.
6. Sabes que muchas de tus preocupaciones son irreales o exageradas, pero no puedes controlarlas.
7. A veces te sientes abrumada por la preocupación, incluso tienes síntomas físicos como ritmo cardíaco acelerado, respiración agitada, falta de aire, transpiración, mareos o temblores.

8. Sientes una necesidad crónica de seguridad, inclusive cuando todo marcha bien.

9. Sientes un exagerado temor a ciertas situaciones que otras personas parecen manejar con poca dificultad.

10. Tus padres o abuelos eran conocidos por ser personas que se preocupaban en exceso, o que sufrían de desórdenes de ansiedad.[3]

Examíname, oh Dios, y sondea mi corazón; ponme a prueba y sondea mis pensamientos. Fíjate si voy por mal camino, y guíame por el camino eterno.

SALMOS 139:23-24

Cuando mi mamá y mi papá viajaron a Hawái para su décimo quinto aniversario de casados, pasé la mayor parte de la semana tratando de pensar en todo lo que podría salir mal. ¿Y si se estrellaba el avión? ¿Y si había un maremoto? Cualquier cosa podría suceder. Las piñas podían estar podridas, el sushi en mal estado, la salmonella podía envenenar la leche de coco de la noche anterior. Yo quedaría sola en un orfanato y tendría que hacerme cargo de mi hermano y mi hermana menor. Sniff, sniff…

Por supuesto, mis padres regresaron a casa sanos y salvos, además de bronceados. Pero de algún modo esto confirmó mi retorcida tesis: me preocupé, por eso no sucedió. Y así, poco a poco, la preocupación se convirtió en mi *modus operandi*.

¿Y tú? ¿Qué hay acerca de ti? ¿La preocupación se ha convertido en un factor dominante en tu vida? El Dr. Hallowell, que se describe como otro aprensivo nato, nos brinda una lista para ayudarnos a decidir. La encontrarás en el cuadro de arriba. Si te reconoces en alguna de estas descripciones, es muy probable que tengas un problema con la preocupación.

Y no nos confundamos, la preocupación es un problema en sí misma.

PREOCUPACIÓN INÚTIL

"La preocupación agobia a la persona", nos dice Proverbios 12:25 (NTV). La carga pesada de la ansiedad no ofrece ningún beneficio real. Jesús resaltó esta inutilidad cuando nos recordó: "¿Quién de ustedes, por mucho que se preocupe, puede añadir una sola hora al curso de su vida?" (Mateo 6:27).

Se dice que la preocupación es como una silla mecedora: te da algo que hacer, pero no te lleva a ninguna parte. Interesantes estadísticas revelan que no hay nada que podamos hacer respecto al 70% de nuestras preocupaciones:

Qué nos preocupa

40% son cosas que nunca sucederán.

30% son cosas del pasado que no podemos cambiar.

12% son respecto a críticas de otros, mayormente falsas.

10% son acerca de la salud que, de hecho, empeora con el estrés.

8% son sobre problemas reales que pueden ser resueltos.[4]

A fin de cuentas, la preocupación es en verdad una pérdida de tiempo. Pero es más que eso. La preocupación no solo es inútil, sino que es dañina.

El daño físico y emocional provocado por la ansiedad crónica es bastante conocido y está bien documentado. Hace años, el Dr. Charles Mayo, de la Clínica Mayo, señaló que la preocupación afecta la circulación, las glándulas, todo el sistema nervioso, y daña profundamente al corazón. "Nunca conocí a un hombre que haya muerto por mucho trabajar, pero muchos murieron por dudar", afirmó. Desde entonces, los investigadores establecieron conexiones entre la preocupación crónica y la debilidad del sistema inmune, las enfermedades cardiovasculares, los desequilibrios neurológicos, la depresión clínica, y otras disfunciones psíquicas y psiquiátricas, por no mencionar las enfermedades que se relacionan específicamente con la ansiedad como los ataques de pánico, la agorafobia y el trastorno obsesivo compulsivo.[5]

Todo eso por preocuparse. Entonces, no debería sorprendernos que Jesús le haya advertido a Marta sobre su ansiedad. Tampoco es de asombrarse que la Biblia contenga más de trescientos cincuenta "no temas."

Lo cierto es que no fuimos creados para preocuparnos. No fuimos modelados para vivir en temor. Y si queremos disfrutar de una vida saludable, debemos encontrar la manera de abandonar la ansiedad crónica.

Más allá de nuestro bienestar físico, hay una razón espiritual de mucho peso para no preocuparnos. Si la ansiedad hizo que los amigos más íntimos de Dios, Adán y Eva, se escondieran de su rostro, solo imagina lo que la ansiedad nos puede hacer a ti y a mí.

POR QUÉ LA BIBLIA NOS DICE QUE NO NOS PREOCUPEMOS

Cuando Dios nos dice en su Palabra que no debemos preocuparnos, no es una sugerencia. Es una orden. La preocupación y la ansiedad solo en el Nuevo Testamento se mencionan específicamente treinta y cinco veces, como algo que debemos evitar a toda costa.

Los términos más utilizados para ansiedad y preocupación en el Nuevo Testamento vienen de la misma raíz de la palabra griega *meridzoe*, que significa "estar dividido, ser jalados en direcciones opuestas, ahogar". Después de todo, tal vez sí cargamos con la ansiedad alrededor de nuestro cuello.

En la parábola del sembrador, Jesús nos dice: "La parte que cayó entre espinos son los que oyen, pero, con el correr del tiempo, *los ahogan las preocupaciones*, las riquezas y los placeres de esta vida, y no maduran" (Lucas 8:14, énfasis mío). Estas personas han aceptado la Palabra de Dios, dice Jesús, pero "no maduran". Los cristianos preocupados que germinan en tierra de espinos hacen intentos por respirar espiritualmente y puede que logren sobrevivir, pero realmente nunca florecerán.

La palabra utilizada en el inglés antiguo para preocupación significa "roer" [*to gnaw*]. Como un perro con un hueso, la persona que se preocupa está masticando su problema todo el día. Jesús nos advirtió específicamente contra esta clase de ansiedad crónica cuando dijo: "Por lo tanto les digo que dejen de estar perpetuamente intranquilos (ansiosos y preocupados) por su vida" (Mateo 6:25, AMP en español).

¿Por qué la Biblia es tan insistente con la idea de evitar el temor y la preocupación? Porque Dios sabe que la preocupación genera un cortocircuito en nuestra relación con Él; hace que fijemos la mirada en nuestra situación en vez de fijarla en el Señor.

Funciona un poco como la espesa niebla de Londres, esa clase de niebla que es legendaria, porque no habría una historia de Sherlock Holmes sin niebla que cubriera al villano y le permitiera escapar. "Espesa como sopa de guisantes", dicen los londinenses. "No puedes siquiera ver tu mano frente a tu rostro."

Sin embargo, mientras que la niebla física puede ser densa y casi sólida, los científicos dicen que un banco de neblina de cien metros de profundidad y que abarca siete manzanas en una ciudad, está compuesto de menos de un vaso de agua. Dividida en miles de millones de microgotas, no tiene mucha sustancia. Aun así, tiene el poder de hacer que toda una ciudad se detenga.[6]

Así es la ansiedad. Nuestra mente dispersa el problema en miles de millones de gotitas de temor que ocultan el rostro de Dios. Llevar nuestra ansiedad al Señor es a menudo lo último que pensamos cuando estamos espiritualmente cubiertas por la niebla. Pero solo el Hijo tiene el poder de dispersarlas. Sin Él, un temor nos guía hacia otro, y terminamos arrastrando dolorosamente nuestra vida.

LA PREOCUPACIÓN COMO ESTILO DE VIDA

En su libro *Bring Back to Joy* [Vuelve al gozo], Sheila Walsh escribe sobre un grupo de mujeres a quienes les habló sobre el temor y el lugar que ocupa en nuestra vida. Una de ellas dijo: "El temor es lo que me mantiene entera. Sin él, yo sería como un suéter: me deshilaría". Todas las mujeres se rieron, escribe Sheila, "pero sabemos que había una parte de verdad en lo que ella decía. El temor era la mitad de la estructura de su vida, y ella tenía miedo (aquí está esa palabra otra vez) de qué sería lo que la sostendría si se deshacía de él".[7]

La preocupación puede convertirse en un hábito, incluso en un estilo de vida, y no es fácil dejarla ir. Después de todo, algunas veces hasta parece funcionar.

Puede que seamos levemente neuróticas, pero nuestros niños nunca se lastiman (no les dejamos treparse a nada más alto que el sofá). Nuestro esposo siempre viste pantalones limpios y recién planchados (en caso de un accidente, los paramédicos sabrán que tiene una esposa que realmente se ocupa de él). No salimos demasiado, pero nuestra casa resplandece (nos gustaría invitar a alguien a nuestro hogar, ¿pero qué pasaría si dice que no? ¿Y si dice que sí?)

Desafortunadamente, la creencia de que la preocupación nos ayuda en algo es solo una ilusión… una peligrosa ilusión, por cierto. La preocupación no impide que las cosas malas ocurran. De hecho, puede impedirnos vivir la vida plena que Dios soñó para nosotras. En vez de ayudarnos a resolver los problemas de la vida, la ansiedad nos crea nuevos, incluyendo la tendencia a una introspección enfermiza. Para muchas de nosotras, las preocupaciones pueden ser como las papas fritas de una bolsa que acabas de abrir: no puedes comerte solo una.

El Dr. Hallowell cuenta que una paciente describía su ansiedad de este modo: "Es como un patrón de escarcha de nieve que golpea contra una fría hoja de vidrio. En cuestión de segundos me encuentro luchando con una enorme red de peligros con intricados detalles. No podrías creer lo rápido que paso de lidiar con una preocupación a tener una pila de ellas".[8]

Mi amiga Penny está de acuerdo. "Puedo estar sentada en el sillón, cuando de repente uno de mis pensamientos cobra vida." De pronto ella ya está llorando, literalmente sollozando. "En cuestión de segundos mis hijos han muerto, mi esposo me pidió el divorcio ¡y estoy viviendo en la calle!"

Hallowell asegura que es común que los ansiosos dejen que su imaginación se lleve lo mejor de ellos. En vez de confiar en los datos objetivos, permiten que una preocupación se apoye en otra, hasta que acontece el efecto dominó: un temor hace que el otro avance, y así sucesivamente. Por eso la verdad puede ser un poderoso antídoto contra la preocupación. "Ve a los hechos concretos, porque gran parte de la preocupación tóxica se basa en exageraciones o mala información",[9] aconseja Hallowell.

Preocupación tóxica. Esta es toda una declaración, y muy cierta para mí. La he probado y he comprobado que sus efectos realmente te revuelven el estómago.

La preocupación descontrolada se cuela entre nuestros pensamientos, envenenando nuestro gozo, convenciéndonos de que optemos por soluciones que ni siquiera hemos probado para saber si funcionarán. Como Igor, el burro de Winnie the Pooh, podemos dejar que nuestra vida sea consumida por la negatividad. "¿De qué sirve? Nunca funcionará." En vez de esperar lo mejor, suponemos lo peor. Y somos los que más se sorprenden cuando lo peor nos encuentra.

¡Qué terrible manera de vivir! No nos sorprendemos de que Jesús nos haya ordenado dejar las preocupaciones de lado y "no temer".

PREOCUPACIÓN VERSUS ATENCIÓN

Por favor, no malinterpretes. Cuando Jesús dijo que no nos preocupáramos, no pedía que viviéramos en negación, sumergidas en un edulcorado cuento de hadas. No estaba diciendo que no pongamos atención a lo que sucede.

Lo cierto es que vivimos rodeadas de oportunidades para temer, estar ansiosas y preocuparnos. Dado que nuestro mundo está repleto de luchas y dolor legítimo, enfrentamos preocupaciones genuinas todos los días. Cosas malas le ocurren a gente buena, y también a otra gente no tan buena. Los problemas reales suceden, generalmente a diario. La gente no actúa como debería. Las relaciones fallan y a veces fracasan. Hay un dolor potencial casi acechándonos.

Y efectivamente hay cosas que requieren de nuestra atención para que tomemos acción.

Jesús lo sabía mejor que nadie. Pasó la mayor parte de su tiempo acosado y perseguido por sus enemigos. Entonces, ¿por qué nos dijo que no nos preocupemos? Porque sabía que una vida llena de temor deja poco espacio para la fe. Y sin fe no podemos agradar a Dios ni acercarnos a Él, quien nos da el consuelo y la guía que necesitamos para enfrentar los asuntos cotidianos.

Entonces, ¿cuál es la diferencia entre prestar sana atención y caer la tóxica preocupación? A continuación, veremos algunas cosas que descubrí en mi propia lucha contra el temor:

Atención	*Preocupación*
• Implica una amenaza legítima. • Es específicamente una sola cosa. • Se enfoca en el problema. • Lo resuelve. • Se busca a Dios para obtener la respuesta.	• A menudo es infundada. • Es generalizada (se diversifica a muchas cosas). • Genera obsesión respecto al problema. • Genera más problemas. • Se busca la respuesta en sí mismo o en otras personas.

El pastor y maestro Gary E. Gilley resume así la diferencia: "La preocupación es permitir que los problemas y el estrés se interpongan entre nosotros y el corazón de Dios. Es creer que Dios de algún modo ha perdido el control de la situación y ya no podemos confiar en Él. Una atención genuina nos acerca al corazón de Dios, nos hace descansar y confiar en Él cada vez más".[10]

Ocuparnos de algo nos acerca a Dios. Preocuparnos nos aleja de Él. Creo que esta distinción es especialmente práctica para aquellos que tendemos a espiritualizar la preocupación, convenciéndonos de que nuestra tarea es entrar en pánico por el estado del mundo, por nuestras finanzas o nuestro futuro. Oswald Chambers lo expresa de este modo en *My Utmost for His Highest* [*En pos de lo supremo*]:

La preocupación siempre termina en pecado. Imaginamos que un poco de ansiedad y preocupación son indicadores de lo sensatos que somos; en realidad, es mucho más un indicador de lo verdaderamente malos que somos. La preocupación surge de una determinación de hacer las cosas a nuestro modo. Nuestro Señor nunca se preocupó, nunca estuvo ansioso, porque no estaba allí para llevar a cabo sus ideas sino las del Padre. La preocupación es maligna si eres hijo de Dios (…) Toda nuestra preocupación y ansiedad son ocasionadas porque hacemos cálculos sin Dios.[11]

Esto es algo que siempre debemos recordar cuando se trata de la preocupación. Cada día hacemos frente a preocupaciones legítimas, pero en vez de entrar en pánico, en vez de preocuparnos, debemos enfocarnos en discernir qué podemos hacer nosotras (con la ayuda de Dios) y lo que debemos dejar completamente en sus manos.

Más importante aún, debemos enfocarnos en quién es Dios y lo que puede hacer.

Las cuentas no se pagarán solas, pero servimos a *Jehová Jireh*, el Dios que provee. El lunar de nuestro brazo puede tener que ser revisado e incluso puede resultar cancerígeno, pero servimos a *Jehová Rafa*, el Dios que sana. Hay mucho por qué preocuparse en este mundo, pero servimos a *El Shaddai*, el Dios todopoderoso.

Jesús nos advirtió: "Aquí en el mundo tendrán muchas pruebas y tristezas" (Juan 16:33 NTV). ¡Atrapa esta bola curva! Él dijo que las tendremos, con seguridad, no que podríamos tenerlas. Las pruebas vienen con este territorio en que vivimos.

"Pero ¡anímense! Yo he vencido al mundo", sigue diciendo.

Si tenemos a Jesús como nuestro Señor y Salvador, no estamos solas. *Nunca* estamos solas. Cuando la vida viene rugiendo hacia nosotras, amenazando con llevarse todo a su paso, podemos descansar y tener paz. Porque vivimos en una torre fuerte. Porque estamos escondidas debajo de las alas del Todopoderoso. Poque tenemos a nuestro lado un fuerte Hermano mayor que se está arremangando para ayudarnos.

Esta es la razón por la que podemos dejar atrás la preocupación, no porque no haya nada por qué preocuparse, sino porque tenemos al Único que puede manejar la adversidad mucho mejor que nosotras.

TRES PASOS HACIA LA VICTORIA

Pablo tenía toda clase de razones para preocuparse mientras estaba en una prisión romana esperando su posible condena a muerte. Pero en vez de escribirle a los filipenses una historia trágica, les envió una increíble epístola de gozo. Y esta carta incluye un pasaje que me ha sido de mucha utilidad cuando trataba de aprender a no preocuparme.

"No se preocupen por nada", escribe Pablo en Filipenses 4:6-7 (NTV), "en cambio, oren por todo. Díganle a Dios lo que necesitan y denle gracias por todo lo que él ha hecho. Así experimentarán la paz de Dios, que supera todo lo que podemos entender. La paz de Dios cuidará su corazón y su mente mientras vivan en Cristo Jesús."

En este breve pasaje encontramos tres pasos prácticos y concisos para tener victoria sobre la preocupación.

1. No se *preocupen* por *nada*.

2. *Oren* por *todo*.

3. *Denle gracias* en *todo*.

Cuando el apóstol escribió las palabras "no se preocupen por nada", literalmente quería decir "¡ni siquiera una sola cosa!" Nada. Ni nuestra familia, ni nuestras finanzas, ni el futuro o el pasado. Nada de nada. Resulta importante para alguien como yo oír esto porque la preocupación es un hábito traicionero. Tú permites que una pequeña preocupación entre, y seguro que detrás viene otra más, y luego otra. Es mejor cortarlas de raíz. No preocuparnos por nada.

Pero, por supuesto, la única forma de llevar a cabo el primer paso es dando también el segundo, "orar por todo." Y Pablo literalmente quiere decir "¡cada cosa por mínima que parezca!" No hay nada demasiado grande ni demasiado pequeño que no podamos llevar al corazón de nuestro Padre. Corrie Ten Boom lo expresa de este modo: "Si hay una preocupación que es muy pequeña como para ser llevada en oración, también es demasiado pequeña como para ser una carga."[12]

Comprender esto me ha ayudado mucho. Una de las formas en que Dios me sacó de mi vida llena de preocupación fue simplemente esta: la oración. Qué novedad, ¿eh? Especialmente para alguien que vivía la mayor parte de su tiempo bajo el axioma: "¿Por qué orar cuando puedes preocuparte?".

Y esto es lo que hice: en vez de obsesionarme mentalmente con mis problemas, comencé de manera consciente a convertir mis preocupaciones en oraciones.

En vez de preocuparme: "¿Qué pasaría si mi esposo tuviera un accidente en la carretera?", empecé a orar: "Querido Jesús, te pido que guardes la vida de John cuando esté conduciendo hoy…"

En vez de decirme: "Si no termino este disfraz, Jessica se desilusionará terriblemente", le decía a Jesús: "Señor, sabes lo mucho que esto significa para Jessica…"

Puede sonar trivial y simplista, pero algo en ese minúsculo acto de orar rompió el yugo. En vez de alimentar y rumiar una y otra vez mis preocupaciones, comencé a entregárselas al Señor. Y así gradualmente fui descubriendo que la ansiedad crónica perdía poder en mi vida.

Verás, ponerse histérica magnifica el *problema*, pero la oración magnifica a *Dios*. "La razón por la que nuestros problemas a menudo se ven abrumadores es que permitirnos que las cosas de esta vida se vean más grandes a nuestra vista que las cosas de la eternidad", escribe Selwyn Hughes en *Every Day Light* [La luz de cada día]. "La más pequeña de las monedas, cuando la acercamos a nuestros ojos, hasta puede tapar el sol."[13]

Tal vez por eso Pablo finaliza su receta contra la preocupación con este último y crucial consejo: "Denle gracias por todo." Mira todo lo que Dios ha hecho. En palabras del viejo himno, "Cuenta tus bendiciones, ¡nómbralas una por una!" Si no somos agradecidas por lo que Dios hizo en el pasado y en el presente, no tendremos fe para creer que podrá hacer mucho más en el futuro.

La gratitud es importante porque tiene el poder de cambiar nuestra actitud. Cuando estamos dispuestas a dar gracias a Dios en todo y por todo, no solo en algunas cosas, sino conscientemente agradecerle por todo, incluso por lo que no nos hace sentir muy agradecidas, algo en nuestro interior comienza a cambiar. Comenzamos a ver la vida como Cristo la ve, llena de oportunidades más que de obstáculos. Y cuando vemos la vida a través de los ojos de fe, el temor huye.

LA DECISIÓN QUE GUÍA A LA PAZ

Mucho de esto depende de nuestra perspectiva. Si mi Dios no es mayor que la vida, entonces mi vida es mayor que Dios, y ahí es cuando la ansiedad toma el control.

"La mente humana es muy interesante" dicen los autores Bill y Kathy Peel en su libro *Discover Your Destiny [Descubre tu destino]*. "Solo es posible enfocarnos en un par de cosas a la vez. Cuando estamos preocupados por un problema y nos concentramos en nuestra insuficiencia para resolverlo, en realidad no queda lugar para agregar a Dios en la escena. La habilidad de pensar racionalmente regresa solo cuando nos reenfocamos en la suficiencia de Dios."[14]

Y cuando lo hacemos, Pablo dice que "la paz de Dios… cuidará su corazón y su mente mientras vivan en Cristo Jesús" (Filipenses 4:7). Cuando decidimos orar en vez de preocuparnos, cuando decidimos tener un corazón agradecido aun en circunstancias no tan buenas, entonces la paz de Dios viene y nos lleva a su "custodia protectora." Se ubica en posición de guardia en la puerta de nuestro corazón, trascendiendo, sobrepasando y confundiendo nuestro entendimiento humano, trayendo su paz.

Aliviadas de la tarea, podemos quitarnos el collar de perlas de preocupación y tomar el escudo de la fe. Y recién ahí, podemos dar un paso atrás y ver a Dios moverse.

Hablando de perlas de preocupación, el uso del *komboloi* había disminuido en gran medida en Grecia en las últimas tres o cuatro décadas porque los jóvenes griegos trataron de adoptar formas más modernas.

Pero ahora, parece que esos antiguos reductores del estrés están haciendo su gran reaparición. Incluso en la Atenas cosmopolita están por todas partes. Puedes comprar las de plástico que son más baratas en los quioscos, o también las originales por mil dólares o más en una joyería si buscas algo más exclusivo. Ejecutivos con trajes de Armani pasan sus dedos por las cuentas color marfil o suaves rueditas negras. Los ancianos lo hacen con cuentas de madera. Los jóvenes hípsters pasean con sus collares de perlas, comparando estilos y precios. Es una tradición que todavía los reconforta de cierta forma.

Me pregunto cuántos de ellos sabrán donde se originó el *kolomboi*. Me pregunto si se oye su repiqueteo teniendo en cuenta el propósito original que representaban esas perlas. El *kolomboi* se usaba al principio en otras culturas con el propósito de contar sus oraciones. Cuenta a cuenta, oración a oración, el *kolomboi* era una expresión externa de un corazón rendido a Dios.

Es la misma decisión que se presenta hoy ante nosotros. ¿Oraremos o nos preocuparemos? Realmente no podemos hacer ambas.

EL CAMPO DE BATALLA DE LA MENTE

"Por último, hermanos, consideren bien todo lo verdadero, todo lo respetable, todo lo justo, todo lo puro, todo lo amable, todo lo digno de admiración, en fin, todo lo que sea excelente o merezca elogio" (Filipenses 4:8). Pablo cierra su consejo sobre la preocupación con una lista de cosas en las que pensar. ¿Nuestros pensamientos se centrarán en cosas *verdaderas* o falsas? ¿*Nobles* o desagradables? ¿*Puras* o podridas? ¿*Amables* o lujuriosas? ¿*Admirables* o abominables? ¿*Excelentes* y *dignas de elogio* o despreciables y asquerosas?

"Basura entra, basura sale", dice el refrán. Lo que pones en tu mente afecta tu corazón. Y de la abundancia del corazón habla la boca. Nuestra mente se agita. La lujuria se enciende. Y nuestra vida se arruina.

No debemos desestimar el efecto de aquello en lo que pensamos. La guerra de la preocupación, así como la prueba de la tentación, se gana o se pierde en el campo de batalla de la mente.

Los ojos grises de la joven miraban de un lado a otro con nerviosismo detrás de sus anteojos de montura metálica, mientras entraba en la biblioteca repleta de gente. Por un momento, pensé que se daría la vuelta y se marcharía. En cambio, se acercó al mostrador y esperó su turno.

"¿Tiene algún libro sobre el temor y la preocupación?", le preguntó con voz baja y suave al hombre que estaba detrás del escritorio. Pude reconocer el dolor que envolvía cada palabra. Yo también había vivido en ese mundo de ansiedad.

Pero Dios había hecho muchas cosas en mi vida en esa área. Yo había sido una "arreglatodo", de esas personas que tratan de complacer, de procurar que todos estén felices, mientras impresionaba a Dios con mis muchas obras. Al igual que Marta, había estado continuamente molesta y preocupada por muchas cosas. Había deseado crecer en Cristo, pero cada vez que lo intentaba me topaba con algún obstáculo y volvía a retroceder en temor. En vez de saltar la valla "en Cristo que me fortalece", yo me frenaba en seco. Luego retrocedía para ver bien alrededor y pensar una salida por mis propios medios.

Ese día en la librería me pregunté si acaso tendría la oportunidad de compartir con ella lo que Dios había hecho en mi vida. La joven se dirigió hacia mí, con sus manos ocupadas con la pila de libros sobre preocupación y ansiedad que había conseguido. "¿La paro, Señor?", susurraba mi corazón. Pero ella continuaba hablando con el bibliotecario y yo esperé mi turno.

"Por cierto, ¿tiene la última novela de Stephen King?", la escuché preguntar.

UNA MENTE NUEVA

Me avergüenza confesar que finalmente no le hablé a la joven. El momento para hablar se perdió entre la ironía y mi torpeza. Volví a mi trabajo, sintiendo que mi consejo no habría sido bien recibido en ese momento.

La experiencia me ha enseñado que usualmente Dios no se lleva a nuestros "amigos", es decir, esas cosas que buscamos para que nos reconforten, incluso si no son buenos para nosotras. Debemos estar dispuestas a liberarlos nosotras mismas. Y hasta que no lo hagamos, la batalla por la mente continuará.

Muchas de nosotras, incluso siendo cristianas, nos quejamos de nuestra lucha contra el pecado, pero en secreto surtimos a Satanás de todas las municiones que necesita. *Sabemos* que no deberíamos estar leyendo ese libro. *Sabemos* que la conversación telefónica que tuvimos ayer no glorificó al Señor. *Sabemos* que la falta de perdón que albergamos por tanto tiempo está endureciendo el enojo. Pero todavía nos aferramos a todo eso, y después nos preguntamos por qué nos cuesta tanto hacer cambios positivos en nuestra vida.

Debemos estar dispuestas a tomar un rol activo en nuestra lucha contra la ansiedad. Por mucho tiempo le había permitido a Satanás total acceso a mis pensamientos, y al hacerlo, le había dado libertad absoluta.

Pero cuando comencé a llevar "cautivo todo pensamiento a la obediencia a Cristo" (2 Corintios 10:5), la ansiedad comenzó a perder fuerza. En vez de ser arrastrada por el temor, tomaba un segundo ante cada pensamiento que me llegaba a mi mente. Algunos venían de incógnito, disfrazados para parecer emociones ordinarias. Pero en vez de retenerlos, esposaba a esos pensamientos intrusos que disparaban mi temor y los llevaba a Jesús. Juntos los interrogábamos, haciéndoles dos preguntas:

- *¿De dónde vienes?* ¿Cuál es la fuente de este temor? ¿Es real o imaginario?
- *¿A dónde vas?* ¿Este pensamiento me llevará a Dios o al miedo? ¿Puedo hacer algo respecto a este problema o tengo que entregárselo a Dios?

Durante demasiado tiempo había permitido que los pensamientos entraran y salieran sin darme cuenta de que, si Satanás los controlaba, me controlaba a mí. Antes de eso, dejaba descuidadamente que mis emociones me manejaran por los caminos engañosos de la independencia en vez de confiar en Dios. Dejaba que mi preocupación me arrastrara a las aguas envenenadas de la duda. Mis temores me habían llevado a pastar en los verdes pastos de la autocompasión.

Pero ya no más. Una nota en el margen de la vieja Biblia Versión Revisada [en inglés] traduce Isaías 26:3 así: "Tú guardarás en perfecta paz a aquellos cuya *imaginación* está puesta en ti".[15]

La Palabra cobró vida el día que leí esa traducción en particular. Era el diagnóstico que yo necesitaba escuchar. Mi imaginación había controlado mi vida por tanto tiempo que se había convertido en un gigante perro ovejero que saltaba descontrolado por las praderas de mi mente. Mis emociones iban detrás de mi imaginación como cachorritos juguetones; nunca sabían dónde terminarían, pero estaban felices de dar el paseo.

"¡Aquí, imaginación, aquí, ven!" A veces lo decía en voz alta. Tan fuerte era la tracción hacia el miedo que se necesitaba una palabra vívida para llevarme de nuevo al centro. De regreso a la fe. Tuve que señalar al suelo y darle instrucciones a mi imaginación y también a cualquier emoción suelta, tuve que tratarlas como cachorritos y decirles: "¡Quietas!"

¿Estoy loca? Sí, puede ser. Pero me funcionó. Nada podía ser más loco que la ansiedad que yo vivía.

Comencé a buscar en las Escrituras versículos sobre el temor, la preocupación y la mente. Cuando encontraba un versículo adecuado, lo memorizaba. Después, cuando regresó la tentación del temor, pude responderle con la Palabra de Dios: "Porque no nos ha dado Dios espíritu de cobardía, sino de poder, de amor y de dominio propio" (2 Timoteo 1:7 RVR1960).

Como el rey David en el Salmo 1:2, comencé a meditar en la Palabra de Dios noche y día. La palabra *meditar* se compara a una vaca que rumia su alimento. En vez de roer mi problema, entrené mi mente para masticar las promesas de Dios. Y cuando el Espíritu Santo y yo volvíamos a la Palabra para recordar, algo emocionante ocurría. La ansiedad huía delante de la verdad y la paz, esa clase de paz que calmó la tormenta para los discípulos, venía a tomar su lugar en mi interior.

La clase de paz que solo Jesús puede dar. *Paz, quédate quieto.*

PERFECTA PAZ

"El amor perfecto echa fuera el temor", nos dice 1 Juan 4:18. Me encanta la forma en que J. B. Phillips traduce este versículo: "El amor no contiene temor; de hecho, el amor completamente desarrollado repele toda partícula de temor, porque el temor siempre contiene algo de la tortura de sentirse culpable. Eso significa que el hombre que vive en temor todavía no tiene ese amor que se ha perfeccionado."

Este versículo en particular me sirve porque habla de la raíz de mi hábito de preocuparme. Yo estaba ansiosa por la misma razón que el primer hombre y la primera mujer se pusieron ansiosos: porque no estaba segura del amor de Dios.

¡Ah, sí!, sabía que si me moría me iba al cielo. Pero en alguna parte del camino había cambiado el amor de Dios por algo que tenía que ganar. Si llegaba a ser lo suficientemente buena, entonces Dios tenía que amarme. Por supuesto, tropezaba una y otra vez. Cada vez me tardaba más semanas en acumular suficientes puntos como para sentir que estaba de nuevo del lado de Dios.

No es de extrañar que viviera preocupada y llena de temores. Estaba constantemente cosiendo hojas de higuera para cubrir mi insuficiencia.

Cuando Jesús dijo: "Marta, Marta…" con tanta bondad ese agitado día en Betania, nos estaba hablando a ti y a mí. Con amor, si escuchamos, susurra su diagnóstico sobre el estado de nuestra alma: "Estás preocupada", señala. "Estás ansiosa. No se trata solo de esta cena, se trata de todo."

Y con el diagnóstico viene la elección.

Jesús nos invita a buscar su amor. Ese amor tan perfecto que cubre todas nuestras faltas y pronuncia la sentencia: "No eres culpable." Nos invita a encontrar ese amor que echa fuera el temor. Ven y halla paz para tu alma, nos dice nuestro Señor.

"Joanna, Joanna…", me dice el Señor hoy. Escucha con atención. Lo oirás llamándote por tu nombre. No te angusties. "Confía en Dios; confía también en mí" (Juan 14:1).

Él está urgiéndonos a dejar nuestros collares de preocupación, a dejar de remendar cosas que nunca se repararán por completo, y a buscar su rostro.

Nos está llamando al Gran Intercambio, uno en el que nunca salimos perdiendo. Al entregarle las "muchas cosas" que nos mantienen ansiosas, a cambio nos entrega "una cosa" que calma nuestro corazón: Él mismo.

Porque Él es el Príncipe de Paz.

Los diez mejores hábitos para dominar tu preocupación

10. *Separa la preocupación tóxica de la genuina.* Determina si puedes hacer algo acerca de tu situación. De ser así, traza un plan para manejarla (Proverbios 16:3).

9. *No te preocupes sola.* Comparte tu preocupación con alguna amiga o consejera. Puedes recibir buenos consejos. A menudo, hablar sobre tus miedos con alguien revela soluciones que no veías (Proverbios 27:9).

8. *Cuida tu cuerpo.* El ejercicio regular y el buen descanso pueden desactivar muchas preocupaciones. Cuando nuestro cuerpo está sano, nuestra mente puede manejar mejor el estrés y reaccionar apropiadamente (1 Corintios 6:19-20).

7. *Haz lo correcto.* Una conciencia que se siente culpable puede causar más ansiedad que un mundo de problemas. Haz lo mejor que puedas para vivir de manera irreprochable. Encárgate rápidamente de los errores, confesando y pidiendo perdón (Hechos 24:16).

6. *Mira hacia el lado lleno de luz.* Enfócate intencionalmente en lo bueno que te rodea. No hables negativamente, ni siquiera sobre ti misma (Efesios 4:29).

5. *Controla tu imaginación.* Sé realista sobre los problemas que enfrentas. Trata de vivir en el "aquí y ahora" y no en lo que "podría llegar a ser" (Isaías 35:3-4).

4. *Prepárate para lo inesperado.* Aparta recursos económicos y adopta medidas prudentes para que estés preparada si surgen dificultades (Proverbios 21:20).

3. *Confía en Dios.* Recuérdate que debes meter a Dios en la ecuación. Entonces, cuando el temor golpee a tu puerta, enviarás a la fe a contestarle (Salmos 112:7).

2. *Medita en las promesas de Dios.* Las Escrituras tienen el poder de transformar nuestra mente. Busca pasajes que hablen de las áreas particulares de ansiedad en tu vida. Responde a las ansiedades de la vida con la Palabra de Dios (2 Pedro 1:4).

1. ¿Y la manera número uno de combatir la preocupación? *¡Ora!* El himno de Joseph M. Scriven lo dice todo: "¿Está el hombre desprovisto / de paz, gozo y santo amor? / Esto es porque no llevamos / todo a Dios en oración"[16] (Colosenses 4:2).

Busqué al Señor, y él me respondió; me libró de todos mis temores. Radiantes están los que a él acuden; jamás su rostro se cubre de vergüenza.

SALMOS 34:4-5

4

La cura

—Marta, Marta —le contestó Jesús—, estás inquieta y
preocupada por muchas cosas, pero solo una es necesaria.
María ha escogido la mejor, y nadie se la quitará.

LUCAS 10:41-42

Cuenta la historia que, un día, un hombre se encontró con Dios en
un hermoso valle.[1]

—¿Cómo estás esta mañana? —le preguntó Dios.

—Muy bien, gracias —respondió—. ¿Hay algo que pueda hacer
por ti?

—Sí, hay algo. Tengo una carreta con tres piedras y necesito que
alguien la suba por la colina. ¿Estás dispuesto?

—Claro, me encantaría hacerlo por ti. Esas piedras no se ven muy
pesadas, y la carreta está en buen estado. Estaré feliz de hacerlo.

Dios le dio instrucciones específicas, dibujando un mapa en la
tierra al costado del camino.

—Cruza el bosque y sube por el camino que bordea la ladera.
Una vez que llegues a la cima, solo deja allí la carreta. ¡Gracias por tu
ayuda! —dijo Dios.

—Por nada —respondió el hombre y salió alegremente. La carreta
se arrastraba despacio, pero la carga no era gran cosa. Comenzó a silbar
mientras atravesaba rápidamente el bosque. El sol se asomaba entre
las ramas de los árboles y entibiaba su espalda. ¡Qué alegría ayudar al
Señor y disfrutar de este hermoso día, pensaba!

Justo a la vuelta de la tercera curva encontró una pequeña aldea. La gente sonreía y lo saludaba. Entonces, al pasar la última casa, un hombre lo detuvo y le preguntó:

—¿Cómo te encuentras esta mañana? Qué hermosa carreta llevas. ¿A dónde te diriges?

—Bueno, Dios me encargó una tarea. Estoy llevando estas piedras a lo alto de la colina.

—¡Santo cielo! ¿Lo creerás si te digo? Justo esta mañana estaba orando sobre cómo haría para llevar esta roca a lo alto de la colina —le contó entusiasmado—. ¿Crees que podrías llevarla por mí? Serías la respuesta a mi oración.

—Por supuesto. No creo que a Dios le importe. Solo ponla dentro de la carreta detrás de las demás —le respondió con una sonrisa. Luego retomó el camino con las tres piedras y una roca.

El peso se sentía un poquito más y la carreta se sacudía en cada irregularidad del camino. El hombre se detuvo y acomodó la carga mientras cantaba alabanzas, contento de estar ayudando a un hermano mientras servía a Dios. Luego, marchó nuevamente y pronto se topó con otra pequeña aldea. Un buen amigo vivía allí y le ofreció un vaso de sidra.

—¿Te diriges a la cima? —le preguntó su amigo.

—Sí. Voy emocionado porque Dios me dio algo para hacer.

—¡Ey! Necesito llevar esta bolsa de piedrecitas. Estaba muy preocupado por no poder llevarlas porque no he tenido tiempo. Pero podríamos acomodarlas allí enmedio de las piedras —sugirió, al tiempo que depositaba su carga en la carreta.

—No hay problema —dijo el hombre—. Creo que puedo con eso.

Terminó su sidra, se puso de pie y secó bien las manos en su pantalón antes de coger la agarradera. Saludó a su amigo y empezó a jalar.

La carreta definitivamente se resistía más, pero no era demasiado incómodo. A medida que la cuesta se elevaba, comenzó a sentir el peso de las tres piedras, la roca y las piedrecitas. Aun así, se sentía bien ayudar a un amigo. Seguramente Dios estaría orgulloso de lo enérgico y bien dispuesto que él era.

Una pequeña parada siguió a otra, y la carreta se llenó cada vez más. El sol ardía sobre el hombre que se esforzaba por arrastrar la carga, y sus brazos comenzaron a arderle. Las alabanzas y acciones de gracias que habían llenado su corazón ya no estaban en sus labios, y se comenzó a formar un pequeño resentimiento. Ciertamente esto no era para lo que se había ofrecido esa mañana.

La carreta se sentía enorme y se movía pesadamente sobre los surcos del sendero. Un poco frustrado, comenzó a tener visiones sobre abandonarla y despeñarla. Dios le estaba jugando sucio. La carreta se sacudía y daba tumbos, golpeando sus pantorrillas que ya estaban lastimadas. "¡Basta!", se quejó. "Dios no puede esperar que yo jale toda esta carga a lo alto de la montaña."

"Oh, Dios. ¡Esto es demasiado pesado para mí! Pensé que estabas conmigo en este viaje, pero me abruma tanto peso. Tendrás que buscarte a otro para que lo haga, yo no soy tan fuerte", gimió.

Mientras oraba, Dios se le acercó.

—Suena como que tienes dificultades. Dime, ¿cuál es el problema?

—Es que me diste un trabajo demasiado difícil —sollozó—. ¡No puedo más!

Dios se dirigió a la carreta llena a más no poder.

—¿Qué es esto? —preguntó, levantando la bolsa de piedrecitas.

—Eso es de Juan, mi amigo. Él no tenía tiempo de llevarlas, y pensé que podía ayudarlo.

—¿Y esto? —Dios echó a rodar dos pedazos de roca por el costado de la carreta, mientras el hombre trataba de darle explicaciones.

Dios continuó descargando, quitando los objetos más pesados y también los livianos. A medida que los arrojaba al suelo, se levantaba polvo alrededor. El hombre que había querido ayudar a Dios se quedó callado.

—Si dejas que otros lleven sus propias cargas, yo te ayudaré con tu tarea —le ofreció Dios.

—¡Pero les prometí que los ayudaría! No puedo dejar estas cosas acá en el camino.

—Deja que los demás carguen con lo suyo —dijo Dios con un tono amable—. Sé que estabas tratando de ayudar, pero cuando te doblas bajo el peso de todas estas preocupaciones, no puedes hacer lo que yo te pedí.

El hombre se puso de pie de un salto; de pronto comprendió la libertad que Dios le estaba ofreciendo.

—¿Quieres decir que yo debo llevar esas tres piedras nada más?

—Eso fue lo que yo te pedí —sonrió Dios—. Mi yugo es fácil, y mi carga es liviana. Nunca te pediré que cargues un peso mayor a las fuerzas que te daré para hacerlo.

—¡Eso sí puedo llevarlo! —respondió el hombre, con una sonrisa de oreja a oreja. Tomó la agarradera de la carreta y partió una vez más, dejando el resto de las cargas al costado del camino. La carreta todavía se movía y zarandeaba un poquito, pero casi ni se daba cuenta.

Una nueva canción llenó su boca, y notó la brisa fragante que el viento le obsequió. Con gozo llegó a la cima de la colina. Había sido un maravilloso día, porque había hecho lo que el Señor le había pedido.

UNA CARRETA CON DEMASIADA CARGA

Yo me sentí igual que el hombre que arrastraba las piedras: sobrecargada, saturada de trabajo y abrumada. Lo que comenzó siendo un gozo terminó siendo una rutina, y sentía deseos de abandonar.

Nada es tan duro como una carga que no fuiste llamada a llevar. Aunque Dios nos pide que aliviemos las cargas unos de otros, no nos ha pedido que hagamos lo que la gente no quiere hacer por sí misma. Y, si bien hay muchas necesidades, Dios tampoco nos ha pedido que suplamos cada una de ellas.

De hecho, al igual que Marta, podemos llegar a sorprendernos de lo poco que en realidad Dios exige de nosotras.

Los judíos, deseosos de complacer a Dios, eran expertos en reglas y regulaciones. Dios les había dado la ley, y porque lo amaban, estaban determinados a vivirlas al máximo. Si una pequeña ley era buena, seguramente más ley era mejor. Al menos esa era la opinión de los fariseos, una de las dos sectas religiosas que más influenciaban a la gente común en la época de Jesús.

En su deseo de ser una nación perfecta, los fariseos tomaron los preceptos básicos que Dios le había entregado a Moisés y comenzaron a crear maneras de aplicarlos a la vida diaria. Finalmente inventaron la *Mishná*, una colección de más de seiscientas reglas y regulaciones diseñada para ayudar a los judíos a vivir la ley hasta la última tilde. Los mandatos iban desde lo sublime hasta lo ridículo, especialmente los que tenían que ver con el *sabbat*.

La ley de Dios exigía un día de descanso a la semana, detener las labores y dejar las cargas. Desde la aparición de la primera estrella del viernes a la noche, hasta la puesta del sol del sábado, los judíos tenían que dejar de hacer cualquier obra, y las reglas acerca de lo que constituía una obra eran bastante rigurosas. Los fariseos entendían que si un hombre que llevaba una aguja en su abrigo en el *sabbat*, estaba cosiendo; si arrastraba una silla por el suelo arenoso, estaba arando; si cambiaba de lugar su colchón, estaba llevando una carga; si arrancaba un maíz y lo frotaba entre sus manos, estaba cosechando. En todas estas actividades, se consideraba que se estaba quebrantando la ley.[2]

Los fariseos llegaron al punto de argumentar que estaba mal comer un huevo que había sido puesto en el *sabbat* porque la *gallina* había estado trabajando. La carga "oficial" del Sabat que se podía llevar legalmente era del peso de un higo seco.[3]

En vez de acercar a la nación de Israel a Dios, la ley farisaica se convirtió en un obstáculo. Era imposible guardar cada punto insignificante de lo que Jesús llamó "cargas pesadas" (Mateo 23:2-4).

En este entorno legalista nos encontramos con Marta. La religión judía era patriarcal por naturaleza. Solo los hombres tenían permiso para sentarse en el consejo del Sanedrín. Solo los hombres podían entrar en la sinagoga; las mujeres se sentaban afuera. Solo los hombres podían usar las filacterias con las Escrituras en su frente o en el brazo izquierdo para recordarse que debían obedecer la ley de Dios. Las formas externas de la devoción en su mayoría eran de dominio masculino.

Las mujeres que querían demostrar su amor por Dios tenían que hacerlo a través de buenas obras, pero esa era su única opción. Se les permitía entrar en el atrio de las mujeres en el templo para adorar, pero no podían avanzar más. En el desierto, solo podían ingresar hasta la puerta del tabernáculo. Incluso Salomón, en su descripción de la mujer perfecta, menciona poco o nada algo sobre su vida con Dios; solo habla de las tareas que realizaba.

Y las mujeres judías tenían tareas por docenas. Hasta guardar el sábado significaba un montón de trabajo para las mujeres del tiempo de Jesús. Si bien el *sabbat* debía ser un día de descanso para las mujeres tanto como para los varones, el día *anterior* estaba repleto de agitadas preparaciones. Había tres menús kosher que preparar, lámparas que rellenar con aceite de oliva, jarras de agua que colmar hasta el tope para el lavamiento ceremonial. La casa tenía que estar limpia, y toda la familia debía tener túnicas limpias para vestir al día siguiente.[4]

Y todo eso para *sabbat* "ordinario". Los días festivos y eventos especiales requerían una preparación extra.

El día en que Jesús visitó a Marta y María probablemente era más agitado de lo usual. La Fiesta de los Tabernáculos estaba cerca y la casa estaba repleta de comidas y actividades. Esta fiesta de los peregrinos se realizaba anualmente en el otoño, y era una de las tres fiestas en la que todos los hombres adultos judíos dentro de un radio de quince millas tenían que venir a celebrar en Jerusalén.

La Fiesta de los Tabernáculos duraba seis días, seguida por un *sabbat* especial. Se realizaba después de la cosecha, y era un tiempo de gran celebración y alegría. La gente dejaba sus casas para vivir en casillas o pequeñas tiendas en memoria de su tiempo como peregrinos en el desierto. William Barclay, en su comentario sobre el libro de Juan, lo describe de este modo:

> La ley establecía que las chozas no podían tener una estructura permanente, sino ser hechas solo para la ocasión. Las paredes eran de ramas o frondas, capaces de proteger del tiempo, pero dejando pasar el sol. La cubierta era de paja o cañas, pero

trenzadas de tal manera que se pudieran ver las estrellas desde dentro. El significado histórico de todo esto era recordarle al pueblo de una manera contundente que en su pasado habían sido peregrinos por el desierto sin techo sobre sus cabezas.[5]

Betania se hallaba al límite este del Monte de los Olivos, a tres kilómetros de Jerusalén. En el tiempo de la visita de Jesús, las suaves pendientes de las laderas de la ciudad probablemente estaban cubiertas con las chozas de los peregrinos. Con el fin de preparar lugar para ellos durante las grandes festividades, los límites de Jerusalén usualmente se extendían e incluían a Betania.

Así que cuando Marta invitó a Jesús y sus discípulos a quedarse en su casa de camino a Jerusalén, ellos aceptaron su amable hospitalidad. Marta continuó con las tareas esperadas: preparar todo y hacerlos sentir cómodos para que pudieran adorar.

Nunca se le cruzó por el pensamiento unirse al grupo con Jesús porque, simplemente, no estaba permitido. Pero ella amaba a Jesús. Creo que sabía que estaba recibiendo al Mesías; de este modo, Marta le mostraba su devoción, dándole el regalo que mejor conocía: el regalo de su servicio.

Pero aun los carros bienvenidos pueden volverse pesados, como Marta pronto descubrió. Especialmente cuando llevan el peso extra de nuestros planes y expectativas humanas.

TIRAR LAS ROCAS

Jesús vino a la tierra y de inmediato derribó el carro de las reglas y regulaciones. Golpeó al liderazgo religioso donde más le dolía: precisamente en medio de su orgullo espiritual. "¡Ay de ustedes también, expertos en la ley! Abruman a los demás con cargas que apenas se pueden soportar, pero ustedes mismos no levantan ni un dedo para ayudarlos" (Lucas 11:46).

Para aquellos que están desesperados bajo el peso de la ley, Cristo vino como el Cargador: "Vengan a mí todos los que están cansados

LA CURA 77

y llevan cargas pesadas, y yo les daré descanso" (Mateo 11:28 NTV).
Pero a quienes ponen su fe en sus logros religiosos, les agregó otra carga
más: "Una sola cosa te falta", le dijo al joven rico. "Anda, vende todo
lo que tienes y dáselo a los pobres... Luego ven y sígueme" (Marcos
10:21). Jesús sabía que tarde o temprano la carga legalista se haría
más y más pesada para llevarla solo, y los religiosos clamarían para ser
liberados de ella. Y Él estaría allí para ayudarlos.

Jesús rompió con todas las "tradiciones de hombres", los muchos
velos de instrucciones para hacer esto y no hacer aquello que oscure-
cieron el rostro de Dios. "Este es Dios", le declaró al mundo. "¡Mira
y ve! Él te ama, y me envió para que puedas tener vida y comunión
con Él. No es la apariencia externa lo que preocupa al Padre, sino tu
persona interior".

Eso fue lo que Jesús le comunicó a Marta en esa tarde agitada.
"Estás preocupada y molesta por muchas cosas, pero solo una es
necesaria". ¿Y qué es esa cosa? No cocinar ni limpiar ni hacer buenas
obras, sino conocer a Dios. Escucharlo. Dejar la cocina el tiempo que
sea necesario como para experimentar la comunión íntima de la sala.

"Solo una cosa es necesaria". Con esas palabras, Cristo echa por
tierra los siglos de machismo y sesgos, tradiciones y rituales. Las mujeres ya no tendrían que mirar desde afuera en asuntos espirituales. Tan
cierto como que la muerte de Cristo cerraría la brecha entre Dios y la
humanidad, así también sus palabras de ese día removían la barrera de
género que separaba a las mujeres de su Creador.

Las Escrituras no registran las palabras de Marta en respuesta a la
asombrosa declaración de Jesús, pero puedo ver al Señor tendiéndole
la mano, recibiéndola junto a María a sus pies.

Me pregunto qué habrá hecho Marta. Tal vez balbuceó algunas excusas: la cena, su delantal, su cabello. Quizás solo se retiró, humillada.
O puede ser que, mirando los ojos de su Maestro, simplemente haya
caído de rodillas y se haya dedicado a escuchar.

Lo cierto es que no lo sabemos. Aunque en la Biblia se mencionan varias respuestas negativas a la invitación de Jesús —el joven rico
que se fue desconsolado, los maestros de la ley que se marcharon

furiosos— esta historia deja un final abierto. Tal vez sea para que cada una formule su propia respuesta.

¿Qué haremos cuando nos digan que nos hemos perdido la mejor parte que Dios tenía para nosotras? ¿Nos arrodillaremos ahí mismo o correremos hacia lo que nos es familiar? ¿Murmuraremos excusas o humillaremos nuestro corazón?

Es difícil pasar por alto el amor de Jesús. La dulce seducción del Espíritu Santo que calma nuestros temores y hace pedazos nuestras barreras. Fundamentada en los siguientes encuentros que Marta tuvo con Jesús, y que veremos en los próximos capítulos, creo que eso es exactamente lo que le sucedió. Creo que ella siguió la guía de su Maestro. Se inclinó y encontró sus pies. Dejó que Dios vaciara su carreta, tan cargada de ocupaciones, y le permitió llenarla con su presencia.

Tirar las rocas

Cuando mi amiga Tricia comenzó a sentirse abrumada por su vida tan ocupada, ella y su esposo, John, decidieron tirar algunas rocas de sus sobrecargadas carretas. Este es el proceso que ellos siguieron. Tal vez resulte útil para tu vida.

1. Escribieron una lista con todas las actividades en las que estaban involucrados (niños, trabajo, iglesia, etcétera).
2. Oraron por ellas y priorizaron las actividades según su importancia, asignándole a cada una un número del uno al cuatro.
3. Luego eliminaron todos los números cuatro.

Aunque este proceso puede sonar demasiado sencillo, realmente ayudó a John y a Tricia para que aligeraran su carga. "Fue difícil ver salir por la puerta las cosas que nos gustaban y disfrutábamos", dice ella. "Pero la libertad y la paz que recobramos ha valido la pena".

Pues así ha dicho el Señor de los ejércitos: "Piensen bien lo que hacen".

HAGEO 1:5 RVC

Solo ahí, cuando Marta soltó su larga lista de tareas y comenzó a hacer la única cosa que era necesario hacer, comenzó a darle a Dios lo que Él realmente desea.

DARLE A DIOS EL REGALO QUE DESEA

Mi esposo y yo llevábamos menos de un año de casados y faltaba poco para mi cumpleaños. Él estaba organizando una celebración en secreto, y yo estaba segura de que ese cumpleaños sería especial. Y lo fue. Llegué a casa y encontré velas y rosas, la mesa puesta con nuestra vajilla de porcelana y un pastel casero de cumpleaños en el mostrador. John había ido a ver a la Sra. Chapman, nuestra vecina de la casa de al lado, y ella le había enseñado a cocinarlo paso a paso.

Yo estaba maravillada, pero lo que más me intrigaba era lo que habría en esa enorme caja que estaba en el centro de la mesa. ¿Qué podría ser? ¿Lencería? ¿Un vestido nuevo? ¿Chocolates? John parecía tan emocionado como yo, e insistía en que abriera su regalo antes de sentarnos a comer.

—Espero que te guste —dijo con los ojos brillantes como un pequeño niño—. Dijiste que lo necesitabas.

—Que lo necesitaba… —esa debía haber sido mi primera pista. Pero siendo joven e ingenua en lo que respecta a los hombres, supuse que el regalo sería más maravilloso de lo que había creído. Debería ser una lujosa procesadora de alimentos que había estado admirando en la vitrina de un local en el centro.

Con cuidado quité el moño y comencé a despegar la cinta adhesiva de un lado.

—¡Ya ábrelo de una vez!

Nos reímos cuando empecé a romper el envoltorio, anticipando mi reacción.

Allí estaba, bajo ese papel de regalo tan costoso de Hallmark, mi regalo de cumpleaños en todo su esplendor. El amor de mi vida me había dado no uno sino dos —porque es un hombre generoso— organizadores plásticos. Uno para colgar la tabla de planchar y la plancha, y el otro para organizar el trapeador y la escoba.

Quedé muda, por decir lo menos. John estaba tan emocionado, que insistió en colgarlos de inmediato.

—Dijiste que los necesitabas —dijo mientras buscaba los destornilladores.

—¿Eso dije? —repliqué con voz débil, siguiéndolo al lavadero.

Afortunadamente éramos recién casados. Me las arreglé para morderme los labios antes de darle un beso de agradecimiento y, por unos cuantos años, John pensó que había hecho historia en el arte de dar regalos. ¡Vaya si lo hizo!

A menudo le damos a Dios el regalo que nosotras creemos que Él necesita, en vez de tomarnos el tiempo de averiguar lo que desea.

Le hacemos promesas y decisiones de año nuevo de ser más espirituales. Este año leeremos toda la Biblia. Este año nos uniremos a un grupo de oración, o iniciaremos uno nosotras. Este año intentaremos hacer ese ayuno de cuarenta días del que todos hablan.

Nos ponemos metas de amar más y ser menos egoístas. Buscamos oportunidades de servir. Visitamos a alguien que está preso el lunes, atendemos la línea telefónica de embarazos en crisis el martes, ayudamos en la escuela el miércoles, trabajamos en el banco de alimentos el jueves, redactamos el boletín de la iglesia el viernes, jugamos con nuestros hijos el sábado y vamos a la iglesia el domingo. Y todo lo que hacemos es importante, y es bueno.

El problema es que, contrario a la creencia popular, no podemos hacerlo todo. Y ni siquiera se supone que debamos intentarlo.

Pablo explicó precisamente eso en Romanos 12. Dijo que el cuerpo de Cristo tiene muchos miembros, y que cada uno de ellos tiene diferentes dones (lo que significa que cada uno tiene una tarea diferente que hacer). El hecho de que el 20% de la Iglesia haga el 80% del trabajo no era lo que Dios había planeado.

Las palabras de Jesús hacia Marta son las mismas que nos dice a nosotros, que nos extralimitamos en el servicio también: "Solo una cosa es necesaria". Debemos hacernos tiempo para sentarnos a los pies de Jesús, adorarlo y conocerlo mejor. Cuando ponemos eso en primer lugar, Él se deleita en revelarnos su voluntad y nuestra parte en su cumplimiento.

A veces pienso que lucho para discernir la voluntad de Dios porque estoy rodeada de lo obvio. Alguien evidentemente necesita cuidado para sus hijos pequeños durante el servicio en la iglesia. Kathleen, que está postrada en la cama con un embarazo de riesgo, evidentemente necesita que alguien la ayude. Alguien evidentemente necesita cortar cuadrados para confeccionar una colcha misionera, y mis vecinos evidentemente necesitan que alguien les hable sobre Jesús. Estoy rodeada de necesidades legítimas y quiero suplirlas todas. Por eso lo intento. Pero a medio camino, en un agitado día de servicio, me encuentro malhumorada y frustrada, porque mi aura no brilla como yo esperaba cuando salí esa mañana.

Eso fue exactamente lo que me sucedió hace unos años cuando organicé un banquete misionero en nuestra iglesia en Oregon. Se necesitaba que alguien —*evidentemente*— se pusiera al frente, y yo me ofrecí, segura de que le estaba haciendo un favor a Dios. Estaba llena de energía y creatividad para el proyecto. "Oh Señor", le dije, "te va a encantar lo que planeé para ti". Entonces me largué, segura de que Él estaba caminando a mi lado.

Desafortunadamente, todo en el evento fue una lucha. Hubo murmuración mezclada con mi dosis personal de temperamento gruñón. Pero al final, cuando todo estaba listo, me sentí bastante satisfecha. El banquete estaba hermoso; la comida, deliciosa; la decoración, exquisita. La gente fue tocada por el mensaje misionero y se juntaron ofrendas para satisfacer necesidades importantes.

Recuerdo haber suspirado con orgullo: "Estuvo hermoso, ¿no te parece, Dios?". Pero no escuché respuesta en mi espíritu. Fue como si me hubiera dado vuelta para hablar con el Señor, solo para encontrar que no había nadie.

—Dios —clamé en mi corazón—. ¿Dónde estás?

—Estoy aquí Joanna —escuché que respondió a la distancia.

El práctico poder de "una sola cosa"

La única cosa que Jesús dijo que era necesaria en la vida de Marta era tener comunión con Él, lo que también es cierto para nosotras. Pero el principio de "una sola cosa" puede tener pequeñas y prácticas implicaciones que podrían ayudar cuando sentimos que la vida nos abruma. Estas son algunas formas de practicar el pensamiento único cuando sientes que tu carreta está sobrecargada.

1. *Invita a Jesús para que gobierne y reine.* Cada mañana, antes de salir de la cama, invita al Señor a tomar el trono de tu vida, a ser la "única cosa". Preséntale tu día, pídele sabiduría y guía.

2. *Pídele al Señor que te revele el próximo paso.* Al avanzar en tu día, sigue preguntándole al Señor: "¿Qué es la única cosa que quieres que haga ahora?". No permitas que el cuadro general te abrume. Solo da el siguiente paso si te lo revela: lavar un plato, hacer una llamada telefónica, ponerte tu ropa deportiva. Luego da el siguiente paso…y el otro.

3. *Ten fe en que terminarás lo que debes terminar.* Como has dedicado tu día al Señor, confía en que Él te mostrará la única cosa o las muchas cosas que debes hacer. Haz lo que puedes hacer en el tiempo asignado. Luego, confía en que lo que no se logró era innecesario o Dios se encargará de ello.

4. *Mantente abierta a la guía del Espíritu.* Puede suceder que tu día se interrumpa por algunas asignaciones divinas. En vez de resistir a las interrupciones, fluye con esa única cosa que Dios trae a tu camino. Te sorprenderás del gozo y la libertad que vienen cuando rendimos nuestra agenda y cooperamos con la suya.

Pon en manos del Señor todas tus obras,
y tus proyectos se cumplirán.

PROVERBIOS 16:3

Allí estaba, esperando pacientemente en el camino en donde le había contado por primera vez mi glorioso plan.

—Pensé que estabas en esto, Señor. Pensé que esto te agradaría —le dije, caminando hacia donde Él estaba.

—Estuvo bien. Quizás incluso era importante, pero no era mi plan para ti —dijo gentilmente tomando mi mano, y secando mis lágrimas.

Me di cuenta de que, aunque hay muchas cosas que deben hacerse, las que soy capaz de hacer y las que quiero hacer, no siempre soy yo quien debe realizarlas. Incluso si tengo una carga por cierta necesidad o proyecto, mi interés o preocupación no son señales infalibles de que debo hacerme cargo de eso. Dios puede estar llamándome nada más a orar para que la persona indicada se levante y realice. Es más, podría estar quitándole la bendición a alguien cuando asumo que yo soy quien debe hacer algo.

Cómo desearía haber aprendido antes en el ministerio a esperar en el Señor. Gran parte de mi energía y gozo se los han llevado los trabajos y obligaciones que no me correspondían. Todavía tiendo a correr, y presumo conocer su voluntad en vez de esperar a oír lo que Él desea.

Es un error que me cuesta caro, porque a menudo, cuando el Espíritu Santo me pide algo, estoy hasta el cuello involucrada en otro proyecto o demasiado exhausta en mi último ejercicio inútil como para hacer lo que Dios me pide.

¿Y QUÉ DESEA DIOS?

Esto nos lleva a una pregunta crucial: ¿qué es lo que Dios desea?

Si tan solo pudiéramos averiguar exactamente lo que Dios espera, podríamos complacerlo fácilmente. Pero ese fue precisamente el error de los fariseos. Habían reducido su relación con Dios a una lista de cosas por hacer o no hacer, perdiendo por completo el propósito para el que Dios los había apartado. Se calzaron las ropas de la religiosidad, sin darse cuenta de que Dios no estaba buscando sirvientes ni empleados, sino que buscaba un pueblo al que pudiera llamar suyo.

Con esto no quiero decir que el servicio a Dios no tenga importancia. La Biblia nos dice: "Y todo lo que te venga a la mano, hazlo con todo empeño" (Eclesiastés 9:10).

"La fe por sí sola, si no tiene obras, está muerta", asegura Santiago 2:17. Como veremos en el capítulo 6, servir a Dios y a las personas es realmente importante. En parte, nuestro llamado tiene que ver con el trabajo duro.

Pero el servicio nunca debió ser nuestra prioridad. El trabajo no es lo primero en la lista de importancia, ni siquiera el trabajo que hacemos para el Señor. De hecho, nuestros esfuerzos están tan por debajo de la línea cuando se trata de lo que Dios quiere, que ni siquiera aparece el tema en la conversación que Jesús tuvo con Marta.

Solo *una* cosa es necesaria: y está sucediendo ahora mismo, no en la cocina, sino en la sala.

Observa, sin embargo, que Jesús no reprendió a Marta porque estaba preparando la cena; no estaba instituyendo el undécimo mandamiento "no cocinarás" (aunque hubiera sido una excusa práctica para usar cuando no queremos cocinar). Jesús no estaba preocupado en absoluto por las capacidades de Marta. Eran sus incapacidades internas lo que Él estaba probando: los oscuros rincones del orgullo y el prejuicio, la discapacidad espiritual de la ocupación que la hacía incapaz de disfrutar la intimidad de su presencia.

Después de todo, la intimidad puede resultar amenazante. Acercarnos a Jesús significa que ya no podemos ocultar nuestra insuficiencia. Su luz ilumina todo lo malo y horrible de nuestra vida. Por eso, de manera inconsciente, podemos huir de la presencia de Dios en vez de buscarla. Y Satanás fomenta nuestro retraimiento diciéndonos que no somos lo suficientemente buenas como para obtener el favor de Dios. Nos dice que cuando hagamos lo correcto, recién ahí podremos entrar a la sala.

Y la verdad es que no podemos hacer lo correcto a menos que *primero* vayamos a la sala.

No siempre es sencillo llegar allí. La intimidad con Dios requiere que dejemos nuestra zona de confort. Algunas personas se sienten incómodas en la presencia de Dios. Desprecian el acto de la adoración como algo demasiado emocional, y prefieren el acercamiento intelectual al estudio bíblico o la doctrina. O simplemente tienen problemas para permanecer en silencio, porque esa es su personalidad. Pero a pesar de nuestro temperamento, a pesar de nuestra preferencia emocional, todos somos llamados a la intimidad con Dios. La única cosa que Marta necesitaba es la que todos necesitamos hoy también.

Si luchas para permanecer a sus pies, pídele al Señor que te revele lo que te está estorbando. No hay necesidad de dejar de lado tu intelecto o tu personalidad cuando entras a la sala. Ve allá tal como eres.

Como una hija de Dios.

Los niños, después de todo, aman tener intimidad: "¡Abrázame mami!" Con los bracitos extendidos hacia arriba suplican: "¡Papi, cárgame!" Desde la infancia, cuando tenemos miedo o estamos enfermos, el primer lugar donde nuestros hijos anhelan estar en tan cerca de nuestro corazón como puedan. Se acurrucan en nuestros brazos.

Esa es la clase de intimidad que nuestro Padre desea tener con nosotras. No porque la ganamos, sino porque Él la anhela. Y nosotras también, estemos conscientes o no de ese deseo.

ANHELAMOS COMUNIÓN

No me daba cuenta de lo mucho que deseaba a Dios hasta aquella noche oscura en la que clamé para escuchar las buenas nuevas. Aunque lo había servido desde niña, había un vacío devastador en mi relación con mi Padre celestial. Había trabajado incansablemente para agradarle, pero aun así no podía sentir su amor.

Los gálatas experimentaban esta misma clase de vacío. Habían aceptado a Cristo como Salvador y habían progresado bajo la enseñanza y el cuidado pastoral de Pablo. Pero cuando el apóstol se fue de Galacia, los judaizantes entraron y les dijeron que todavía les restaba un largo camino antes de disfrutar una relación cercana con Dios. Esos eran judíos cristianos que creían que las prácticas ceremoniales del Antiguo Testamento, incluyendo la circuncisión, todavía eran obligatorias en la Iglesia del Nuevo Testamento. Pablo, decían ellos, había removido inapropiadamente los requisitos legales del Evangelio con el objeto de hacerlo más atractivo para los gentiles.

Del mismo modo en que los escribas y los fariseos le agregaron normas y reglamentos a la ley, los judaizantes intentaron mezclar una nueva forma de legalismo con el Evangelio de la gracia. Ellos querían una manifestación externa de lo que solo podía ser una obra interna.

Esa es la razón por la que Pablo les envía una carta alertando a su amada congregación en Galacia. Al evangelio de los judaizantes lo llamó esclavitud, y agregó: "¡Gálatas torpes! ¿Quién los ha hechizado a ustedes, ante quienes Jesucristo crucificado ha sido presentado tan claramente?... ¿Tan torpes son? Después de haber comenzado con el Espíritu, ¿pretenden ahora perfeccionarse con esfuerzos humanos?" (Gálatas 3:1,3).

Si no tenemos cuidado, podemos caer en esa misma clase de mentiras que nos dice que debemos hacer cosas para ganarnos el amor de Dios. Podemos añadirle tantas condiciones a nuestra fe que la "única cosa" necesaria sea devorada por las "muchas", y lo "mejor" sea aniquilado por lo "bueno".

Lo que necesitamos entender es que Dios no nos eligió para "usarnos". No somos umpa-lumpas espirituales en alguna fábrica cósmica de chocolate, trabajando día y noche para producir en serie alguna clase de cristianismo más suave y más sabroso.

No fuimos creados para suplir algún tipo de necesidad egoísta que Dios tendría de ser adorado, si está perpetuamente rodeado de ángeles en alabanza.

No somos un proyecto de ciencia celestial, ratones de laboratorio soltados en un laberinto para ver cómo interactuamos.

No, la Biblia deja en claro que Dios nos creó porque desea tener comunión con nosotros. Nuestro Padre anhela derramar su vida dentro nuestro, darnos una herencia y compartir su naturaleza divina.

Entonces, ¿qué desea Dios? En realidad, es muy simple.

Te quiere a ti. Todo de ti.

UNA COSA ES NECESARIA

Cuando Jesús le dijo a Marta que solo una cosa era necesaria en su vida, el contexto del versículo señala con claridad un llamado espiritual. La "mejor parte" que María había descubierto, no la encontraría en la mesa, sino a los pies de Jesús.

Sin embargo, la frase en griego de "solo una cosa es necesaria" también puede referirse a porciones de comida. Tal vez en un sutil juego de palabras, Jesús le estaba haciendo dos invitaciones:

- Primero, a conocerlo a Él, a poner la adoración antes que el trabajo.
- Pero también, a no hacer más, incluso en nuestro esfuerzo por agradarle.

En vez servirse individualmente de una selección de elegantes entremeses, los judíos solían comer de un gran plato común que se colocaba en el centro de la mesa. Los invitados partían el pan y lo mojaban en la sopa o el caldo. Jesús quizás estaba recordando gentilmente a Marta que su esfuerzo por cocinar múltiples platos la estaba ocupando de tal forma en la cocina que se estaba perdiendo la "comida" verdadera, la "vida" real de la fiesta.

"Su falta no estaba en que ella sirviera", escribe Charles Spurgeon sobre Marta en su clásico devocional *Morning and Evening* [*Mañana y tarde*]. "La condición de un sirviente es la de todo cristiano. Su falta fue enfocarse en muchas cosas. Se olvidó de Él y solo se acordó del servicio".[6]

Es fácil confundir el deber con la devoción, y lo común con la comunión. Esa fue la perdición de Marta, y también puede ser la mía. Porque en su esfuerzo por preparar una mesa digna del Hijo de Dios, se olvidó del verdadero banquete. Y yo también puedo estar tan abrumada que mi adoración se convierta en trabajo más que en deleite, y la devoción se vuelva otra tarea rutinaria.

Si no tengo cuidado, las disciplinas espirituales de la oración, el estudio bíblico y la alabanza pueden volverse un poco más que pendientes a tachar en mi lista de cosas por hacer, o piedras que estoy tentada a sacar de mi carreta porque me hacen ir más lento.

"Solo una cosa es necesaria", y la encontramos en la verdadera comunión con Él.

Porque, después de todo, es el Pan de Vida, el Agua Viva, la única "comida" que necesitamos. Él desea cambiar nuestro corazón y empoderar nuestra vida. Quiere que encontremos la gran libertad de Lucas 10:42.

No puedo hacer todo, pero puedo hacer "una cosa".

No puedo suplir cada necesidad, pero puedo responder en obediencia a la necesidad que el Espíritu deposita en mi corazón.

No puedo llevar todas las cargas, pero puedo cargar la que Dios tiene para mí.

Porque su yugo, de veras, es liviano, y su carga, ciertamente, es ligera.

5

Intimidad en la sala

Mira que estoy a la puerta y llamo.
Si alguno oye mi voz y abre la puerta,
entraré, y cenaré con él, y él conmigo.

APOCALIPSIS 3:20

Simeón probablemente era como todos los chicos de su edad en el 403 d.C. El muchacho de trece años pasaría gran parte de su tiempo cuidando los rebaños de su padre en las laderas de Cilicia.

Pero un día, mientras escuchaba un sermón sobre las bienaventuranzas, su corazón fue conmovido y transformado. Dejó su casa y su familia y comenzó una búsqueda permanente de Dios que lo condujo de un monasterio al desierto sirio, donde pasaría más de tres décadas sentado en un palo.

Sí, un palo.

Simeón el Estilita inició una dieta espiritual que duraría más de mil años. Fue el primer "ermitaño del pilar".

El celo espiritual siempre ha cobrado una variedad de formas, pero los primeros mil años de la cristiandad vieron más cosas extrañas de la cuenta. A medida que la Iglesia crecía durante los primeros siglos, también crecía lo mundano. La reacción fue que muchos cristianos se retiraron a una vida de austeridad, castidad y aislamiento. Con hambre de santidad, los monjes se reunían en comunidades, a menudo compitiendo unos contra otros en la búsqueda de mayor sacrificio y abnegación.

Yo diría que Simeón ganó el concurso con los ojos cerrados.

"Simeón se fue al desierto y vivió con una cadena de hierro en sus pies, antes de enterrarse hasta el cuello durante varios meses", escribe Robert J. Morgan en su libro *On This Day* [*En este día*]. "Como las multitudes corrían a ver sus actos de santidad, Simeón decidió escapar de las distracciones viviendo en lo alto de un pilar. Su primera columna tenía dos metros de altura, pero pronto construyó otras, hasta que su morada permanente llegó a medir dieciocho metros sobre el nivel de la tierra."[1]

Allí vivió durante treinta años, expuesto a las inclemencias del tiempo, atado a su pedestar con una cuerda, para no caer cuando estaba dormido. Usando una escalera, sus seguidores le llevaban comida cada día, y también se llevaban sus desechos. Miles de personas iban a contemplar al extraño hombre del pilar. Cientos lo escuchaban cada día predicar sobre la importancia de la oración, la entrega personal y la justicia.

Pero la pregunta que se me ocurre, y seguramente también se le ocurría a quienes lo veían y escuchaban, es: ¿vivir sobre un palo realmente lo acercaba más a Dios?

LA CARGA DE LA ESPIRITUALIDAD

Intimidad con Dios. ¿Qué significa para ti y cómo la logras? ¿Implica sentarse sobre una columna como Simeón o enterrarse hasta el cuello en la arena? ¿Es algún nivel místico de conciencia que solo pueden alcanzar los profundamente devotos?

La religión dice que sí. De acuerdo con el hinduismo, una religión basada en el karma de las buenas obras, una vida no es suficiente para que el alma alcance la iluminación espiritual. Los matemáticos hindúes calculan que se necesita 6.8 millones de rotaciones a través de la reencarnación para que el bien y el mal en nosotros finalmente se equilibre, de modo que seamos aptos para recibir el último y definitivo nivel espiritual del nirvana.[2]

En el Lejano Oriente, durante las festividades religiosas, los hombres a menudo llevaban ganchos ensartados en la espalda. Esos ganchos se ataban a carretas con rocas que debía arrastrar por las calles, esperando obtener el perdón de sus pecados. En ciertas zonas de México, los devotos gatean kilómetros en peregrinación.

Alrededor del mundo, las personas llegan a extremos inimaginables para encontrar a Dios, lo que es triste si consideramos los extremos inimaginables a los que Dios ha llegado para encontrarse con *nosotros*. No necesitamos millones de vidas para ser lo suficientemente puros como para ver a Dios. No necesitamos perforarnos la espalda con ganchos o despellejarnos las rodillas para ganar el favor de Dios.

Todo lo que en verdad necesitamos es a Jesús. Porque Él es toda la evidencia que necesitamos. El Padre en realidad *desea* que estemos cerca y está dispuesto a hacer lo necesario para asegurarse de que suceda.

Es difícil imaginar al Creador del universo queriendo conocernos. Nos sentimos tan indignos. Por eso muchos persisten en la idea de que debemos ganarnos nuestra entrada al cielo, y que solo los superespirituales, los Simeón del mundo, pueden realmente llegar a conocer a Dios. Cargados con el peso de nuestra espiritualidad, luchamos debajo de una carga aplastante de obligaciones autoimpuestas. "Tengo que hacer esto…" o "No podré conocer a Dios hasta que no haga aquello…". Podemos pasar tanto tiempo de nuestra vida preparándonos para conocer a Dios o retrayéndonos por temor a no complacerlo, que nunca nos acercamos a disfrutar esa intimidad de la sala que Jesús vino a darnos.

Aun así, la intimidad con Dios fue precisamente el propósito de su venida y de su muerte. "Pero ahora en Cristo Jesús, a ustedes que antes estaban lejos, Dios los ha acercado mediante la sangre de Cristo", escribe Pablo en Efesios 2:13. Cuando Jesús murió, su cruz atravesó el gran abismo del pecado que nos separaba de Dios. Con su último aliento, Jesús hizo que volara lejos la cortina que había mantenido lejos a la humanidad pecadora de Dios, quien es santo. Ahora podemos entrar en la misma presencia de Dios, limpios y aprobados, no por nuestras obras, sino por su gracia. Jesús obró "derribando mediante su sacrificio el muro de enemistad que nos separaba" (versículo 14) y que había separado a la humanidad de Dios.

Cuando no podíamos llegar al cielo, el cielo vino a nosotros y nos invitó a pasar a la sala a través de la puerta que es Jesucristo. Esas son las buenas noticias del Evangelio.

El camino se abrió. El precio se pagó. Todo lo que necesitamos hacer es acercarnos.

EL PRECIO HA SIDO PAGADO

Cuenta la historia que un joven dejó el Viejo Mundo y navegó hasta Estados Unidos para establecer su vida en el Nuevo Mundo. Antes de partir, su padre le puso algo de dinero en su mano. No era mucho, pero era todo lo que tenía. Esperaba que ese dinero pudiera sostener al muchacho hasta que encontrara trabajo. Su madre le entregó una caja de comida para el viaje, y se despidieron con besos y lágrimas.

Una vez en el barco, el joven le dio su boleto al portero y se dirigió al pequeño camarote que compartiría con varias personas durante los largos meses de viaje hasta Nueva York. Esa noche en la cena, el joven fue a la cubierta y le quitó el envoltorio a un sándwich que su madre le había preparado. Comió solo y en silencio, mientras veía a los otros pasajeros entrar en fila en un gran comedor lleno de mesas. Escuchaba su parloteo y sus risas mientras los camareros les servían los platos con comida caliente. Pero él solo sonreía, disfrutando del pan fresco de su madre y la manzana crujiente que su hermano había recogido para él esa mañana. "Gracias por mi familia", oró.

Los días se sucedieron lentamente, y la caja de comida del joven se vació. Pero seguramente las comidas que servían en el comedor costarían mucho dinero que él necesitaría más adelante.

Él comía solo en el camarote, pero el aroma del comedor hacía que su estómago se le estrujara por el hambre. Solo se permitía comer algunas galletas y un poco de queso cada día, susurrando una oración de gratitud antes de quitarle el moho al queso endurecido. Una manzana arrugada y el agua de lluvia que había recogido en una lata completaban su magra comida.

Faltando tres días para llegar a Nueva York, se le había acabado toda la comida; solo le quedaba una manzana engusanada. El joven no aguantaba más. Pálido y débil, le preguntó al portero con un inglés quebrantado: "¿Cuánto cuesta?". El hombre parecía confundido. "Comida", dijo el muchacho sacando algunas monedas y señalando la sala del comedor. "¿Cuánto cuesta?".

Finalmente, el encargado del barco comprendió lo que el muchacho quería decirle. Sonrió y sacudió su cabeza. "Es gratis", dijo, devolviéndole al inmigrante su dinero. "¡Puedes comer todo lo que quieras! El costo de la comida está incluido en el precio del pasaje."

Esta historia tiene un gran significado para mí. Por años viví como una pordiosera en vez de como una princesa. Me conformé con el queso y las manzanas podridos en vez de disfrutar de la rica mesa que Dios había preparado para mí. Seguía esperando el día en que sería digna de sentarme a su mesa, y no me había dado cuenta de que el costo de semejante amistad estaba incluido en el precio que Jesús pagó por mi pasaje.

El precio había sido pagado. Por favor, te ruego que oigas esta simple verdad. Si has aceptado a Jesucristo como tu Salvador, el precio por ti ya fue pagado.

Eso significa que no hay nada que nos aleje de la intimidad de la sala. La "pared hostil que nos separaba" ha sido derribada, al menos del lado de Dios. Pero deberás hacer un poco de trabajo de demolición de tu lado, porque el enemigo de nuestra alma sigue ocupado en construir barreras para bloquear nuestra intimidad espiritual.

BARRERAS A LA INTIMIDAD

Antes de la salvación, Satanás nos dice que estamos bien, que no necesitamos un salvador.

Pero después de que somos salvos, el Acusador nos señala con su huesudo dedo y nos dice que no somos buenos y que no merecemos un salvador.

Está mintiendo, por supuesto. Jesús lo dice en Juan 8:44. Satanás es el "padre de mentiras". De hecho, mentir es lo que mejor sabe hacer; es su lengua nativa. La palabra usada para mentira en el griego es *pseudos*, que significa falsedad o "intento por engañar". Nosotros agregamos el prefijo *pseudo* para transmitir el pensamiento de una falsedad o falsificación.

Eso es exactamente lo que obtenemos cuando escuchamos las mentiras de Satanás y nos conformamos con algo menos que lo mejor de Dios: pseudocristianismo, pseudogracia. Él no suele intentar que nos traguemos una mentira descarada, es demasiado inteligente para eso. En cambio, altera la verdad para su propósito, que es mantenernos lo más lejos posible de Dios.

"Mira lo que has hecho", nos susurra. "¿Cómo podrá perdonarte Dios?". Retuerce la verdad del pecado, y la convierte en un martillo de culpa y vergüenza que nos golpea constantemente. "No eres buena, no eres buena, no eres buena… niña, no eres buena."

Si se lo permitimos, nos lo cantará una y otra vez. Porque cada vez que escuchamos su lírica mentirosa, damos otro paso en retroceso y nos alejamos de la sala donde podemos estar con nuestro Señor. Nos apartamos de la cercanía que nuestro corazón anhela.

Puede que no luches con esas mentiras que describí; quizá nunca hayas experimentado el aislamiento de la duda y la culpa. En efecto, tu relación básica con Dios puede estar segura e inamovible, ¡pero atenta! Satanás puede utilizar otras circunstancias igualmente efectivas para impedir que te acerques a Dios.

Por ejemplo las muchas ocupaciones.

Anne Wilson Schaef cuenta sobre un volante publicitario de cierta reunión de doce pasos que se organizaba en el área de la bahía de San Francisco. Las reuniones estaban especialmente diseñadas para adictos al trabajo. En la parte inferior del volante decía: "Si estás demasiado ocupado como para asistir a las reuniones, te entenderemos."[3]

Me pregunto si Dios entiende cuando estamos demasiado ocupadas como para ir a su presencia. O demasiado cansadas. O demasiado avergonzadas para admitir que hicimos algo que Él desaprobaría.

No nos equivoquemos. Satanás disfruta cuando usa nuestra agenda atiborrada, nuestros cuerpos estresados y nuestro desorden emocional como parte de sus esfuerzos por ponerle barreras a nuestra intimidad con Dios. Por eso necesitamos examinar bien cualquier pensamiento, sentimiento o actividad que disminuya nuestro apetito por tener más intimidad con Dios.

BARRAS DE CHOCOLATE ESPIRITUALES

Teri Myers era la esposa de mi pastor cuando mi familia vivía en Grants Pass, Oregón. Ella era, y es, una querida amiga y una mentora espiritual, verdadera representación de un corazón de María en un mundo de Martas. Al observarla caminar con Dios a través de los años, incrementó mi deseo de alcanzar más profundidad en mi relación con el Señor. Pero Teri es la primera en admitir que no siempre es sencillo mantenerse cerca de Dios.

Ella cuenta la anécdota de que una vez tenía invitados a cenar. Había trabajado arduamente todo el día para presentar una hermosa comida con cuatro platos y un postre elaborado. Todo sería maravilloso. Pero en cierto momento, a media tarde, se dio cuenta de que tenía hambre.

"Había estado tan ocupada limpiando y cocinando, que me salté por completo el almuerzo", dice. Apenas eran las cuatro de la tarde, y los invitados no llegarían hasta las seis. "Siempre escondo unas barritas de chocolate en alguna parte", sonríe. Entonces agarró un par de barras dulces y se sentó a descansar, disfrutando de su pulcra sala y de su mesa bellamente decorada.

"Engañé a mi estómago, de modo que ya no hacía ruido. Ahora ya podía darme una ducha, arreglarme el pelo y vestirme con suficiente tiempo."

No fue sino hasta que Teri se sentó a comer con sus invitados que descubrió el problema: "Allí estaba yo, con mi hermosa cena que me había llevado todo el día preparar, ¡pero ya no tenía hambre!" El bocadillo a media tarde le había quitado el apetito y acabó picoteando en su plato mientras miraba a los demás deleitarse con la comida.

"El Señor me habló en ese momento", cuenta. "Me mostró que a menudo llenamos nuestra vida con barras de chocolate espirituales, cosas como amistades, libros y compras. Pueden ser cosas buenas, completamente inocentes, pero no lo son cuando se llevan nuestra hambre por más de Dios."

La ilustración de Teri se quedó conmigo durante años, porque aplica muy bien a mi vida. Constantemente lucho por no meter rellenos esponjosos en el vacío de Dios que él creó en mí. No me gusta la soledad, entonces relleno el espacio con llamadas telefónicas, eventos sociales y escapadas al centro comercial, aunque la soledad —como dice mi amiga Jeanne Mayo— puede ser el "llamado de Dios a tener comunión con Él". No me gusta el silencio, entonces lo cubro con algún programa de televisión, música cristiana o las noticias en CNN, pero fue en el silencio de la noche cuando Samuel escuchó la voz de Dios.

Fuimos diseñados para estar cerca de Dios. Así como nuestro cuerpo tiene hambre y sed de comida y bebida, nuestro espíritu tiene hambre y sed de su presencia. Del mismo modo en que es posible atiborrar nuestro cuerpo con calorías vacías, podemos encontrar formas de calmar nuestra hambre espiritual sin obtener la nutrición que precisamos. Podemos llenarnos con comida chatarra espiritual y nuestro espíritu seguiría débil con necesidad de verdadera comida.

Si te está costando sentirte cerca de Dios o si quieres acercarte, quizá valdría la pena considerar qué actividades estás usando para llenar los vacíos de tu vida. ¿Qué te está quitando el hambre de Él?

Podría ser que tan solo necesites comenzar a "comer" las cosas buenas del Señor para averiguar qué tan hambrienta estás. Mira, el hambre y la sed espiritual no funcionan exactamente del mismo modo que nuestra hambre física. Cuando nuestro cuerpo físico siente ese dolorcito como de hambre, comemos y enseguida sentimos satisfacción. Pero espiritualmente hablando, solo cuando "comemos" nos damos cuenta del hambre que hemos sentido.[4] Cuando disfrutamos del banquete de la mesa de Dios, algo extraño ocurre, tenemos más hambre, más sed. ¡Queremos más! Tenemos que conseguir más.

"Nuestra alma es elástica", escribe Kent Hughes en su libro *Liberating Ministry from the Success Syndrome* [*Liberando al ministerio del síndrome del éxito*]. "No hay límites para la capacidad. Siempre podemos abrirnos para contener un poco más de su plenitud. Las paredes pueden extenderse más; el techo siempre puede elevarse un poco más; el suelo siempre puede sostener más. Cuanto más recibimos de su plenitud, más podemos recibir."[5]

Una vez que has saboreado la intimidad de la sala que Jesús te ofrece, no encontrarás nada más que te satisfaga; porque hasta las barras de chocolate espirituales son desabridas ante la dulzura de la presencia del Señor. Cuando hayas probado lo mejor de lo mejor, desearás evitar la comida chatarra que este mundo te ofrece para alimentarte con el banquete espiritual que te ofrece tu Salvador.

"Prueben y vean que el Señor es bueno." Salmos 34:8.

HACIENDO ESPACIO PARA EL SALVADOR

Pocas cosas me han abierto el hambre por Dios como el curso de discipulado que tomé allá por 1987. Mientras otras personas luchan con tentaciones mundanas, mis luchas siempre han sido las disciplinas espirituales. Mi vida devocional ha sido desordenada. Como no desarrollé el hábito de tener un tiempo de oración cuando era niña, al llegar la adultez y todas sus ocupaciones, me resultó difícil encontrar tiempo para estar a solas con el Señor.

Algunas de ustedes pueden sentirse horrorizadas de solo pensarlo. Su vida devocional corre como un relojito y les parece imposible vivir un día sin pasar tiempo con Dios.

Si eso es cierto para ti, ¿me permites expresarte la enorme bendición que disfrutas? A mí me ha tomado casi veinte años adquirir esa disciplina, incluso ahora que lo logré, ha sido un regalo de su gracia, no un logro personal.

Hasta que tomé el curso de Los Navegantes 2:7, no sabía de lo que me estaba perdiendo. Hay muchos programas de discipulado, y no destaco este por nada más que ser el que mi iglesia usó. Además, me otorgó las herramientas que necesitaba y algo de la necesaria rendición de cuentas.

La clase fue maravillosa. Mi espíritu comenzó a crecer y a florecer a medida que el suelo de mi corazón fue arado con surcos profundos y nutrido con la Palabra de Dios. Pero después, mi tendencia perfeccionista al estilo Marta apareció, haciéndome ver mi tiempo devocional como otra tarea a realizar. Me encantaba lo que sentía al marcar como leídos los capítulos de mi Biblia y aprenderme otro versículo de memoria, toda una conquista para mí. Para ser sincera, mucha de mi motivación provenía de mi naturaleza competitiva. Yo quería ser la alumna estrella, una de esas desagradables favoritas de la maestra.

El artículo de Robert Boyd Munger *Mi Heart, Christ Home* [Mi corazón, hogar de Cristo] lo cambió todo. A través de la simple analogía que él sugería, descubrí lo que significaba tener un corazón de María enfocado en Dios. De repente mis ojos se abrieron a la verdadera devoción.

No es un trabajo, es un deleite.

No es un ejercicio de piedad, es un privilegio.

Y no es una visita, sino más bien una vuelta a casa.

"Sin dudas una de las doctrinas cristianas más destacadas es que Jesucristo, a través de la presencia del Espíritu Santo entra en el corazón, se establece allí y lo hace su hogar", dice Munger. "[Jesús] vino a la oscuridad de mi corazón y encendió luz. Prendió fuego en la chimenea y disipó el frío. Puso música donde había silencio, llenó el vacío con su amorosa y maravillosa compañía."

Munger continúa diciendo cómo le mostró a Cristo la casa de su corazón y lo invitó a "establecerse allí y sentirse en su hogar", dándole la bienvenida habitación por habitación. Juntos recorrieron la biblioteca de su mente, "una habitación muy pequeña con paredes muy gruesas." Se asomaron al comedor de sus apetitos y deseos. Pasaron algo de tiempo en el taller, donde guardaba sus talentos y habilidades, y en la sala de fiestas de "ciertas compañías y amistades, actividades y diversiones." Hasta metieron la cabeza en el armario del pasillo, repleto de cosas podridas y muertas que había escondido bastante bien.

Cuando Munger describía cada habitación, también reflejaba mi corazón. Pero fue su descripción de la salita lo que cambió para siempre la forma en que yo veía mi tiempo con el Señor.

A continuación pasamos a la sala. Ese cuarto íntimo y confortable. Me gustaba. Tenía una chimenea, sillas tapizadas, un sofá, y una atmósfera reposada.

Él se veía complacido. "Este es un lugar agradable", dijo. "Vengamos aquí a menudo. Es apartado y tranquilo, así que podemos conversar a gusto."

Siendo un cristiano en su primer amor, estaba fascinado. No podía pensar en nada mejor que pasar unos minutos a solas con Cristo en íntima comunión. Él me prometió: "Yo estaré aquí temprano cada mañana. Encuéntrame aquí y comenzaremos el día juntos." Así que, cada mañana, yo me dirigía al cuarto de descanso. Él tomaba un libro de la Biblia...lo abría y leíamos juntos. Me hablaba de la riqueza de su contenido y me revelaba sus verdades. Mi corazón ardía a medida que me hablaba del amor y la gracia que tenía para mí... Eran momentos maravillosos. De hecho, llamamos a la habitación "sala del retiro". Fue un periodo en el que disfrutamos de mucho tiempo a solas.

Pero poco a poco, bajo la presión de mucha responsabilidades, ese tiempo comenzó a ser cada vez más corto... Empecé a saltearme un día de vez en cuando... Luego, me perdía de dos días seguidos y a veces más.

Recuerdo una mañana que estaba muy apurado...pasé por la sala de retiro y noté la puerta entreabierta. Miré hacia dentro, vi fuego en la chimenea y al Maestro sentado allí... "Bendito Maestro, perdóname, ¿has estado aquí todas estas mañanas?".

"Sí", contestó. "Te prometí que aquí estaría cada mañana para encontrarme contigo, ¿recuerdas?". Me sentí aún más avergonzado. Él había sido fiel a pesar de mi infidelidad. Le pedí perdón y me perdonó enseguida... "El problema contigo es que has estado pensando sobre el tiempo a solas, sobre el estudio bíblico y el tiempo de oración como un factor de tu progreso espiritual, pero te has olvidado de que estas horas significaban algo para mí también."[6]

Qué maravilloso pensamiento es que Cristo quiere pasar tiempo de calidad conmigo y contigo, que anhela nuestro tiempo a solas y me extraña cuando no aparezco. Una vez que este mensaje llegó al fondo de mi corazón, comencé a ver mi tiempo devocional completamente diferente: no como un ritual sino como una relación.

Y las relaciones no suceden así nomás. Deben nutrirse, protegerse y desearse con amor.

EL CONFORT DEL HOGAR

El lugar que María encontró a los pies de Jesús es el mismo que está disponible para ti y para mí. Es un lugar donde podemos estar cómodas, quitarnos los zapatos y soltarnos el cabello. Es un lugar de transparencia y vulnerabilidad, donde somos conocidas por completo y aun así somos absolutamente amadas. Es un lugar al que podemos verdaderamente llamar hogar.

Si lo amamos y obedecemos sus enseñanzas, dice Jesús en Juan 14:23, Dios vendrá y habitará en nosotras. "Mi padre lo amará", dijo de sus seguidores, "y *haremos nuestra morada* en él" (énfasis mío).

Y esto funciona en ambas direcciones. Jesús no solo desea sentirse en casa en nosotros, sino que también desea que nosotros hagamos nuestra casa en Él. "Dios quiere ser tu habitación", escribe Max Lucado en *La gran casa de Dios*.

Dios no está interesado una escapada de fin de semana o en una cabaña para las vacaciones. No pienses en usar a Dios como un hospedaje turístico o una casa de retiros. Él quiere que habites bajo su techo ahora y siempre. Quiere ser tu dirección de correo, tu punto de referencia; quiere ser tu casa.[10]

Crear una habitación de intimidad

Hay algo especial en ese lugar sagrado que consagramos a Dios, un cuarto de oración apartado especialmente para nuestro tiempo a solas. Pero si no tienes una habitación extra en tu casa, considera las siguientes ideas sobre cómo crear un espacio de oración en donde te encuentres:

- *Emilie Barnes*, una escritora y conferencista que ha inspirado a miles de mujeres cristianas a tener una bonita sala, también tiene a mano una canastita especial de oración que le ayuda en sus devocionales. En esa canasta guarda: 1) su Biblia; 2) un devocional diario o algún otro libro de inspiración; 3) una pequeña caja de pañuelos de papel "para cuando se llora de gozo o de tristeza"; 4 un bolígrafo para tomar notas, y, 5) algunas tarjetas bonitas en caso de que se sienta movida a escribir una nota a alguien por quien ha estado orando. Para Emilie, ver la canastita es una invitación y un recordatorio de que debe pasar tiempo con el Señor. Y como es portátil, puede llevarla a donde sea.[7]

- *Robin Jones Gunn*, una popular novelista cristiana, comenzó a encender una vela para marcar sus tiempos de oración después de que una amiga la hizo sentir especialmente bienvenida encendiendo una vela por su visita. "Algunas veces la casa todavía está oscura y silenciosa de madrugada cuando me siento y enciendo mi vela para tener un tiempo tranquilo con Dios. Otras veces la vida está en pleno movimiento a mi alrededor, pero mi rincón se convierte en un espacio tranquilo para tener una conversación íntima. Cuando mi familia ve la vela encendida, saben que deben dejar a mamá tranquila durante todo el tiempo que esté allí, abriendo mi corazón al Señor y escuchándolo".[8]

- Para la escritora de *bestsellers* y conferencista *Lisa Bevere*, la música es una invitación a estar en la presencia de Dios. "Él a menudo me brinda una canción cuando me levanto", dice.

Conforme avanza en su tiempo con Dios, escribe en su diario lo que el Señor le habla al corazón. "Le otorgamos peso a lo que el Espíritu Santo está diciendo cuando lo escribimos y mucho se pierde cuando no lo hacemos", explica Lisa.[9]

Pero tú, cuando te pongas a orar, entra en tu cuarto, cierra la puerta y ora a tu Padre, que está en lo secreto. Así tu Padre, que ve lo que se hace en secreto, te recompensará.

MATEO 6:6

Qué hermosa y generosa oferta nos hace el Señor de los ejércitos. Es difícil imaginarnos diciéndole no a la oportunidad de vivir en Dios y descansar en Él. Pero podemos, y de hecho lo hacemos. Isaías 28 nos brinda una imagen vívida de lo que ocurre cuando nos rehusamos. "Este es el lugar de descanso; que descanse el fatigado", Dios les dijo a los israelitas a través del profeta Isaías (28:12). "Este es el lugar de reposo", dijo también, invitándolos a estar en casa con Él.

Pero los israelitas no querían escucharlo, según Isaías. En vez de hacer de Dios su morada, insistían en una clase de vida más independiente. Y lo que les sucedió es la mismísima imagen de lo que pasa cuando rechazamos el ofrecimiento de intimidad con el Padre. Isaías dice en el versículo 13:

"La palabra, pues, de Jehová les será
mandamiento tras mandamiento,
mandato sobre mandato, renglón tras renglón,
línea sobre línea, un poquito allí, otro poquito allá" (RVR1960).

Matthew Henry, en su comentario sobre estos versículos, afirma que los israelitas "no prestarían atención…, seguirían en la senda de las obras externas… El mensaje del profeta resonaba de continuo en sus oídos, pero eso era todo; no lograba causar impresión en ellos; tenían la letra del precepto, pero no experimentaban el poder ni el espíritu de él; *estaba continuamente golpeándolos a ellos, pero no lograba golpear dentro de ellos"*11 (énfasis mío).

¿Te suena familiar, Marta? A mí sí. Cuando rechazamos la oferta del descanso y la gracia pasando tiempo en la sala, la única alternativa es la tiranía de las obras, las cuales, como ya vimos, ¡no obran! Seremos arrastradas a hacer más y más: más proyectos de servicio, más reuniones de junta ejecutiva, más actividades espirituales extracurriculares, todo con tal de obtener la aprobación de Dios. Y aun así fallaremos, porque lo que el Padre en realidad desea es que encontremos nuestra identidad, nuestra "dirección de correo", como dice Lucado, en Él y solo en Él.

CÓMO VIVIR JUNTOS

Jesús vino para mostrarnos el camino a la casa del Padre. En vez de hacer una visita anual al Lugar Santísimo, recibimos la invitación para vivir allí, a hacer nuestra morada en el trono de Dios o en su sala, si lo prefieres ver así.

Hablando de manera práctica, ¿cómo es posible? Jesús nos da un indicio en el Evangelio de Juan.

"Permanezcan en mí", dice Jesús en Juan 15:4, "y yo permaneceré en ustedes".

La traducción King James en inglés denota una cercanía mayor. "Permanezcan en mí", dice el Señor. Y *permanecer* significa vivir o habitar.

Habiten en mí, promete, y yo habitaré en ustedes.

Entonces, para darnos una mejor idea de lo que significa realmente estar en casa con Dios, Jesús usa una imagen tan simple que hasta un niño la puede entender, aunque puede llevar toda una vida de implementar.

"¿Ven esta vid?", casi puedo escuchar a Jesús, sosteniendo una para inspeccionarla. "¿Ven esta rama? ¿Ven por dónde están conectadas? Bueno, así es como quiero que estemos nosotros".

"Yo soy la vid" fue lo que dijo en realidad. "Ustedes son las ramas. El que permanece en mí como yo en él, dará mucho fruto; separados de mí no pueden ustedes hacer nada" (Juan 15:5).

Todo nuestro "mandamiento tras mandamiento ... un poquito allí, otro poquito allá", nunca logrará lo que Jesús puede lograr si le dejamos tomar su lugar en nuestra vida. Para que eso suceda debemos estar *conectadas* a Él. No es suficiente solo estar relacionadas o familiarizadas con él. Debemos estar espiritualmente injertadas, recibir la vida de Él, estar tan íntimamente ligadas que nos marchitaríamos y moriríamos si fuéramos cortadas.

Yo fallé en esto por muchos años. Había pasado gran parte de mi vida concentrándome en el "fruto" de mi santidad personal, que perdí de vista la conexión, la dulce intimidad de estar ligada a la Vid. Y como resultado, lo que trataba de hacer era tan absurdo como si la rama de un árbol de manzanas intentara producir las manzanas con sus fuerzas.

"Sé buena, sé buena. Haz el bien, haz el bien", canta la rama quebrada en el suelo del huerto.

"Esa manzana debería estar brotando en cualquier momento", dice la rama inerte.

Pero no funciona así. Es el árbol, no la rama, lo que determina el fruto. El árbol es la fuente de vida. La rama no tiene poder en sí misma, pero una vez conectada, cuando la savia fluye y las hojas empiezan a crecer, esa ramita insignificante muy pronto se verá cargada de frutos. Y no tiene que hacer nada, solamente permanecer en el árbol.

MANTENERSE CERCA

Mi relación con Dios funciona del mismo modo. Mi única responsabilidad es asegurarme de que mi conexión con Jesucristo es sólida y segura. ¿Y cómo se hace? De veras no es tan complicado. Por trillado que pueda sonar, la fórmula para la intimidad con Dios en la actualidad sigue siendo la misma que siempre ha sido:

Descubrir la voluntad de Dios

¿Alguna vez te preguntaste cómo es que otras personas hacen para discernir la voluntad de Dios en su vida? George Mueller, un pastor inglés del siglo XIX que fue conocido por su vida de oración y su andar con Dios, una vez explicó este simple método para determinar la voluntad de Dios a través de la oración y de la Palabra:

1. "Al principio busco poner mi corazón en un estado tal que no tenga voluntad propia con relación a un asunto dado...

2. "Habiéndolo hecho, no dejo el resultado a los sentimientos o simples impresiones. Si así fuera, me estaría sometiendo a un gran engaño.

3. "Busco la voluntad del Espíritu de Dios a través de, o en conexión con, la Palabra de Dios... Si el Espíritu nos guía, lo hará de acuerdo con las Escrituras y nunca contradiciéndolas.

4. "Luego, tomo en cuenta situaciones providenciales. Estas a menudo indican la voluntad de Dios en conexión con su Palabra y su Espíritu.

5. "Le pido a Dios en oración que me revele su voluntad correctamente.

6. "Por lo tanto, 1) a través de la oración a Dios; 2) del estudio de la Palabra, y 3) de la reflexión, llego a un dictamen reflexivo según lo mejor de mi habilidad y conocimiento, y si mi mente está en paz, y continúa así después de dos o tres peticiones más, procedo según esta guía."[13]

Ya sea que te desvíes a la derecha o a la izquierda,
tus oídos percibirán a tus espaldas una voz que te dirá:
"Este es el camino; síguelo".

ISAÍAS 30:21

ORACIÓN + PALABRA + TIEMPO = INTIMIDAD CON DIOS

En el capítulo 7 hablaremos más sobre cómo tener un tiempo en quietud, pero por ahora tomemos un momento para repasar los componentes necesarios para una amistad íntima con Dios.

Primero, ¿qué es la *oración*? Hay cientos de libros sobre el tema, pero cuando se trata de este primer factor esencial, orar es simplemente hablar con Dios. Orar es mi corazón clamando al Señor por guía y sabiduría, por mis necesidades y por las de los demás. Cuando sintonizo mi corazón con el suyo, la oración me permite expresar mi amor a través de la alabanza, declarar mi dependencia absoluta de Él. Así, al esperar ante el Señor, Él me revela su corazón.

Una de las formas más preciosas en que Dios expresa su amor por nosotros es a través de su Palabra, la Biblia, que es el segundo factor esencial para la intimidad. La palabra hebrea empleada para Biblia es *mikra*, que significa "el llamado de Dios."[12]

¿No es maravilloso? No tenemos que preguntarnos lo que Dios piensa, lo que siente acerca de ciertos temas, porque en gran medida ya nos lo ha dicho a través de las Escrituras. Mejor aún, no tenemos que preguntarnos si nos ama o no. Según mi diccionario, la palabra inglesa antigua para *Evangelio* [ing. gospel] es *gods—spell* [palabra de Dios]. Dios comunica su amor por el mundo entero para que lo vean. Está allí, en su Palabra.

"No temas, porque yo te he redimido", nos dice el Señor en Isaías 43:1,4. "Te he llamado por tu nombre, tú eres mío… Porque te amo y eres ante mis ojos precioso y digno de honra". Somos un pueblo elegido. Hecho santo. Profunda y afectuosamente amado por Dios. ¿Cómo lo sé? Porque escucho la voz de Dios diciéndomelo, llamándome a su amor cada vez que abro la Biblia.

El *tiempo* es un factor esencial en la intimidad de la sala con Dios por una razón práctica. Si yo no tomo tiempo para orar, no habrá una verdadera comunicación en nuestra relación. Si no empleo tiempo en leer la Palabra de Dios, no escucharé su amoroso llamado.

Si no tengo tiempo para estar a solas con Jesús, nuestra relación se verá perjudicada, porque el tiempo es crucial en todas las relaciones. Me encanta la manera en que Kent Hughes describe el impacto íntimo de pasar tiempo con Dios. "Piénsalo de este modo: nuestras vidas son como láminas fotográficas, y la oración es como un tiempo de exposición a Dios. Al exponernos ante Dios por media hora, una hora, quizá dos horas por día, su imagen se va imprimiendo más y más sobre nosotros. Cada vez absorbemos más la imagen de su carácter, su amor, su sabiduría, su manera de tratar con la vida y la gente."[14]

Yo quiero eso. Y lo necesito. Y lo recibo cada vez que paso tiempo a solas con la Palabra de Dios y en oración. Tengo más de Jesús y, en el proceso, un poquito menos de mí.

MANTENER LA INTIMIDAD

Dios anhela hacer su morada en nosotros. Y desea que también hagamos morada en Él. Piénsalo. Cristo "en nosotros" (1 Juan 4:13). Nuestra vida "escondida con Cristo en Dios" (Colosenses 3:3). ¡Qué fusión increíble e íntima de la humanidad y la divinidad!

Solo hay una cosa que puede impedir esta intimidad de la sala con Dios, y es nuestro pecado. Porque, aunque no hay nada que podamos hacer para alcanzar la salvación, hay mucho que podemos hacer para mantener la conexión con la Vid. Dado que el pecado interrumpe el fluir de la vida que necesitamos para crecer, debemos hacer todo lo posible por mantener un corazón puro delante de Dios.

Aquí hay algo que estoy aprendiendo a hacer de manera regular, algo que descubrí que marca una gran diferencia en el nivel de intimidad que disfruto con Cristo.

Lo llamo "limpieza espiritual".

En nuestra casa sufrimos de algún síndrome de goteo porque constantemente derramamos líquidos. ¿Conoces y padeces dicha aflicción? Llegamos a la puerta y volcamos lo que sea que tengamos en las manos. Regresamos y al llegar de nuevo a la puerta, derramamos un poco más.

Entonces, la casa a veces es un pequeño desastre que frustra a la señora de la limpieza, que soy yo.

Espiritualmente hablando, tiendo a hacer lo mismo. Suelto una palabra áspera aquí, derramo una actitud negativa por allá, dejo que el resentimiento se acumule en algún rincón. No pasa mucho tiempo antes de que semejante desorden provocado por esos pecados suba como una inundación que me llega hasta la rodilla y provoca que mi corazón se paralice porque no sé por dónde empezar a limpiar todo el desastre y porque me siento alejada de Dios.

No es una genial manera de vivir con ese desastre en casa o en el corazón, seguramente estás de acuerdo conmigo.

Pero estoy aprendiendo. Y voy progresando.

Ahora, en vez de dejar que el pecado se acumule, trato de hacer las tareas de limpieza cada día. Mi objetivo es llegar a ser obediente, evitar el pecado siguiendo todos los mandamientos de Dios. Pero cuando me equivoco, me arrepiento lo antes posible. Le digo a Dios que lo siento y busco formas de enmendar el daño que causé. De manera consciente, le entrego al Señor aquellas cosas que no puedo arreglar y decido hacerlo mejor la próxima vez, siempre con total dependencia de Dios, porque solo así es posible lograrlo.

El arrepentimiento consciente nos lleva la santidad inconsciente. Esa frase, tomada de los escritos de Oswald Chambers, ha hecho cosas increíbles en mi camino con el Señor. Me ha levantado del suelo del huerto y me ha injertado de nuevo en el árbol.

Antes trataba de producir fruto de santidad en mis fuerzas, con pocos resultados, además del fracaso y la autocondenación. Pero cuando comprendí que la santidad era una obra del Espíritu Santo en mí, que mi responsabilidad era vivir conectada a la Vid, fui capaz de abandonar mis intentos infructuosos y comenzar a enfocarme en estar cerca del Único que puede darme vida.

¿Intimidad con Dios? Es bastante simple, en realidad.

No es un poste donde nos debemos sentar, es una casa donde podemos vivir.

No es una lista de lo que debes y no debes hacer, es una rama conectada a la Vid.

No es luchar para conocer a Dios, sino comprender que nuestro Padre anhela conocernos. Y es gratis, al menos para ti y para mí.

Porque nunca debemos olvidar que a Jesús le costó la vida darnos esa posibilidad de cercanía con Dios.

6

Servicio en la cocina

Y todo lo que te venga a la mano, hazlo con todo empeño.

ECLESIASTÉS 9:10

❧

"Yo sé quiénes son ustedes."

Los ojos del presidente chino estaban serenos e impávidos mientras hablaba en un inglés meticuloso. Su comentario interrumpió la conversación que tuvo lugar en la sala durante la mayor parte de la tarde.

Don Argue miró al hombre, sin entender lo que quería decir.

Era el año 1998. Como presidente de la Asociación Nacional Evangélica, el Dr. Argue había sido invitado a reunirse con el presidente de la República Popular de China, Jiang Zemin, para discutir la postura china sobre la libertad religiosa. Decenas de miles de cristianos eran perseguidos por su fe, y miles más estaban en prisión o ya habían sido ejecutados. El Dr. Argue anteriormente había presentado la lógica de permitirles a los cristianos practicar su fe. "Ellos serán sus mejores obreros", le había dicho al presidente. "Son honestos y confiables". Pero la conversación había pasado de ese punto a ser engullida por posturas políticas y sutilezas diplomáticas.

"Yo sé quiénes son ustedes", repitió el presidente Jiang, con un tono de voz suave al inclinarse hacia el Dr. Argue. Con la ayuda de un intérprete le contó su historia: "Cuando era joven, estaba muy enfermo en el hospital. Uno de los suyos, una enfermera cristiana, me cuidó. Incluso al final de un largo y ajetreado día, ella no se marchaba hasta que nuestras necesidades estuvieran cubiertas."

El presidente Jian sonrió y asintió.

"Sé quiénes son".[1]

MODELOS DE CRISTIANISMO

De todos los rasgos que pueden identificar a un cristiano, Jesús dijo que el amor sería el principal diferenciador. "De este modo todos sabrán que son mis discípulos, si se aman los unos a los otros" dijo en Juan 13:35. *Ágape* debe ser nuestra firma, el amor incondicional e inagotable de Dios fluyendo a través de nuestra vida. La clase de amor *phileo* no es suficiente. Necesitamos un amor "a pesar de..." y "porque..." A pesar del rechazo, la tribulación o persecución, amamos. Porque Dios derramó su gran compasión sobre nosotros, la compartimos con el mundo a través de palabras y servicio sacrificial.

Hemos sido llenos del gran tesoro con un solo propósito: derramarlo.

Cristo ilustró este amor *ágape* con sus discípulos lavándoles los pies. "Así como yo los he amado, también ustedes deben amarse los unos a los otros", le dijo al grupo de hombres en Juan 13:34, con sus pies recién lavados como un suave testimonio de sus palabras.

Lo que Jesús hizo debe haberlos impresionado. El *Midrash* enseñaba que ningún hebreo, incluso ningún esclavo, debía ser obligado a lavar pies. Las calles y caminos de Palestina eran rústicas en ese entonces, sucias e irregulares. William Barclay dice: "En un clima seco se hundían varias pulgadas en el polvo, y en tiempos húmedos había barro".[2] A esto hay que agregar el hecho de que la mayoría de las personas usaban sandalias, una simple plancha de cuero agarrada a los pies con tiras, y el lavamiento de pies era un trabajo sucio, por decir lo menos.

Aunque los discípulos por tradición atendían las muchas necesidades de su rabí preferido, nunca consideraron realizar una tarea tan asquerosa. No se esperaba que lo hicieran. Simplemente no se realizaba.

De modo que, cuando Jesús se arrodilló para servir a sus seguidores, fue una muestra de humildad. Su Maestro se convirtió en lo más bajo de lo bajo. Luego invitó, no, les ordenó que hicieran lo mismo.

"Es notable que solo una vez Jesús dijo que les estaba dejando un ejemplo a sus discípulos, y eso fue cuando les lavó los pies", afirma J. Oswald Sanders.[3]

Como ves, el servicio en la cocina no es opcional para los cristianos. Se supone que pasemos una buena cantidad de tiempo siguiendo el ejemplo de nuestro Señor. Se supone que sirvamos a los demás y les mostremos amor, y en el proceso, representemos a Jesús para el mundo que nos rodea. Desafortunadamente, como el mundo bien sabe, es fácil para los cristianos olvidar para qué estamos acá. Es fácil caer en la hipocresía de decir algo y hacer otra cosa, o de involucrarnos tanto en actividades religiosas que descuidamos nuestra misión de acercarnos a quienes nos rodean.

Mahatma Gandhi dijo: "Si los cristianos vivieran de acuerdo con su fe, no quedarían hindúes en India."[4] Este gran líder de la nación India estaba fascinado con la idea de conocer a Cristo. Pero cuando conoció a algunos cristianos, se sintió decepcionado. Lamentablemente el mundo está lleno de gente que siente lo mismo. Están intrigados por las afirmaciones de Cristo, pero se retraen por la decepción que sufren con su descendencia.

"No mires a las personas", solemos decirles. "Solo mira a Jesús". Si bien eso puede ser cierto, la verdad es que, nos guste o no, somos el único Jesús que muchas personas verán. Dwight L. Moody lo expresa de este modo: "De cien hombres, uno leerá la Biblia; los noventa y nueve restantes leerán a los cristianos".[5]

El apóstol Pablo comprendía la responsabilidad de representar a Cristo ante la gente. En más de nueve ocasiones en el Nuevo Testamento, escribe algo del estilo "síganme, así como yo sigo a Cristo". Aquí hay algunas:

- "Por tanto, les ruego que sigan mi ejemplo" (1 Corintios 4:16).
- "Pongan en práctica lo que de mí han aprendido, recibido y oído, y lo que han visto en mí" (Filipenses 4:9).
- "Imítenme a mí, como yo imito a Cristo" (1 Corintios 11:1).

En versículos como estos, Pablo no solo está animando a la gente a replicar *su* propia vida, sino a vivirla de un modo que sean modelos de Cristo. Él afirma en 1 Tesalonicenses 1:6-7: "Ustedes se hicieron imitadores nuestros y del Señor... De esta manera *se constituyeron en ejemplo* para todos los creyentes..." (énfasis mío).

No existían las Biblias de los Gedeones en la Iglesia del Nuevo Testamento. No había Biblias de ningún tipo, excepto las escrituras hebreas. La única evidencia de este camino nuevo venía en la forma de epístolas vivientes, que caminaban, respiraban y llenaban las reuniones de la joven Iglesia y se esparcían por las calles.

"Ustedes son una carta de Cristo", les recuerda Pablo a los cristianos en Corinto, "escrita no con tinta, sino con el Espíritu del Dios viviente; no en tablas de piedra, sino en tablas de carne, en los corazones" (2 Corintios 3:3).

Ustedes son una carta conocida y leída por todos, según Pablo.

Lo mismo es una verdad de nosotros hoy. Somos la carta de amor de Dios al mundo. Fuimos apartados con un propósito: comunicar su gloria a un mundo perdido que muere.

VIDA FRUCTÍFERA

Una vez escuché sobre un hombre al que le gustaba experimentar en su jardín. Siempre estaba haciendo un híbrido de esto o de aquello. Su máximo logro fue un árbol que él había ensamblado. En parte era un ciruelo, parte damasco y parte durazno; era la mezcla más extraña que jamás se hubiera visto. Pero ese árbol tenía un gran problema.

Oh sí, estaba vivo. Crecía bien. Las hojas estaban allí. De vez en cuando, en primavera, solía florecer. Pero nunca dio ningún fruto.

Juan el Bautista observó el mismo fenómeno en la vida de muchos de sus seguidores judíos. No escatimó palabras para advertirles sobre la falta de fruto en sus vidas. Tampoco mezcló peras con manzanas.

Juan les dijo que un árbol se identifica por el fruto que produce, y que un árbol que no da fruto no vale la pena. "Produzcan frutos que demuestren arrepentimiento. Y no se pongan a pensar: 'Tenemos a Abraham por padre'. Porque les digo que aun de estas piedras Dios es capaz de darle hijos a Abraham" (Lucas 3:8).

Juan estaba reprendiendo a los judíos por creer que su ADN, su estirpe, era suficiente para agradar a Dios. No era suficiente que fueran hijos de Abraham, les dijo. También ellos necesitaban vivir como el pueblo escogido, llevar frutos dignos de su linaje. Si no lo hacían, Dios estaba preparado para encontrar a quienes estuvieran dispuestos a hacerlo. "El hacha ya está puesta a la raíz de los árboles, y todo árbol que no produzca buen fruto será cortado y arrojado al fuego" (Lucas 3:9).

De la misma forma, no es suficiente llamarnos cristianas. Debemos *vivir* como tales. "No todo el que me dice: 'Señor, Señor', entrará en el reino de los cielos, sino solo el que hace la voluntad de mi Padre que está en el cielo" (Mateo 7:21).

Los manzanos dan manzanas; los ciruelos dan ciruelas. Si nos llamamos cristianas, nuestra vida debería ser inconfundible y evidentemente como la de Cristo.

El fruto sucede

A lo largo de toda la Palabra de Dios se emplea la analogía del fruto. Los cuatro Evangelios incluyen la imagen de Cristo como la Vid y las ramas. De los veintisiete libros del Nuevo Testamento, quince mencionan las clases de fruto que debemos dar en nuestra vida, incluyendo:

- *El fruto de nuestros labios*: "Ofrezcamos continuamente a Dios, por medio de Jesucristo, un sacrificio de alabanza, es decir, el fruto de los labios que confiesan su nombre" (Hebreos 13:15).
- *El fruto de nuestras obras*: "…para que vivan de manera digna del Señor, agradándole en todo. Esto implica dar fruto en toda buena obra, crecer en el conocimiento de Dios" (Colosenses 1:10).
- *El fruto de nuestras actitudes*: "En cambio, el fruto del Espíritu es amor, alegría, paz, paciencia, amabilidad, bondad, fidelidad, humildad y dominio propio" (Gálatas 5:22-23).

¿Y cómo puedo estar segura de que mi vida está produciendo esa clase de fruto?

No es tan difícil, de veras. El fruto no es algo que tú puedas fabricar en tu vida. El fruto *sucede*. Estás conectada a la Vid y rápidamente das calabacines, toneladas y toneladas de cabalacines. ¡Tienes un montón de calabacines para compartir! Al "permanecer" en esa íntima relación con Cristo de la que hablamos en el capítulo cinco, algo increíble sucede. Comenzamos a amar como nunca hemos amado. Nuestra vida cambia y nos convertimos en ejemplos dignos de imitar. Comenzamos a producir fruto jugoso, exquisito, para chuparse los dedos. El fruto en nosotras le dice al mundo quiénes somos y cómo es nuestro Dios. Aun cuando estamos aisladas lavando los platos en la cocina.

ALEGRÍA EN LA COCINA

Nicholas Herman nació en la región de Lorraine en Francia, a mediados del siglo XVII. Sin haber recibido educación, trabajó por un tiempo como lacayo y luego como soldado. A los dieciocho años, Nicholas experimentó un despertar espiritual, y desde ese momento su vida tuvo un solo objetivo: "caminar en la presencia de Dios".

En 1666 se unió al monasterio de los carmelitas en París. Allí sirvió como hermano laico hasta que murió, a los ochenta años de edad, "lleno de amor y años, honrado por todos los que lo conocían".

Quizá lo reconozcas mejor por su nombre carmelitano: Hermano Lorenzo. Una colección de cartas que escribió fueron compiladas en el libro *La práctica de la presencia de Dios*. Aunque el Hermano Lorenzo nunca tuvo la intención de que se publicara su correspondencia, este pequeño libro vendió millones de copias, desafiando a los cristianos de todos los siglos a caminar más cerca de Dios.

Es una imagen de una vida devota de Dios, una vida realmente fructífera. Una del corazón de María en un mundo de Martas.

El influyente libro del Hermano Lorenzo ilustra bellamente cómo opera el proceso de dar frutos en nuestra vida. Muestra con sencillos pero certeros detalles que no solo cuenta lo que hacemos por Cristo, sino cómo lo hacemos. Él no aprendió el secreto de la fructificación sentado en un poste como Simeón el Estilita. Lo aprendió en una cocina. ¡Sí! ¡Una cocina! Cuando el Hermano Lorenzo se unió al monasterio, esperaba pasar sus días en oración y meditación. En cambio, le asignaron cocinar y limpiar, una posición por la cual admitió tener "gran aversión".

Una vez que el Hermano Lorenzo decidió "hacer todo por amor a Dios, y con oración… por su gracia hacer bien su trabajo", encontró en su servicio en la cocina el gozo y la ruta para caminar más cerca de Dios. Él escribió:

> El tiempo del trabajo para mí no difiere del tiempo de oración, y en el ruido y el bullicio de mi cocina, mientras las personas piden diferentes cosas al mismo tiempo, yo conservo una paz y tranquilidad en Dios como si estuviera arrodillado ante el bendito sacramento.[6]

¡Qué objetivo tan significativo! Estar tan en sintonía con la presencia de Dios que lavar los platos se convierta en un acto de adoración. Que todos los momentos de nuestra vida se enciendan con esa flama divina, sin importar lo rutinarios o cotidianos que sean.

Recuerda que cuando Jesús reprendió a Marta, no estaba rechazando su acto sino su actitud. "Le reprochó a Marta no por su solícito servicio de amor, sino por permitir que ese servicio la irritara, agitara y absorbiera", dice el escritor Charles Grierson.[7]

El servicio sin espiritualidad es agotador y desesperanzador, así como la espiritualidad sin servicio es estéril y egoísta. Necesitamos unir espiritualidad y servicio, para hacerlo todo como para el Señor.

Cuando lo logramos, algo maravilloso ocurre en nuestro trabajo en la cocina. Los fregaderos se convierten en santuarios. Las escobas limpian suelo santo. Y las tareas diarias que solían aburrirnos o cansarnos, se convierten en oportunidades para expresar nuestra gratitud.

SERVIR COMO JESÚS

Nuestra santificación, dijo una vez el Hermano Lorenzo, "no depende de *cambiar* nuestras obras, sino de hacer por amor a Dios lo que comúnmente haríamos por nosotros mismos."[8]

La patrulla de la cocina de Dios

¿Quieres servir a Dios pero no tienes claro qué hacer? Tal vez los siguientes consejos sean la chispa que encienda una idea en tu corazón sobre cómo puedes servir a Dios, sirviendo a sus hijos. Una vez que comiences, verás que las oportunidades son infinitas.

- *Únete al servicio secreto de Dios.* Encuentra maneras de servir en anonimato, enviando una nota de aliento, dejando un plato de comida en un vestíbulo, apadrinando a un niño para un campamento, pagando la cuenta de electricidad de alguien.
- *Da un vaso de agua en su nombre.* Ofrécete como voluntaria para dar de beber en un evento deportivo, repartiendo paletas heladas en el parque los días calurosos, poniendo un puesto de refrescos para viajeros sedientos en una parada de descanso.
- *Busca tu "ángel desprevenido".* Dios con frecuencia pone personas necesitadas en nuestra vida a las que quiere que sirvamos. En vez de resistirnos, aceptemos a esa persona como una "misión divina" y amémosla como al Señor.
- *Consuela con el consuelo que has recibido.* A menudo servimos mejor en un área en la que hemos atravesado un dolor. Si eres sobreviviente de cáncer, puedes dar esperanza y apoyo a alguien que haya sido recientemente diagnosticado. Si has pasado por un duelo, seguro tienes palabras que el doliente necesita escuchar.

Y todo lo que te venga a la mano, hazlo con todo empeño.

ECLESIASTÉS 9:10

Durante tres años y medio, Jesús de Nazaret hizo precisamente eso. Ministró en la vida cotidiana. En vez de alquilar un coliseo o construir una sinagoga, en vez de esperar a que la gente se acercara a un lugar, Jesús fue a ellos. Él tomaba tiempo para atender las necesidades de las personas. Nuestro Salvador se detuvo para sanar a la mujer con flujo de sangre. Se tomó la tarde libre e hizo lugar en su regazo para los niños. Confrontó a los hipócritas religiosos y consoló a las almas abatidas, cada experiencia particular cuando la oportunidad surgía.

Y es exactamente esa clase de ministerio espontáneo que Dios nos confía a ti y a mí. "Parece que Él no hace nada por sí mismo que pueda delegarles a sus criaturas", escribe C. S. Lewis. "Él nos manda a hacer lenta y torpemente lo que Él puede hacer perfectamente en un abrir y cerrar de ojos".[9]

A santos temblorosos e inadecuados como tú y yo, Dios nos da el ministerio de la reconciliación, que no es otra cosa que hacer volver a la humanidad a Dios. Una tarea en verdad poderosa. Pero no es imposible cuando la tomamos un día a la vez, siguiendo el ejemplo que Jesús nos dejó, y que el Hermano Lorenzo imitó.

Veo tres principios sencillos de ministerio en la vida de Cristo que pueden mostrarnos cómo vivir nuestro servicio en la cocina.

- Jesús ministraba *cuando iba de camino*.
- Jesús ministraba *saliendo del camino*.
- Jesús ministraba *en toda clase de camino*.

CUANDO VAMOS DE CAMINO

Primero que todo, Jesús estaba disponible. Ministraba cuando se le necesitaba, *cuando iba de camino*. Liberó a un hombre poseído por los demonios cuando pasaba por la región de los gadarenos (Mateo 8:28-34). De viaje a Capernaúm aprovechó el tiempo para enseñar a sus discípulos (Marcos 9:33-37). Mientras regresaban de Decápolis, sanó enfermos y resucitó muertos (Lucas 8:40-56).

Incluso el incidente que es tema central de este libro —la historia de Marta y María que se registra en Lucas 10:38-42— tuvo lugar "mientras iba de camino". En vez de apresurarse por llegar a Jerusalén, adonde se dirigía, Jesús aparentemente realizó una parada imprevista en Betania donde, como relata el versículo 38, "una mujer llamada Marta lo recibió en su casa".

Este es el Dios que viene a nosotras. Cuando le abrimos la puerta a nuestra vida, entra en nuestro corazón y habita con nosotras. Después nos invita a unirnos a su viaje, porque de eso se trata servilo. Dios no viene a firmar nuestro libro de visitas, viene a lograr que le pertenezcamos.

"Jesús observaba para ver dónde el Padre estaba obrando, y luego se unía a Él",[10] nos recuerda Henry Blackaby en *Mi experiencia con Dios*. Él no hizo nada por iniciativa propia, según Juan 5:19. El Hijo hace "solamente lo que ve que su Padre hace".

Ese es el secreto del sagrado servicio en la cocina. En vez de esperar que Dios se acomode a nuestros planes, sueños y estrategias, o cuando tratamos de impresionarlo con nuestros esfuerzos en favor de su obra, simplemente debemos "ver dónde Dios está obrando y unirnos a Él".[11]

Al hacerlo, el servicio en la cocina se convierte en un deleite en vez de ser una distracción. Se convierte en el fluir natural de nuestra relación con Dios en vez de una tarea más que nos impide hacer lo que realmente deseamos. Cuando ministramos en el camino, cada día se convierte en una aventura.

Nunca olvidaré un día invernal cuando regresaba a casa después de un retiro para pastores de jóvenes. Conducía a través del este de Montana, y nos encontramos con un desvío que nos sacaba de la autopista llevándonos por un camino cubierto de nieve. Al conducir kilómetro a kilómetro, notábamos que éramos el único vehículo que se veía en la vasta llanura de Montana; solo un alambre de púas nos marcaba el camino.

—Creo que estamos perdidos —concluí.

—No estamos perdidos. Vuelve a dormirte —me dijo John.

Siendo la esposa obediente que soy, lo hice. No sé cuánto más avanzamos, pero me desperté cuando el auto finalmente aminoró la marcha e ingresó en una entrada para vehículos, la única —supe después— que John había visto en las últimas cincuenta millas. Me restregué los ojos y me senté, justo a tiempo para ver una pequeña casa rodante rosa y blanca, un tanto oxidada, resistiendo contra el viento. Vi que John detenía la marcha por completo.

—Estamos perdidos —admitió.

Pero no lo estábamos.

El anciano que salió a saludarnos parecía un poco decepcionado cuando John salió del auto. Era su cumpleaños, por cierto. Había creído, esperanza contra esperanza, que el carro que había oído en el camino era su hijo que venía a visitarlo desde Minnesota.

El hombre pareció entusiasmarse cuando nos quedamos, hablamos un poco y le dimos de regalo de cumpleaños un muñeco de peluche que yo había comprado. Había una lágrima en su ojo, pero también una sonrisa en sus labios cuando estrechó la mano de John y le señaló el camino de regreso a la ruta principal.

Descubrí que al estar dispuestos a servir como Jesús lo hacía, *cuando vamos de camino*, las citas divinas como esta comienzan a surgir por todas partes. Y si nos tomamos el tiempo para detenernos y escuchar, podemos encontrar nuestro destino, incluso cuando pensamos que estamos perdidos.

SALIRSE DEL CAMINO

En el libro *Love Adds a Little Chocolate* [*El amor agrega un poquito de chocolate*], Linda Andersen escribe:

El deber puede llenar una bolsa de comida, pero el amor decidirá dejar una nota amorosa dentro… La obligación envía a un niño a dormir a la hora correcta, pero el amor lo envuelve con la frazada y lo llena de besos y abrazos (también a un adolescente). El deber se ofende enseguida si no es apreciado, pero el amor aprende a reírse y a gozarse por el simple hecho de hacerlo. La obligación podrá servir un vaso de leche, pero a menudo el amor le agrega un poquito de chocolate.[12]

Esta descripción del amor es una hermosa forma de ver la manera como Jesús orientó si vida. Una y otra vez, traspasó los límites de la obligación y actuó desde el amor. *Desvió su camino* para ministrar (y yo creo que quiere que nosotras hagamos lo mismo). Jesús debe haber estado exhausto después de esa intensa tarde descrita en Mateo 14. Durante todo el día, las multitudes lo habían agobiado con sus necesidades, aunque presiento que no le importaba. Imagino que al final del día, sonreía porque aún podía ver los chispeantes ojos de la pequeña niña inválida que dio su primer paso. Seguramente aún podía oír los gritos de júbilo de la multitud cuando ella tomó su mano y comenzó a danzar. Todavía podía sentir el apretón de la vieja mano entumecida cuando el anciano le agradeció por devolverle la vista. Era precisamente eso lo que había venido a hacer: "a sanar los corazones heridos, a proclamar liberación a los cautivos y libertad a los prisioneros" (Isaías 61:1).

¿Pero quién sanaría el corazón roto de Jesús? Su primo Juan había sido ejecutado unos días antes y Jesús estaba de duelo. La destellante ciudad de Tiberíades brillaba esa noche en Galilea. Las antorchas encendidas en el crepúsculo iluminaban el palacio del rey Herodes. Dentro de sus murallas había una bandeja que exhibía la cabeza de su querido amigo.

Ahora, mientras la noche llegaba, Jesús quería estar a solas. Necesitaba hacerlo. Solo el Padre podía consolar su abrumadora tristeza y aliviar su profundo cansancio.

"¡Ahí está!" Las voces hacía eco en el agua, mientras una larga fila de personas se abrían paso a la orilla del lago. Los discípulos estaban furiosos; habían visto el dolor en los ojos de su Maestro. Ellos también estaban cansados de esa demandante jornada. Seguro que también necesitaban un pequeño descanso.

"Despidámoslos", le sugirió alguno de los discípulos a Jesús.

Pero Jesús dijo que no.

En vez de despedirlos, "tuvo compasión de ellos y sanó a los que estaban enfermos" (Mateo 14:14). Fue más allá de sus propias necesidades y los amó. Hizo todo lo posible por ayudarlos. Y entonces, como si todo eso no fuera suficiente, proveyó la cena a una hambrienta multitud. Pescado frito con papas para cinco mil.

La palabra que Mateo usa para "compasión" en este pasaje es *splagchnizomai*, que significa que Jesús no les respondió porque era su deber; los ministró porque sintió su aflicción. Tan honda, tan profunda era su compasión, su *splagchnizomai*, que Jesús literalmente la sintió en sus entrañas. Dejó de lado su propio dolor para tomar el de ellos. Dejó de lado sus deseos, de forma que Él se convertía en único deseo de ellos. Dejó de lado su agenda para suplir las necesidades de los demás.

Esa es la esencia del ministerio que se desvía de su camino. Se pone a sí mismo a un lado y se extiende en compasión real.

"El verdadero amor duele", dijo una vez la Madre Teresa. "Siempre tiene que doler". Y agregó intencionalmente: "Si realmente se aman unos a otros, no podrán evitar hacer sacrificios".[13] Durante muchos, años esta pequeña monja y sus seguidoras salían de su camino para ministrar a los que agonizaban, primero en Calcuta, India; luego en todo el mundo. Su ministerio iba más allá de simplemente tomarlos de las manos y orar. Ellas levantaban cuerpos quebrados que encontraban en las calles, limpiaban heridas pestilentes, se arrodillaban para limpiar los vestigios de los accidentes; con ternura llevaban cucharadas de comida caliente a bocas sin dientes.

Ahora que la Madre Teresa se ha ido de esta tierra, sus Misioneras de la Caridad continúan la obra que ella empezó, obra que una y otra vez se sale de su camino con tal de amar y servir a los demás.

¿Por qué lo hacen?

Si les preguntas, seguramente te responderán clara y confiadamente: "Porque Jesús lo hizo".

Y nosotras también debemos hacerlo.

SERVIR EN TODOS LOS CAMINOS

Cuando el Hermano Lorenzo se entregó para el servicio a Dios, no escogió su trabajo. Si fueras a Calcuta y te ofrecieras como voluntaria de las Misioneras de la Caridad, tampoco podrías elegir qué hacer. Todos empiezan en el mismo lugar: el más humilde de los servicios. Pero cuando eres realmente una servidora, un título o una posición son completamente secundarios; estás dispuesta a hacer lo que se necesite.

Jesús no tenía una oficina lujosa en Jerusalén con una placa dorada en la puerta que decía "Mesías". No tuvo un campo de varias hectáreas donde establecer la base de su ministerio. Él ministraba mientras iba de camino. En su camino. Y algunas veces se salía del camino. Es decir, *lo hacía de todas las maneras y en todos los caminos posibles.*

Creo que es importante observar esto cuando hablamos del servicio en la cocina, especialmente en esta era de estudios motivacionales sobre el "talento". En las últimas dos décadas han surgido muchos libros, seminarios y otros recursos educativos diseñados para ayudarnos a descubrir nuestros dones naturales y espirituales. Estos van desde el clásico Discovering Your Spiritual Gifts *[Descubre tus dones espirituales]*, al Wagner-Modified Houts Spiritual Gifts Questionnaire *[Cuestionario modificado Houts-Wagner]*14 y han ayudado a miles de cristianos a tomar conciencia de los dones especiales que Dios depositó en ellos para edificar la Iglesia.

El propósito de estos recursos era equipar a los santos para la obra del ministerio, y el principio tenía sentido porque trabajar con los dones que Dios nos dio libera el potencial ministerial en gran medida y ayuda a los miembros del cuerpo a trabajar en armonía.

Sin embargo, me temo que en vez de movilizar al cuerpo de Cristo, este énfasis en los dones pueda darnos una excusa práctica. Ahora, cuando las iglesias piden servidores, tenemos una razón espiritual por la que no podemos colaborar.

"No es mi don", decimos con tono piadoso, señalando el capítulo 12 de Romanos y 1 Corintios.

"Seguramente me gustaría ayudar, pastor, pero los bebés no son lo mío."

"No me llevo bien con los adolescentes."

"No tengo nada que ver con los hogares de ancianos."

"Soy un exhortador, ¿sabe? ¡No limpio los baños!"

Cuando el humo verbal finalmente se disipa, todavía queda una pregunta: ¿qué es exactamente *lo que sí hacemos*?

No quiero minimizar la importancia de entender nuestras fortalezas y debilidades. Todavía nos queda mucho por aprender acerca de los dones ministeriales que Dios le da a la Iglesia y sobre nuestra parte en el cuerpo de Cristo como senseña Romanos 12. Además, como ya dijimos, una necesidad no es necesariamente un llamado, y nadie es llamado a hacer *todo*. Por esa razón es que siempre debemos comenzar por disfrutar de la intimidad de la sala, pasar tiempo con el Señor y preguntarle qué quiere que hagamos.

Hasta donde sé, el mismo capítulo de Romanos que enumera los dones espirituales también deja en claro que *todos* somos llamados a servir, más allá de nuestros dones específicos. Podemos tener o no el don de hospitalidad (vs. 7), pero *todos* somos llamados a "practicar" la hospitalidad (vs. 13b). Podemos tener o no el *don* de dar (vs. 8), pero *todos* somos llamados a servir "a los hermanos necesitados" (vs. 13a).

"En vez de elegir oportunidades ministeriales basadas únicamente en nuestros talentos e intereses", escribe Jack Hoey en *Discipleship Journal [Diario del discipulado]*, "estamos directamente llamados a 'dedicarnos por completo a la obra del Señor'".[15]

Eso fue lo que hizo nuestro Salvador. Ministró a donde fue y de muchas formas. Se detuvo para conversar con una mujer sola. Contó historias a los niños y les cocinó un pescado a sus discípulos. Cenó con publicanos y pecadores, incluso llamó a uno de ellos a descender de un árbol para tener un tiempo de comunión y *koinonía*.

En vez de salvar su vida, Jesús la entregó, y le indica a sus seguidores que hagan lo mismo. Cuando rendimos nuestra vida para que Dios nos use, no siempre elegimos el momento, el método o el lugar donde ministrar. De hecho, algunas veces podemos encontrarnos haciendo nada, excepto orar y esperar la guía de Dios.

"También le sirve quien inmóvil espera", escribió el gran poeta inglés John Milton.16 Frustrado por la limitación de haberse quedado ciego, Milton luchaba con un sentimiento de inutilidad. Sentía que Dios no podía usarlo. Pero, como el poeta descubrió, la clave no está en nuestra actividad sino en nuestra receptividad a la voz de Dios y nuestra disposición para que nos use en cualquier forma que Él nos diga.

Cuando le llevamos nuestra disposición al servicio, siempre nos señalará algo que podemos hacer. Y esa tarea siempre tendrá algo que ver con el amor.

PASIÓN, COMPASIÓN Y PODER

Una verdadera pasión por Dios naturalmente dará como resultado compasión por la gente. No podemos amar al Padre sin amar a sus hijos, incluso cuando ellos no son demasiado amables.

En su hermoso libro *Love Beyond Reason* [*Un amor más allá de la razón*], John Ortberg cuenta la historia de Pandy, la muñeca de trapo de su hermana. "Había perdido casi todo el pelo, le faltaba uno de los brazos y, hablando en términos generales, todo el relleno se le había salido." Pero era la muñeca favorita de su hermana.

Una vez, Pandy, la muñeca, se perdió en el camino de regreso de las vacaciones familiares, y el papá de Ortberg condujo de nuevo hasta Canadá para encontrarla. "Éramos una familia devota", escribe Ortberg. "No una particularmente inteligente quizá, pero sí muy devota". Encontraron a Pandy en el hotel, envuelta en sábanas en el lavadero, "a punto de ser lavada hasta morir."

¿Qué hacía que la muñeca fuera tan valiosa para toda la familia? No era su belleza, por cierto. Era el hecho de que la hermanita de John la amara tanto. "Si la amabas [a mi hermana], naturalmente también amabas a Pandy también."

Lo mismo sucede con nuestro Padre celestial. Como hijas, tenemos defectos y heridas, estamos quebrantadas y a menudo torcidas. "Todos somos como muñecas de trapo. Pero las muñecas de trapo de Dios", escribe Ortberg. Y dejó en claro que servirlo a Él incluye servir a los que Él ama.

"'Ámenme, y amen a mis muñecas de trapo', dice Dios. Es el combo completo", escribe Ortberg.[18]

Creo que, por esta razón, en Hechos 3, Pedro y Juan no podían pasar de largo y dejar al paralítico sentado a la puerta del templo La Hermosa. Cuando vieron al muñeco de trapo doblado no vieron a un paralítico, sino que vieron a un hijo de Dios. Por eso lo amaron. Por eso quisieron ayudarlo. Su pasión por Dios desbordaba en una

Revisa tus motivos

El servicio en la cocina es vital en la vida cristiana, y nunca olvidemos que saber *porqué* servimos es tan importante como descubrir *cómo* servimos, dado que las motivaciones de nuestro corazón realmente marcan una diferencia. Jan Johnson, autor de *Living a Purpose-Full Life* [*Viviendo una vida llena de propósito*], sugiere unas preguntas que pueden ayudarnos a "hacer la obra de Cristo con el corazón de Cristo".

- ¿Estoy sirviendo para impresionar a alguien?
- ¿Estoy sirviendo para recibir recompensas externas?
- ¿Mi servicio se ve afectado por cambios de humor o caprichos (los míos y los de otros)?
- ¿Estoy utilizando el servicio como una forma de sentirme bien conmigo?
- ¿Estoy usando mi servicio para aplacar la voz de Dios que me demanda un cambio?[17]

La gente se fija en las apariencias, pero yo me fijo en el corazón.

1 SAMUEL 16:7

compasión por uno que estaba en necesidad. Pero en vez de ofrecerle dinero, le dieron algo mucho más valioso: algo que necesitamos recordar cuando ofrecemos un servicio compasivo. "No tengo plata ni oro", le dijo Pedro. Después, con toda la pasión y poder del Espíritu Santo que estaba dentro suyo agregó: "pero lo que tengo te doy. En el nombre de Jesucristo de Nazaret, ¡levántate y anda!" (Hechos 3:6).

¿Lo ves? La compasión es solo el comienzo de lo que tenemos para ofrecerle a la gente que Jesús ama. Después de todo, el mundo está lleno de obras de caridad, hay personas y fundaciones que dan dinero y tiempo y hacen cosas increíbles en favor de los pobres. Y sé que ese tipo de compasión complace el corazón de Dios, incluso cuando viene de parte de no cristianos.

Pero no era la caridad de Pedro lo que ese paralítico necesitaba. Él necesitaba algo que no se encuentra en un bolsillo o en una cartera o en la simpatía de alguien. El hombre necesitaba sanidad; necesitaba el poder de Dios para transformar su vida.

Y poder fue exactamente lo que obtuvo. Por el poder del Espíritu, Pedro lo tomó de su mano derecha y lo ayudó a incorporarse. "Y tomándolo por la mano derecha, lo levantó. Al instante los pies y los tobillos del hombre cobraron fuerza. De un salto se puso en pie y comenzó a caminar. Luego entró con ellos en el templo con sus propios pies, saltando y alabando a Dios" (3:7-8).

LO QUE TENEMOS PARA OFRECER

Y eso, más que ninguna otra cosa, es lo que el mundo precisa de nosotros. Ya escucharon los sermones televisivos; ya vieron los edificios de nuestras iglesias y leyeron nuestros anuncios. De lo que tienen hambre es de la gloria manifiesta de Dios. Algo mayor que ellos. Algo mayor que nosotros. Quieren ver a Dios.

Siempre ha sido así. Pablo se refería a la misma realidad cuando escribió en 1 Corintios 2:4-5, "No les hablé ni les prediqué con palabras sabias y elocuentes, sino con demostración del poder del Espíritu, para que la fe de ustedes no dependiera de la sabiduría humana, sino del poder de Dios."

El mundo ha tenido suficiente de la sabiduría del hombre. Si todo lo que tu vecina necesita fuera un poquito más de conocimiento, encontraría las respuestas a todas las preguntas de la vida en el show de Oprah. Si todo lo que tu cuñado necesita fuera un consejo, podría recibirlo de sus compañeros de trabajo o de internet, pero lo que no puede obtenerse de esa forma es lo que realmente necesita: una nueva vida. Si la sabiduría humana fuera suficiente para resolver los problemas del mundo, ya hubiéramos terminado con la guerra, el hambre y las enfermedades. Y no tendríamos necesidad de Dios.

Obviamente, eso no ha sucedido. El mundo todavía está inmerso en conflictos, todavía se consume por el vacío físico y espiritual, todavía está herido desfalleciendo. Todavía está desesperado por la clase de sanidad que solo Dios puede ofrecerle.

Entonces, sería una buena acción que cada una nos detuviéramos periódicamente en medio de nuestro servicio y nos preguntáramos: "¿En qué me estoy apoyando? ¿A los pies de quién estoy llevando la gente?".

Porque si nuestro servicio en la cocina no lleva a la gente a Jesús, corremos el riesgo de convertirnos en mesías sustitutos. Si nosotras, no Dios, terminamos siendo la fuente de esperanza de las personas, estamos sometiéndolas a una profunda decepción y sometiéndonos a un profundo agotamiento. Porque simplemente, no fuimos creadas para la tarea de salvar al mundo. Nosotras, en nosotras mismas, igual que Pedro y Juan en la puerta de La Hermosa, no tenemos nada para darles. Pero nosotras, en Cristo, hemos recibido el poder de darles lo que necesitan desesperadamente.

Solo Dios puede completar y reparar a las muñecas de trapo. Solo Dios puede recoger al Sr. Huevo (Humpty Dumpty) del suelo. Nuestro trabajo es ser las emisarias para esa muñeca de trapo, porque estamos formadas a la semejanza de Dios, llenas de su amor y dotadas de su poder, con el privilegio de compartir un Padre amoroso con nuestro mundo huérfano.

QUE SE NOS SALGA POR TODAS PARTES

Se cuenta la historia de un jovencito que se acercó a un evangelista después de una campaña de avivamiento.

—Disculpe, señor —dijo el joven amablemente—. Usted dijo que todos debían pedirle a Jesús que entre en su corazón, ¿verdad?

—Es correcto, hijo —respondió el evangelista agachándose, para mirarlo a los ojos—. ¿Tú lo invitaste a entrar en el tuyo?

—Bueno... me gustaría hacerlo —dijo el niño, levantando polvo con la punta de su pie en la tierra antes de volver a mirar al evangelista—. Pero estoy pensando... Yo soy tan pequeño y Jesús es tan grande, ¡que se me va a salir por todas partes!

—Esa es la idea, hijo. Esa es la idea —le dijo el evangelista con una sonrisa.

No sé tú, pero yo quiero que Jesús sea tan evidente en mi vida que la gente no solo me considere una buena persona, moral y llena de buenas obras. Quiero que mi relación con Dios sea tan real y viva, como la de los apóstoles Pedro y Juan, que la gente no pueda evitar notarlo.

¿No sería hermoso que se dijeran de nosotras palabras como las de Hechos 4:13? "Los gobernantes, al ver la osadía con que hablaban Pedro y Juan, y al darse cuenta de que eran gente sin estudios ni preparación, quedaron asombrados y reconocieron que habían estado con Jesús".

Creo que eso era lo que el presidente Jiang Zemin le estaba diciendo a Don Argue al comienzo de este capítulo. Él había "tomado nota" de la diferencia de una vida cristiana. Había quedado grabado en su memoria.

Lamentablemente, a diferencia de Paul Harvey, yo no tengo el "resto de la historia" de este episodio en particular. Los cristianos chinos todavía siguen siendo perseguidos por su fe. Los funcionarios chinos no dan muestras de suavizar su postura.

¿Pero quién sabe? Podría ser la tierna compasión de una mujer, una enfermera china que, *mientras iba por su camino, se desvió de su camino*, y fue *en toda clase de caminos*, lo que al final cambie el corazón de un presidente y de su país.

Una sola cosa es cierta: la causa de Cristo está viva en China por cristianos como ella. Cristianos que se atreven a amar. Cristianos que se atreven a servir. Cristianos que se atreven a dejar que Jesús se les salga por todas partes.

En vez de pelear contra el gobierno durante los últimos cuarenta años de régimen comunista, "los cristianos chinos se consagraron a la adoración y al evangelismo, la misión original de la iglesia", escribe Phillip Yancey en su libro *What's so Amazing About Grace? [¿Qué es tan asombroso de la gracia?]*. "Ellos se concentraron en cambiar las vidas, no en cambiar las leyes". Y algo increíble ha estado ocurriendo en estos cuarenta años.

"Había setecientos cincuenta mil cristianos cuando me fui de China", le dijo un misionero veterano experto en China a Yancey. ¿Y ahora?

"Se escuchan toda clase de cifras", dice el hombre. "Pero creo que un número seguro podría ser treinta y cinco millones".[19]

Una vida realmente puede hacer la diferencia. Tu vida más la mía ya son dos.

Mantengámonos conectadas a la Vid para llevar fruto. Comencemos a vivir de tal manera que Jesús se nos salga por todas partes. Empecemos a amar de tal modo que la gente pueda señalarnos y decir: "¡Sé quién eres!"

O mejor aún, "Sé de quién eres", porque ven a nuestro Señor y su amor en nosotras.

7

La mejor parte

María ha escogido la mejor parte,
y nadie se la quitará.

A veces, una imagen vale más que mil palabras.

Mi cumpleaños número treinta y tantos amanecía brillante y agitado. Entre un montón de cuentas por pagar y formularios de aplicación para tarjetas de crédito, encontré una tarjeta de felicitación de mi amiga Janet McHenry. El mensaje en su interior me deseaba un "hoopy birthday"...ya verás por qué. El juego de palabras me hizo sonreír, pero la foto en la tarjeta fue lo que de veras llamó mi atención. Ilustraba todo lo que yo había estado sintiendo respecto a ese temible día cuando me hacía un año mayor.

"¡Esta soy yo!", le dije a mi esposo, señalando la brillante foto en blanco y negro.

La imagen había sido tomada a principios de la década de 1950, y mostraba a una joven con unos shorts a lo Greta Garbo, con ocho o nueve aros de hula-hoop girando en sus caderas. A eso se refería el "hoopy birthday" que podría traducirse como "cumpleaños giratorio". Al ver la imagen quise saber cómo lograba semejante hazaña.

Había sido un día frustrante con demasiadas responsabilidades y poco de mí y para mí. Uno por uno, puse nombre a los aros que había estado tratando de mantener girando a la vez: esposa, madre, pastora, amiga, escritora, instructora de piano, cocinera, ama de casa y, el mayor aro de todos, madre de la Pequeña Liga. Si no estábamos corriendo a los juegos de béisbol, estábamos corriendo hacia la iglesia; si no estaba doblando la ropa recién lavada, estaba tomando unos pocos minutos para escribir.

"¡Esta soy yo!", me reí. Hice movimientos exagerados con mis caderas, tratando de mantener los aros invisibles en movimiento. Mis ojos pasaron de la foto al rostro preocupado de mi esposo y luego volví a decir: "¡Esta soy yo!".

Después de algunas tazas de té de manzanilla y algunos sedantes de chocolate, mejor dicho, galletas, me calmé y leí la carta de mi amiga mientras mi esposo llevaba a nuestros hijos a otro juego de pelota. Elocuente y llena de humor, Janet compartió conmigo su frenética agenda y las cosas que el Señor le había estado enseñando.

Cuando terminé de leer, cerré la tarjeta y vi de nuevo la foto al frente. La chica tenía muchos hula-hoops en movimiento alrededor de su cintura, pero ella parecía calmada. La parte superior de su cuerpo parecía estar perfectamente relajada, con los brazos ligeramente extendidos mientras los aros recorrían su cintura en una especie de caos sincronizado.

Su rostro me cautivó. Mirando directo a la cámara, sonreía pacíficamente como si no le importara lo que pasara en el mundo.

Entonces se me hizo la luz: entendí su secreto. "Ella encontró su ritmo", susurré para mí misma. "Estableció su centro y luego todo lo demás gira alrededor de dicho centro".

Y eso era exactamente lo que yo *no estaba haciendo* en mi vida. Todas las tareas que trataba de cumplir eran importantes, pero había perdido mi centro. Ocupada ocupándome de todo, había olvidado ir hacia mi interior, mi ser espiritual. Como una rueda sin eje, andaba a la deriva por la vida, rebotando de una tarea a otra.

Si había alguna pausa conveniente, pasaba algo de tiempo con el Señor. Pero últimamente, mis días solían estar abarrotados de cosas se sucedían sin pausas y sin ningún espacio para un momento tranquilo. Como resultado, mi vida reflejaba lo que mi espíritu había perdido.

"Enséñame, Señor. Muéstrame el ritmo de la vida", me encontré orando. "Sé tú mi centro."

HULA-HOOPS Y SANTIDAD

La vida está llena de hula-hoops. Todas tenemos responsabilidades, cosas importantes que precisan nuestra atención. Sin embargo, si no somos cuidadosas, nuestro corazón y mente pueden consumirse en el intento de mantenerlas a todas girando. En vez de centrarnos en Cristo y dejar que los otros elementos de nuestra vida tomen su debido lugar alrededor de Él, acabamos dirigiendo la atención de un asunto importante a otro, tratando frenéticamente de mantenerlos a todos en movimiento.

Es fácil olvidarnos de que, aunque hay un tiempo para trabajar, también hay uno para adorar (y es la adoración, el tiempo que pasamos con Dios, lo que nos brinda un centro seguro para una vida compleja y ocupada).

María de Betania no cometió ese error. Ella conocía la diferencia entre el trabajo y la adoración; Marta no. Por esa razón, casi se pierde la mejor parte.

Casi puedo ver a Marta saludando a Jesús en su camino por Betania. Supongo que los aros de hula-hoop no eran visibles en realidad cuando salió a recibirlo, pero no me sorprendería que hubiera un suave movimiento en sus caderas. "¡Entra, entra!", probablemente le haya dicho. "Mi casa es tu casa. Ahora, si me disculpas, necesito chequear cómo va la sopa".

Yo también soy culpable de haber saludado a mi Señor con la respiración agitada y un abrazo rápido. Le di la bienvenida a mi vida, lo senté y luego seguí de largo como Marta, girando frenéticamente mientras perseguía el cumplimiento de otras tareas.

María no hizo eso. Ella dejó caer todos sus aros y se sentó a sus pies. ¿Quién tiene tiempo para juegos recreativos cuando está en presencia del Maestro más sabio que jamás haya vivido sobre la Tierra?

Se ha dicho que María probablemente no haya tenido ningún aro, ¡se asume que era la perezosa! "Por eso *ella* tenía *tiempo* para sentarse a sus pies", nos gusta enfatizar a nosotras, las Martas. Pero no tenemos prueba de ello, y creo que las Escrituras son ambiguas a propósito.

Los estereotipos nos alejan de abrazar la verdad. La historia de Marta y María nunca tuvo la intención de ser un perfil psicológico o un juego de roles en el cual elijamos con cuál nos identificamos más. Es la historia de dos respuestas distintas ante una ocasión singular. Así que no deberíamos intentar encontrar nuestro tipo de personalidad sino la clase de corazón que Cristo desea que tengamos.

Un corazón centrado solamente en Él.

MANTENER EL ENFOQUE

Al leer la tarjeta de saludos de cumpleaños que tenía en la mano, no pude evitar maravillarme por la obra que Dios había hecho en mi amiga. Siendo madre de cuatro hijos, casada con un granjero-abogado, Janet trabajaba a tiempo completo enseñando inglés en un colegio secundario, además de escribir libros y artículos en algunos momentos libres que encontraba por aquí y por allá. Su vida era muy ocupada. Hula-hoop en abundancia.

Un año antes, Janet había enviado un correo electrónico de SOS al grupo de amigas donde coincidíamos. Un montón de dolorosas crisis, incluyendo una injusta demanda legal, habían golpeado a su familia sin previo aviso. "Oren por mí", escribió. "Me estoy hundiendo".

De personalidad melancólica, aunque navegando en el perfeccionismo, Janet se encontraba empantanada en la desesperación. No podía solucionar ni cambiar su situación. Pero en medio de todo, Dios la estaba llamando a estar más cerca suyo.

"Me estoy levantando todos los días una hora más temprano y haciendo caminatas de oración", había escrito meses después. Cada mañana antes de ir a trabajar, se ponía su ropa deportiva y caminaba una hora alrededor del centro de su ciudad, orando por personas y situaciones que le venían a la mente. "No puedo creer el cambio que está haciendo en mi vida el pasar tiempo con Dios. ¡El otro día me sorprendí de escucharme cantar!", escribió en la tarjeta de cumpleaños.[1]

Hudson Taylor una vez dijo: "Todos pasaremos por pruebas. La cuestión no es cuándo vendrá la presión, sino dónde recaerá. ¿Vendrá a interponerse entre nosotros y el Señor? ¿O nos empujará más cerca de su pecho?".[2] En vez de permitir que las circunstancias la alejaran de Dios, Janet eligió que la acercaran.

Mi amiga estaba experimentando la verdad de la que escribe Selwyn Hughes: "La vida funciona mejor cuando sabemos echarle un vistazo a las cosas, mirando fijamente a Dios."[3] Es muy sencillo perder el foco en la vida, perder nuestro eje. La vida conspira para quitar nuestra mirada del rostro del Salvador, hipnotizándonos con el interminable desfile de problemas.

"No puedo pasar tiempo con Dios hoy. No tengo nada de tiempo", racionalizamos. Pero la verdad del asunto es que cuanto más duro vaya a ser el día, *más* tiempo necesitamos pasar con nuestro Salvador. Cuantos más aros tengo que girar, más necesito mantener el centro.

Creo que es importante recordar que, si María no hubiera elegido sacarle tiempo a la agitada agenda de Marta para sentarse a los pies de Jesús, el encuentro tal cual no hubiera sucedido en absoluto. Los Evangelios hubieran seguido de largo y no hubieran registrado esta pausa íntima entre una mujer y su Salvador. Y no habríamos visto la diferencia que la intimidad de la sala puede hacer en una vida, y en una familia, rendida a Dios.

HACER ESPACIO

Descubrí que necesito estar sola y tener un tiempo tranquilo con Dios, si quiero albergar alguna esperanza de mantener el centro. Abandonada a mi suerte, yo soy inconstante y cambiante. Un día soy caliente: "Oh, Señor, te amo. Glorifícate en mí." Y al siguiente soy tibia: "Perdóname Señor, me tengo que ir." Encuentro muy apropiadas las palabras del creador del himno:

Propensa a vagar, Señor, me siento;
Propensa a dejar al Dios que amo.[4]

La única forma que encontré de contrarrestar esta tendencia oscilante en mi vida es mantener mi corazón centrado en Cristo y fijar mi vista en Él. Pero eso lleva tiempo y un acto de voluntad. Debo estar dispuesta a hacer espacio en mi vida si quiero experimentar la mejor parte.

En su libro *First Things First* [*Primero lo primero*], Stephen Covey cuenta la historia de un hombre que enseñaba un curso sobre manejo del tiempo. Para ilustrar un punto, agarró un frasco de boca ancha que estaba debajo de la mesa. Tomó algunas piedras del tamaño de un puño y las puso en el frasco. Alzó la vista a la clase y les preguntó:

—¿Está lleno el frasco?

Algunos de los estudiantes, sin saber a dónde quería llegar, enseguida exclamaron:

—¡Sí!

El profesor se rio y dijo:

—No, no lo está.

Luego sacó un balde con grava y comenzó a volcarlo en el frasco. La clase observaba cómo la grava se filtraba entre las piedras y llenaba los espacios hasta arriba.

—Ahora, ¿está lleno el frasco?

Los alumnos fueron más precavidos para responder. Después de todo, ya se habían equivocado una vez. En vez de esperar la respuesta, el hombre derramó un recipiente de arena entre la grava y las piedras grandes. Sacudió suavemente el frasco para dejar que la arena se asentara y luego agregó un poco más hasta que la arena llegó a la boca del frasco.

Volvió a preguntarles:

—¿Está lleno ahora? —a lo que ellos respondieron:

—Probablemente no.

Ahora el maestro tomó una jarra de agua y lentamente la derramó en el frasco. Se filtró hasta que se rebalsó.

—¿Ahora está lleno? —preguntó el consultor sobre manejo del tiempo.

La clase respondió:

—Ahora creemos que sí.

—Muy bien, gente. ¿Cuál es la lección que aprendemos de este proceso que ilustré? —interrogó.

Alguien que estaba sentado al final de la clase alzó su mano y dijo:

—Que no importa cuán ocupados estemos, ¡siempre habrá lugar para algo más!

—No —dijo el profesor mientras la clase rompió a carcajadas—. No es eso. La lección es —comenzó a decir a medida que las risas se acallaban— que si no ponemos las piedras grandes primero, después no podremos ponerlas.[5]

¡Qué poderosa imagen para una poderosa verdad! Suena como la misma enseñanza que dio Jesús cuando dijo: "Más bien, busquen primeramente el reino de Dios y su justicia, y todas estas cosas les serán añadidas" (Mateo 6:33).

Primero lo primero, el Señor estaba diciendo. Ocúpate de mis asuntos, que yo me ocuparé de los tuyos. Haz lugar en tu corazón para mí, y yo te haré lugar para todo lo demás.

DEMASIADO LLENO PARA SER CÓMODO

¿Sabes? Fuimos creadas para la plenitud. Según Efesios 3:17-19, cuando llegamos a conocer a Jesús como nuestro Señor por medio de la fe, comenzamos a entender el increíble amor de nuestro Salvador. Y al conocer mejor su amor, somos "llenos de la *plenitud* de Dios" (vs. 19, énfasis mío).

Fuimos creadas para la plenitud de Dios, ni una onza o un litro menos. ¿Pero estamos listas para eso? Después de todo, ser llenas de toda la plenitud de Dios probablemente requiera que nos ensanchemos. Y cuando menos, eso perturbará nuestra comodidad.

¿Estamos dispuestas a dejar que Dios irrumpa en nuestra zona de confort y expanda nuestra capacidad para Él? ¿O queremos un Dios al que podamos manejar?

Lamentablemente, la mayor parte del tiempo es exactamente lo que deseamos: lo suficiente de Dios como para hacernos felices, pero no tanto como para hacernos cambiar. Nunca lo diremos, pero nuestra actitud es justo lo que Wilbur Rees tenía en mente cuando escribió:

Me gustaría comprar tres dólares de Dios; una cantidad que no sea suficiente para hacer explotar mi alma ni para perturbar mi sueño, sino que equivalga a un vaso de leche caliente o a una siesta bajo el sol… Quiero éxtasis, no transformación; quiero el calor del vientre, no el nuevo nacimiento. Quiero una libra de lo eterno en una bolsa de papel. Me gustaría comprar tres dólares de Dios.[6]

El problema es que, claro, Dios no funciona de ese modo. Él no está a la venta en porciones manipulables, ni en oferta. Para empezar, no se encuentra en los mercados. No está buscando compradores; está buscando *comprar*, a ti y a mí. Quiere un pueblo que se haya vendido por completo a Él. Hasta el final. Como si fuera una venta en la que todo está en liquidación. No está dispuesto a regatear. No desea complacer a nadie; ya ha pagado el precio. Su Hijo murió en la cruz para pagar nuestra deuda y el rescate por nuestra alma.

Pero la transacción nunca es una venta forzada, y es crucial comprender esto. Dios es un caballero, no un noble ladrón. Él nos cortejará y perseguirá, pero nunca nos presionará. En realidad podemos decirle que no al Creador del Universo. Podemos elegir mantenerlo en una esquina de nuestra vida.

La escritora y maestra Cynthia Heald lo expresa así: "Somos tan íntimos con Dios como elijamos ser".[7] La única limitación a la presencia de Dios en nuestra vida son los límites que nosotras mismas le ponemos, las excusas que levantamos para evitar ser llenas de toda la plenitud de Dios.

La excusa de Marta eran los quehaceres domésticos. Tenía tareas de limpieza y cocina pendientes, así que no creía tener tiempo para sentarse a los pies de Jesús.

Tal vez tu excusa sean los niños o el trabajo. O, como yo, la única excusa que realmente tienes para la negligencia espiritual es la vagancia.

Sea lo que sea que te esté impidiendo pasar tiempo regular con Dios, es pecado.

¿Te suena muy duro decir que cocinar o limpiar o cuidar a los niños o hacer tu trabajo sea pecado? Piénsalo. La *definición* de pecado es separación de Dios. Así que, no importa lo trascendental que sea la actividad, no importa lo noble que aparente ser: si la utilizo como una excusa para mantener a Dios a distancia, es pecado. Preciso confesarlo y arrepentirme para poder acercarme al Señor una vez más.

Porque cuanto más me alejo sin ser llena de la presencia de Dios, más seca, vacía y frustrada estaré.

TIENE QUE HABER MÁS

Cuando mi esposo y yo dejamos Montana para que él pudiera servir como pastor de alabanza en una iglesia en Grant Pass, estábamos exhaustos. El boom petrolero de finales de la década de 1970 había fracasado en el este de Montana, dejando una estela de quiebras, ejecuciones hipotecarias y desesperación. En un mes solamente, cincuenta familias de nuestra iglesia habían dejado la ciudad en busca de trabajo. Había sido un tiempo difícil para ambos, tanto en lo emocional como en lo económico. Pero no tenía idea de que eso me hubiera agotado espiritualmente de tal manera.

Alguien comentó hace poco: "Yo no sabía que estaba 'seca' hasta que comencé a juntarme con otras personas que estaban 'mojadas'". Supe lo que quería decir, porque eso es exactamente lo que me había ocurrido cuando llegamos a Oregón. ¡La gente de Grant Pass estaba "empapada"! Chorreando, inundados de Dios. La presencia del Señor era tan dulce en los servicios, la gente tan madura en su fe, que todo lo que podía hacer era llorar.

Había conocido al Señor por años; había sido esposa de pastor por casi una década, pero estaba espiritualmente seca. Seca como un hueso reseco.

"¿Quiénes son estas personas?", me preguntaba. "¿Cómo pueden estar tan felices? ¿Qué tienen ellos que yo no tengo? ¿Cómo pueden sentarse ahí y disfrutar de la presencia del Señor cuando yo siempre me sentí obligada a estar en un estado de constante movimiento, ocupada pero exhausta por el esfuerzo de mantener todos mis aros de hula-hoop en el aire?".

A veces tenemos que frenar para poder hacer un inventario espiritual y ver en dónde estamos paradas, cuál es nuestra posición con Dios. A veces debemos darnos cuenta de lo vacías que estamos antes de estar dispuestas a ser llenas. Durante ese primer año en Grant Pass, hice ambas cosas.

Al analizar mi vida pasada, puedo ver experiencias en lo alto de la montaña, en las que la lluvia había caído de manera abundante y profunda, pero también vi bastantes valles secos. Tiempos de hambre espiritual en donde yo estaba tan seca y deprimida emocionalmente que apenas me sentía viva. Tengo la clásica personalidad sanguínea cuando se trata de mi caminar con Dios. Grandes, grandes alturas. Grandes, grandes profundidades. Y ahora, recientemente, me sentía perdida en un enorme y árido desierto.

"Derriba las cimas de las montañas si tienes que hacerlo, Señor", le pedí una noche. "Pero llena mis valles. Trae a mi vida constancia, para caminar fielmente en los buenos tiempos como en los malos. Quiero conocerte, Señor; quiero ser llena de ti y permanecer así, llena".

¿Qué estaba mal en mí? Cuando me detuve a pensarlo, supe parte de la respuesta. Mis tiempos personales de devoción eran erráticos. Mi vida de oración era inestable, mi lectura de la Palabra era esporádica. Y como no estaba pasando tiempo a solas con Dios regularmente, no me estaba colocando en posición de ser llena una y otra vez.

¡No es ninguna sorpresa que anduviera con el tanque vacío!

Me di cuenta de que solo me encontraba con Dios cuando yo tenía ganas. Y me estaba dando cuenta de que no era suficiente. Si quería ser llena de Dios consistentemente, debía tomar la decisión de extenderme, de hacer lugar para la mejor parte en mi vida diaria. Y eso significaría dejar de vivir con mis emociones como brújula y comenzar a ejercitar mi voluntad.

Un acto de la voluntad

Hacer lugar para la mejor parte en nuestra vida no es tan sencillo. Muchos grandes hombres y mujeres de Dios han luchado y trabajado duro para hacerse un tiempo a solas con su Salvador. Me agrada el candor y el humor de J. Sidlow Baxter cuando describe su batalla para reestablecer su tiempo devocional después de que "escuchó otra vocecita aterciopelada que le decía que fuera práctico…; que aceptara el hecho de que él no era del 'grupo de los espirituales', y que solo unos pocos podían serlo."

Eso fue todo. Baxter estaba horrorizado de tan solo pensar que podía racionalizar precisamente lo que más necesitaba, de modo que se dispuso a hacer algunos cambios definitivos. Él dice:

Entonces decidí enfrentarme a mi voluntad, haciéndole una pregunta directa: "Voluntad, ¿estás preparada para una hora de oración?". Voluntad me respondió: "Lo estoy, y de veras lo estoy si tú lo estás". Así, Voluntad y yo nos dimos el brazo y nos dispusimos a orar. De inmediato todos los sentimientos comenzaron a jalarnos de un lado al otro y a protestar: "Nosotros no queremos orar". Noté que Voluntad titubeó un poco, así que le pregunté: "¿Podrás aguantar, Voluntad?". "Sí —me dijo—, si tú puedes, yo puedo". Entonces Voluntad avanzó y yo me postré, y nos pusimos a orar… Fue una lucha sin cuartel. En cierto momento… me di cuenta de que uno de esos traicioneros sentimientos le había tendido una trampa a mi imaginación y se había escapado al campo de golf; entonces hice todo lo que pude para traer de vuelta al travieso bribón.

Al final de esa hora, si alguien me hubiese preguntado si lo pasé bien, habría tenido que responderle: "No. Ha sido una lucha agotadora contra unos sentimientos contradictorios y una imaginación perezosa, de principio a fin". Es más, esa batalla con los sentimientos continuó por dos o tres semanas. ¿Lo pasé bien durante las oraciones diarias? No. A veces me parecía como si los cielos fueran de plomo; como si Dios estuviera demasiado distante para oírme; como si el Señor Jesús estuviera extrañamente reservado; y como si la oración no sirviera de nada. Sin embargo, algo *estaba* sucediendo. En primer lugar, Voluntad y yo le enseñamos a los sentimientos que éramos completamente independientes de ellos. Además, una mañana, más o menos dos semanas después de haber comenzado la lucha, precisamente cuando Voluntad y yo nos disponíamos a pasar otro tiempo de oración, alcancé a oír por casualidad que uno de los sentimientos le secreteaba a otros: "Vamos, chicos, no vale la pena perder más tiempo oponiéndonos. No van a ceder...".

¿Saben qué pasó un par de semanas después? Durante uno de los tiempos de oración, cuando Voluntad y yo no nos preocupábamos en lo más mínimo de los sentimientos, uno de los más vigorosos se presentó repentinamente y gritó: "¡Aleluya!", a lo cual todos los demás sentimientos exclamaron: "¡Amén!".

Y por primera vez sentí que la totalidad de mi ser, intelecto, voluntad y sentimientos, se unió en una operación coordinada de oración. De una vez por todas, Dios era real, el cielo se abrió, el Señor Jesús estaba presente, el Espíritu Santo de hecho se movía en mis anhelos y la oración fue sorprendentemente revitalizante. Más aún, en ese mismo instante recibí la comprensión de que el cielo había estado mirando y escuchando todo el tiempo en esos días de lucha contra los ánimos paralizantes y las emociones amotinadas; también entendí que había estado en un tutorial necesario por parte de mi Maestro celestial.[8]

Cuando leí por primera vez las palabras de Baxter, algo se desbloqueó en lo profundo de mi alma. ¡Al parecer no estaba sola! Otras personas tenían la misma lucha. De pronto sentí esperanza, la esperanza de que yo también podría experimentar el gozo de la mejor parte. No tenía que esperar hasta sentirme espiritual para pasar tiempo con Dios. Solo debía tomar la decisión de tener la voluntad para hacerlo, y el sentimiento espiritual eventualmente vendría.

Entonces comencé a intentarlo, pero no fue fácil. A veces tuve que pelear como J. Sidlow Baxter. A veces sentía que Dios estaba lejos y que mi corazón estaba frío como el acero. A veces me sentía irritable e impaciente. Pero persistí, y gradualmente las cosas empezaron a cambiar. Como un paciente que se recupera de un largo coma, comencé a experimentar hambre por Dios como nunca antes, una clase de "insatisfecha satisfacción" que crecía y crecía.

SUBLIME GRACIA

A medida que comencé a entender la gracia, la maravillosa, increíble, sublime y abundante gracia, de un modo completamente nuevo, empecé a reconocer al Espíritu Santo obrando dentro de mí y dándome el poder y el deseo de hacer la voluntad de Dios como nunca antes.

Me encontré orando en el altar luego de terminado el servicio, buscando a Dios. Me encontré caminando en medio de la noche para pasar tiempo en su Palabra, buscando a Dios. Me encontré acudiendo a los libros y sintonizando la emisora cristiana en medio del día, buscando a Dios.

Quería todo lo que Cristo tenía para ofrecerme. Al buscar su rostro, descubrí que Él había estado allí esperándome todo el tiempo con una jarra llena de su presencia, lista para derramarse sobre mí. Deseando llenarme "a la medida de la plenitud de Dios." Solo esperando que yo eligiera la mejor parte y me reuniera con Él en la sala.

Verás, la intimidad de la sala no es alguna clase de estado místico del ser, o del no ser, como la idea hindú del nirvana. No precisamos escalar las montañas de Nepal para encontrarla, ni emprender una búsqueda espiritual como los nativos americanos de antaño. No la encontraremos en un estante, en una vieja cueva polvorienta ni en un museo.

La mejor parte no se vende en ningún lado. Está dentro de nosotros, donde Cristo habita por medio de su Espíritu Santo. ¿No es maravilloso? No podemos extraviarla. Nadie nos la podrá robar, aunque desafortunadamente a veces elegimos ignorarla.

¿Recuerdas el cuadro de Cristo llamando a la puerta? La hermosa escena estuvo colgada encima de la cómoda de mi abuela por años, como un sutil recordatorio para esta pequeña niña, para que tuviera presente que Jesús anhelaba entrar en su corazón. No había cerradura o picaporte por fuera de esa puerta de madera en donde el Señor estaba esperando. Solo podía abrirse desde adentro.

Así es también con la puerta de mi voluntad. Jesús no obligó a las hermanas de Betania a recibirlo, ni tampoco me forzaría a mí. Yo tengo que dejarlo entrar para disfrutar un tiempo juntos en la sala. Y la puerta no siempre es fácil de abrir, incluso desde adentro. Pero descubrí que hay pequeñas llaves que pueden marcar la diferencia.

Hay tres verdades sencillas, tan sencillas que tendemos a despreciarlas, pero lo suficientemente poderosas como para abrir puertas caprichosas y obstinadas. Ellas hicieron toda la diferencia en mi vida centrada en Cristo.

¿Cómo son esas llaves pequeñas? Son fáciles de recordar porque las tres comienzan con C.

• Consistencia
• Creatividad
• Conversación

PRÁCTICA CONSISTENTE

Cuando era adolescente comencé a leer un libro de Andraé Crouch, un popular artista góspel de ese entonces. El padre de Andraé, que era pastor, había orado por las manos de su hijo de doce años cuando su iglesia necesitaba un pianista, y Dios había respondido su oración. Andraé no solo se convirtió en el pianista de la iglesia, sino que llegó a bendecir a miles con su música y sus canciones poderosas.

Bueno, eso me inspiró definitivamente. "Querido Jesús", oré a la mañana siguiente cuando me senté al piano, "Tú sabes que no soy muy buena con todo esto del piano. ¿Podrías hacer por mí lo que hiciste por Andraé?".

Esperé, pero no sucedió nada.

En cambio, vino una palabra del Señor diciéndome… bueno, para ser sincera, en realidad no escuché la voz audible de Dios. Nunca la escuché. Pero en ese momento fue casi como si hubiera sucedido. En alguna parte, arriba, del lado izquierdo de mi corazón, la voz del Señor vino a mí diciendo:

"Práctica, Joanna, es práctica".

Práctica. Tengo la idea de que esto es lo que Dios desea susurrarnos al corazón cuando le pedimos la mejor parte. "Tienes que invertir tiempo, cariño. Necesitas hacer un poquito cada día". Si queremos ser cristianas realizadas y completas, y si anhelamos conocer a Dios en toda su plenitud, hay algo crucial en el acto de buscar a Jesús de manera regular y diaria.

Aprendí en mi propia vida que, si quiero desarrollar un tiempo tranquilo a solas con Dios, tengo que separar una cierta porción del día solo para Él. Y necesito asegurarla bien, incluso agendarla en mi calendario. Porque, si no soy cuidadosa, la mejor parte puede ser empujada tan lejos del borde de mi plato que acabe en el suelo en vez de alimentar mi alma.

En verdad no importa *qué* hora del día escoja. La gente de fe a lo largo de los siglos tuvo éxito en diferentes horarios. Daniel, por ejemplo, oraba tres veces al día: mañana, tarde y noche (Daniel 6:10). David debe haber sido una persona de energía matutina, según el Salmo 5:3, "Por la mañana, Señor, escuchas mi clamor; por la mañana te presento mis ruegos, y quedo a la espera de tu respuesta". De acuerdo con Marcos 1:35, Jesús también prefería la mañana: "Muy de madrugada, cuando todavía estaba oscuro, Jesús se levantó, salió de la casa y se fue a un lugar solitario, donde se puso a orar".

En cuanto a mí, he fluctuado entre la mañana y la noche, pero finalmente me establecí en la mañana. No solo es más sencillo para mí porque a esa hora no tengo tantas interrupciones, sino que es una maravillosa manera de empezar el día.

Lo repito, no es realmente importante *en qué momento* elegimos reunirnos con Dios cada día; lo que de veras importa es que lo hagamos de manera regular (y, para ser franca, ahí es donde siempre fallo).

Por causa de mi temperamento de todo o nada, perderme uno o dos devocionales es suficiente para echar todo por la borda y descarriarme por días, o hasta semanas. "Si no lo veo no lo pienso"; me avergüenza admitir que hubo meses en los que no hubo un tiempo a solas con Dios de manera formal, es decir, un me-siento-con-mi-Biblia-y-oro.

Pero la consistencia, después de todo, no significa perfección; simplemente quiere decir que nos negamos a abandonar. Y eso fue lo que me salvó. Al igual que Sidlow Baxter, me negué a aceptar la posibilidad de que yo no era "del grupo de los espirituales". De modo que, con una gran cantidad de gracia de Dios y una voluntad terca para seguir intentándolo, pude volver a encaminarme en mis tiempos a solas con mi Señor.

Y en alguna parte de esa rutina cotidiana, en esa familiaridad diaria que viene del tiempo que pasamos juntos, empecé a sentirme más cerca del Señor. Firme y consistentemente más cerca. Y además, en el proceso, más llena de su presencia. Más calmada y serena. Más enfocada de manera práctica.

Es increíble lo que una pausa del ajetreo diario puede hacer por ti. Especialmente, cuando pasas ese tiempo con Jesús.

ALGUNAS ESTRATEGIAS CREATIVAS

Cuando estaba en la universidad y durante los siguientes años, muchas veces había intentado leer la Biblia de manera sistemática, pero inevitablemente acaba colgando los guantes, generalmente a la altura de Levítico y Números. En alguna parte entre las leyes y las genealogías, terminaba quedándome dormida. Entonces perdía impulso. Y después regresaba a mis viejos hábitos de picotear un poco aquí y allá entre mis pasajes favoritos y no aprendiendo realmente nada nuevo.

Pero cuando comencé a usar una guía de lectura que alternaba entre el Antiguo y el Nuevo Testamento, todo cambió. La variedad incentivó mi interés al empezar a ver a Cristo en el Antiguo Testamento y la belleza de la sangre del pacto en el Nuevo. Ya no podía esperar a regresar a mi lectura bíblica cada día para ver lo que sucedería en el próximo episodio épico del plan de Dios para la humanidad.[9] La Biblia de Estudio NVI que me regaló mi esposo para mi cumpleaños revivió mi tiempo de estudio cada vez más. Me encanta el lenguaje contemporáneo de la *Nueva Versión Internacional*. Al tener todo lo que precisaba a mano, una concordancia exhaustiva y referencias cruzadas, además de notas de estudio para ayudarme a entender, fue imposible sentirme estancada en mi estudio.

Con esos dos simples cambios que realicé, intercalar libros de la Biblia y leer en una versión más contemporánea, descubrí un poquito del poder que la creatividad puede tener sobre nuestros tiempos a solas.

Es muy fácil caer en hábitos y rituales, los que nos imponen y los que nos autoimponemos. Pero mientras que la consistencia del hábito y la belleza del ritual pueden empoderarnos y enriquecernos, también pueden conducirnos al aburrimiento. "Tres capítulos más y me voy a dormir", decimos bostezando. Aunque el aburrimiento de la rutina no es realmente una excusa para abandonar nuestro tiempo devocional, la realidad es que tenemos más oportunidades de continuar con nuestros tiempos de oración cuando el interés y la voluntad nos empujan.

En otras palabras, hay más de una forma de disfrutar un rato de oración con el Señor. Hay más de un abordaje a la hora de estudiar las Escrituras. Hay más de una forma de meditar y orar. La verdad práctica es que, si no aprendemos a nutrir nuestra alma para que pueda alimentarse, se debilitará y morirá lentamente. Y eso puede requerir de cierta variedad en nuestra dieta espiritual: un poquito de creatividad en la manera de acercarnos a nuestro tiempo devocional.

UNA PEQUEÑA CONVERSACIÓN

La última llave con C para la mejor parte es la conversación. Ahora bien, esto puede sonarte un poco extraño. ¿Qué tiene que ver la conversación con el tiempo en silencio?

Creativos tiempos de calma

Si te has sorprendido bostezando durante los devocionales o simplemente necesitas un cambio, quizá desees considerar alguna de las siguientes sugerencias para una intimidad creativa con Dios.

1. *Sal a tomar un café con Dios.* Encuentra un rincón silencioso en alguna cafetería o hasta en un McDonald's, y encuéntrate con Dios allí. Lleva tu Biblia y un anotador. Toma una taza de café y prepárate para una conversación corazón a corazón con tu mejor Amigo.

2. *Agrega un clásico espiritual a tu dieta devocional.* Si bien nada reemplaza a la Palabra de Dios, los libros cristianos proveen deliciosos y ricos platos de acompañamiento.

3. *Ponle pies a tu fe.* ¡Sal a dar un paseo con Dios! Alábalo por su creación. Escucha la Biblia o un sermón en alguna plataforma digital. Ora. Tu espíritu y tu cuerpo apreciarán el ejercicio.

4. *Registra tu viaje espiritual.* Lleva un diario de oración. Graba tus pensamientos mientras meditas en las Escrituras. Escríbele notas de amor al Señor. Haz listas de motivos de oración.

5. *Ven delante de Él con cantos.* Agrega música a tus devocionales. Usa un CD de alabanza, una lista de reproducción o canta a capela. Lee un himno en voz alta.

6. *Que la fe venga por el oír.* Descárgate sermones de tus predicadores favoritos o planea tu tiempo de oración en torno a un programa de radio que comparta contenido de valor.

7. *Excava más profundo.* Un buen estudio bíblico te llevará más allá que solo leer la Biblia. Te ayudará a usar bien la Palabra de verdad.

8. *Todas las versiones del Rey.* Es importante que encuentres una versión bíblica que comprendas en tus devocionales regulares. Pero, ocasionalmente lee de otras versiones para obtener una nueva perspectiva. Lee el texto en voz alta.

9. *Siembra profundo la Palabra.* Memorizar las Escrituras hace que la Palabra de Dios penetre en lo profundo de tu corazón.

Escribe los versículos en tarjetas o notas adhesivas y llévalas contigo para repasarlas.

10. *Pasa medio día en oración.* Puede parecer imposible, pero al separar una gran cantidad de tiempo para pasar con el Señor, tendrá una cita contigo y te sorprenderá de maneras increíbles. Encontrarás un plan para medio día de oración en el Apéndice E.

Cual ciervo jadeante en busca del agua, así te busca, oh Dios, todo mi ser.

SALMOS 42:1

Se supone que nuestra relación con Dios debe ser íntima y amorosa, ¿y qué relación puede prosperar sin un diálogo profundo, sincero y recíproco? Lo necesitamos en el matrimonio, con nuestros hijos y también con Dios.

Hace algunos años, examinaba mi relación con Dios y me di cuenta de que mi estilo de comunicación en mi tiempo a solas se asemejaba más a un monólogo que a un diálogo. Yo leía sobre lo que Dios pensaba, luego pasaba algunos minutos diciéndole lo que yo pensaba, pero nunca llegábamos al punto de la conversación, del discurso de doble vía, de las preguntas y respuestas que le dan vida a una relación.

Todo eso cambió cuando comencé a leer la Biblia como una carta de amor de Dios para mí. Empecé a escuchar su voz llamándome en medio de las páginas de las Escrituras y a responderle desde el fondo de mi corazón. Inicié un diario donde escribía los pasajes destacados y lo que sentía que el Señor me estaba diciendo desde su Palabra. El formato que utilicé se encuentra en el Apéndice D.

En vez de los dos o tres capítulos de lectura bíblica que intentaba engullir al inicio de mi proceso, leía pequeñas porciones, por lo general un capítulo o menos. En vez de simplemente leer el pasaje, meditaba en él, subrayando los versículos importantes. Luego escogía el que me parecía que me hablaba con más claridad y lo respondía en mi diario. A veces lo parafraseaba, es decir, lo escribía con mis propias palabras. Algunas veces le hacía preguntas. Pero casi siempre el versículo se convertía en una oración, donde le pedía al Señor que me ayudara a aplicar en mi vida y en mi corazón la verdad contenida en esa Palabra.

Finalmente, mi cuaderno con pasajes parafraseados se convirtió en un diario de oración. Derramar mi corazón ante el Señor en papel me permitió ser honesta respecto a mis luchas, esperanzas y necesidades. También traté de registrar las respuestas que recibía, es decir, las palabras que el Señor hablaba a mi espíritu y las respuestas que podía ver en los acontecimientos a mi alrededor. De este modo, mi diario servía como una historia de mi relación y diálogo con Dios. Y de esa simple conversación comenzaron a surgir cosas asombrosas.

En primer lugar, no estaba leyendo la Biblia de corrido, sino que ella me estaba leyendo a mí. Al empezar a estudiarla y profundizarla, ella cobró vida.

¡Mi vida de oración se renovó! Ya no le presentaba a Dios mi lista de deseos junto con alguna sugerencia de cómo pensaba que Él podía ayudarme, sino que era una bella conversación en la que no hablábamos y escuchábamos mutuamente.

Ya no era más el "hombre" de Santiago 1:23-24, que "después de mirarse, se va y se olvida en seguida de cómo es". ¡Mi nuevo estilo de conversación con Dios no lo permitía! El historial que estaba dejando por escrito reflejaba una imagen bastante detallada de mi condición, una imagen difícil de pasar por alto.

A medida que yo reconocía lo que veía, me arrepentía y aplicaba la verdad que había encontrado. Y gradualmente, en ese proceso, el Espíritu Santo empezó a cambiarme hacia ese "hombre" del versículo 25, "quien se fija atentamente en la ley perfecta que da libertad, y persevera en ella, no olvidando lo que ha oído, sino haciéndolo".

Consistencia. Creatividad. Conversación. No puedo decirte lo mucho que estas tres C me ayudaron a mantenerme enfocada en Cristo. ¡Ah sí, todavía me queda un largo camino por recorrer! Estoy lejos de la perfección cuando se trata de ser espiritualmente diligente, pero también estoy lejos de donde estaba antes. Soy más estable ahora. Más centrada. Más sólida. Con menos riesgo de pasar por alto mis tiempos de comunión con Jesús y más dispuesta a volver al camino cuando me desvío.

Y lo más importante: mi capacidad para Dios realmente es mayor. Ya no estoy vacía, ni me siento seca. Sé a dónde ir para que mi Señor me llene de su gracia y amor, y me apresuro a llegar a sus pies. Estoy más ansiosa que nunca por elegir la mejor parte... ser colmada de toda la plenitud de Dios, de estar centrada y establecida en Cristo.

UN CENTRO ESTABLE

¿Recuerdas la muchacha del hula-hoop de la tarjeta de cumpleaños? Ella conocía el secreto. Había encontrado su centro, y nosotras también podremos hacerlo si diariamente elegimos la mejor parte.

De hecho, me gustaría contarte sobre otro conjunto de aros que ejemplifican cómo podemos encontrar estabilidad. Se trata de otro juguete de la niñez, tal vez lo recuerdes. Es un artilugio de aros de metal llamado giroscopio. El Diccionario de la Real Academia Española lo define como "disco que, en movimiento de rotación, conserva su eje invariable, aunque cambie la dirección de su soporte". Es como un súper trompo. Una vez que lo pones en acción, sigue así y es muy difícil tumbarlo. Si lo intentas, vuelve a su posición inicial y sigue girando en la misma dirección.

"Cuando era un niño pequeño, los giroscopios me fascinaban", recuerda Howard E. Butt Jr. en *Renewing America's Soul [Renovando el alma de Estados Unidos].* "El giroscopio me parecía un círculo danzante, girando libremente aunque perfectamente balanceado y firme, erguido por alguna misteriosa fuerza interna".

Más tarde, ya adulto, Howard aprendió que los giroscopios son más que juguetes científicos rotativos: tienen numerosas aplicaciones prácticas. "Estabilizan nuestros aviones en clima turbulento, fijan nuestras naves al navegar por mares tormentosos y las guían de manera automática por medio de sus brújulas".

¡Qué poderosa imagen de la vida en Cristo! Al rendir nuestros aros al Señor Jesús, nos centramos en Él, y algo maravilloso sucede. Él toma esos anillos y los hace danzar; convierte los caóticos círculos giratorios de nuestra vida en un giroscopio estable y firme montado y sostenido sobre Él. Nos estabiliza en la turbulencia de la vida, nos afirma en medio de mares agitados y nos guía por medio de la brújula de su amor eterno. Al compartir la mejor parte, Cristo Jesús se convierte en el firme equilibrio de nuestra vida en constante movimiento.

"El niño pequeño que hay en mí todavía exclama: ¡eso se ve divertidísimo!", escribe Howard, acerca del giroscopio y de la hermosa aplicación de una vida centrada en Cristo. "Y el adulto analítico que vive en mí, viendo a su alrededor susurra: 'nunca fue más necesario que ahora centrarme en Jesús'".[10]

Coincido. En esos días alocados cuando todo da vueltas, ya no me siento tan "mareada" porque estoy aprendiendo a buscar al Señor en vez de echar mano a una "barrita de chocolate" para calmarme. Estoy aprendiendo a dejar la cocina y dirigirme a la sala donde Jesús me espera, porque es allí donde encontraré todo lo que necesito y todo lo que anhelo.

Después de todo, no es el hula-hoop lo que debo aprender a dominar.

Lo que en verdad necesito es recibir cada vez más del Maestro.

8

Las lecciones de Lázaro

Había un hombre enfermo llamado Lázaro… Las dos hermanas
mandaron a decirle a Jesús: "Señor, tu amigo querido está enfermo".

JUAN 11:1-3

Me gustan las historias de amor. No hay nada como beber una taza de té helado bajo la sombra de un árbol mientras me pierdo en un cautivador libro en un día de verano. Puedo zambullirme por horas en las idas y venidas de la vida de alguien. Suspenso, misterio, romance son los elementos de una brillante trama de ficción, por lo menos eso pienso. Los obstáculos y detalles abrumadores me hacen pasar las páginas rápidamente y elegir las secuelas.

Sin embargo, cuando se trata de la vida real, voy directo al final feliz. Pasemos por alto la manzana envenenada porque estoy más interesada en el Príncipe Encantado y el beso. "Y vivieron felices para siempre", es la clase de historia que prefiero.

Pero difícilmente sucede así. La mayoría pasamos buena parte de nuestra vida limpiando la casa de los enanos en vez de tener un romance con el apuesto príncipe. Y desafortunadamente, cuando los tiempos oscuros asoman y en el guion de nuestra vida hay tensión, no podemos saltarnos las páginas hasta al final del libro para satisfacer nuestra curiosidad o disminuir el suspenso.

Nos toca seguir firmes hasta el final, a medida que la trama se desarrolla.

UNA TRAMA CONFUSA

Puedo imaginar cómo deben haberse sentido Marta y María cuando su hermano Lázaro se enfermó. Todo venía bien. Desde que Jesús los había visitado nada había vuelto a ser lo mismo. Había una nueva paz, un nuevo gozo, un nuevo amor que podía sentirse en el ambiente del hogar. El incidente que se relata en Lucas 10:38-42 había sido más que solo un par de breves párrafos. Esa reunión había reescrito por completo la historia de sus vidas. Pero ahora, al parecer, el guion estaba dando un giro confuso.

Tal vez todo comenzó con una fiebre. "Un poquito de mi sopa de pollo, una buena noche de sueño y te sentirás mejor", probablemente le dijo Marta a su hermano con toda naturalidad, mientras le daba a probar una cucharada del rico y sustancioso caldo. María seguro asintió y sonrió mientras se sentaba a la orilla de la cama donde Lázaro descansaba y agradecido recibió un paño húmedo que refrescó su frente.

"Seguro de que tienes razón, Marta", debe haberle dicho el enfermo, hundiéndose en su almohada, arropado por el servicio de sus hermanas. "Estaré bien".

Pero como probablemente sepas, no fue así.

Juan 11:1 no entra en detalles sobre su enfermedad, y solo nos dice que había un hombre llamado Lázaro que estaba enfermo.

Pero por el relato, es evidente que Lázaro debe haber sido un hombre muy especial. Era muy querido, no solo por sus hermanas sino también por Jesús. El mensaje que Marta y María le enviaron a Jesús lo decía todo: "Señor, *tu amigo querido* está enfermo" (11:3, énfasis mío). Su relación debe haber sido excepcionalmente cercana. Este hombre no era un extraño: era su amigo.

Así que puedo imaginar la esperanza de las dos hermanas al enviar el mensaje. Seguramente todo estaría bien. La enfermedad parecía ser severa, pero Jesús llegaría en cualquier momento. Lázaro se recuperaría y su vida continuaría tal como todos la conocían.

Los discípulos de Jesús probablemente imaginaron lo mismo. Después de todo, cuando llegaron las noticias sobre la salud de Lázaro,

Jesús les dijo específicamente "esta enfermedad no terminará en muerte" (11:4). Y agregó: "es para la gloria de Dios, para que por ella el Hijo de Dios sea glorificado".

¡Buenas noticias!, deben haber pensado los discípulos. ¡Lázaro vivirá! Pero Dios tenía otros planes para él y sus hermanas. Porque ellos eran parte de una historia mayor y más compleja que las de Michener, más emocionante que las de Clancy, más misteriosa que las de King y más romántica que las de Steele*. Dicha historia tiene más giros que las tramas de cualquier novelista, ya que relata la continua relación de Dios, el Maestro Narrador, con la raza humana, desde el amanecer de la creación.

LA TRAMA SE COMPLICA

La Biblia nos presenta el esquema básico. El primer borrador que Dios escribió era una perfecta historia de amor. Creó a un hombre y a una mujer para vivir en comunión con Él y entre ellos en un idílico relato de felicidad. El escenario era indescriptiblemente bello y la historia era dulce. Largas caminatas por la tarde, nuevos descubrimientos durante el día. No había lágrimas. No había muerte. No había dolor.

Ese era el propósito original de Dios, no solo para Adán y Eva, sino para ti y para mí. Luego se deslizó la serpiente y, entonces, el pecado echó a perder el Paraíso. La desobediencia destruyó el manuscrito de Dios y expulsó al hombre y la mujer del Edén. La historia se había acabado, o al menos eso parecía.

Pero en vez de escribir un final cruel, el intento de Satanás por interrumpir la historia épica de Dios solo sirvió de introducción. "En el mismo instante en que la fruta prohibida tocó los labios de Eva", escribe Max Lucado, "la sombra de una cruz se asomó en el horizonte".[1] Con la caída de la humanidad, Dios comenzó a desarrollar la mayor historia de todas: su increíble plan de redención.

---

* N. de la T. Nombres de famosos novelistas estadounidenses: James A. Michener, Tom Clancy, Stephen King y Danielle Steel.

Y así continúa la saga hasta este preciso día. El bien y el mal todavía combaten por el alma humana. El conflicto entre el amor y el odio sigue siendo el tema central. Lo que Satanás intenta para mal, Dios lo cambia para bien.

Pero sigamos un poco más y demos vuelta a las páginas. Verás que esta historia tiene un final feliz. Un increíble final feliz fuera de este mundo. ¡Un glorioso final con trompetas y fanfarrias, y fiesta en el cielo!

Pero entre el inicio y el final, bueno… ahí es donde tú y yo entramos en escena. Porque, aunque ya conocemos el desenlace, no podemos saltearnos todo lo demás, al menos no por ahora. Y eso, creo yo, se debe a que Dios tiene mucho para enseñarnos a medida que se desarrolla la historia. Porque entre los giros, avances y retrocesos cotidianos hay valiosas lecciones sobre quién es Dios, de qué forma procede y cómo encajamos en su historia.

Durante nuestra vida aprendemos lecciones como las de Marta y María cuando temieron que la historia de su hermano había terminado y que toda esperanza se había esfumado.

MAYOR GLORIA

Siempre me fascinaron los juegos de conectar los puntos. Viendo los puntos, tengo la percepción de la figura que se formará. Pero no siempre funcionan así las cosas en el plan de Dios, como Marta y María descubrieron ese trágico día en Betania. Lo que aprendieron de la dolorosa experiencia fue la primera de las lecciones que podemos aprender de la historia de Lázaro.

- *La voluntad de Dios no siempre sigue una línea recta.*

Significa que no siempre veré una conexión clara entre el punto A y el punto B. No siempre podré visualizar un patrón en lo que me sucede. No siempre entenderé el plan que hay detrás.

Es así porque Dios está entretejiendo una gloria mayor que involucra a más personas, así que no es simplemente la mía. Como explica Pablo en Romanos 8:28, "Ahora bien, sabemos que Dios dispone todas las cosas para el bien de quienes lo aman, los que han sido llamados de acuerdo con su propósito". Es el propósito de Dios, no el mío, el que debe prevalecer. Él no está preocupado solo por mi necesidad individual, sino también por la necesidad corporativa.

Dios envuelve mi bien junto con tu bien, y el bien de ambos, con el bien de los demás. Nuestras historias individuales se entretejen para formar su plan maestro. Nada se pierde. Nada queda fuera. No hay calles sin salida ni pistas falsas; cada argumento recibe su máxima atención y supervisión diligente. Tu historia le interesa a Jesús, así como le interesaban las historias de María, Marta y Lázaro. Pero siempre tiene el cuadro completo en mente a medida que maneja las historias de cada uno, porque conoce el final desde el principio y obra en consecuencia.

Así que no te sorprendas si tu historia personal da un par de giros de vez en cuando. No te fastidies cuando el punto A automáticamente no te conduce al punto B. No hay desvíos en la trama de Dios, en serio, tan solo complicaciones que resolverá.

Satanás hace todo lo posible para contaminar las cosas, pero Dios simplemente neutraliza sus malvados planes con un solo movimiento. Yo me imagino cómo se ve eso en el mundo espiritual cuando lo está haciendo. "¡Toma esto!", puedo escuchar a Satanás riéndose al delinear un diabólico cambio en los acontecimientos. "Muy bien", dice Dios, "podré manejarlo". Entonces, con una sonrisa que ilumina el mundo, Dios toma lo peor que Satanás retorció y lo transforma en lo mejor para nuestro bien. Y con cada sacudida y cada vuelta, nuestra historia se fortalece con más claridad y abundancia, avanzando hacia la voluntad divina. El Autor de nuestra salvación realmente sabe lo que está haciendo, incluso cuando nosotras ni siquiera podemos imaginarlo.

Cuando Dios le dio a José un sueño sobre la luna y las estrellas inclinándose delante de él, supuso que había grandes cosas reservadas para su vida. No esperaba un viajecito a Egipto, pero el plan de Dios era más grandioso que todo lo que el joven José podría haberse imaginado. Él usó esos años de esclavitud y de prisión para darle forma al hombre que eventualmente salvaría del hambre no solo a su familia y a Israel sino a todo el mundo conocido.

Cuando el rey Darío fue obligado a echar a Daniel al foso de los leones, estoy segura de que Daniel debe haberse preguntado si acaso se iría a encontrar con su Creador a través del bocado de un gatito. No tenía idea de que su milagroso rescate serviría como catalizador para la conversión de una nación. Pero Dios tenía un plan.

Él siempre tiene un plan que no siempre sigue la lógica humana. De hecho, a menudo parece ir directamente en contra de lo que creemos de Dios.

CUANDO OCURREN COSAS MALAS

"El problema más difícil de manejar como cristianos es qué hacer cuando Dios no hace lo que me enseñaron que puedo esperar que haga; cuando Dios se sale del guion y no actúa del modo en que yo creo que debería actuar. ¿Qué hago en ese momento?".[2]

Esas son las preguntas difíciles con las que luchamos en la historia de Lázaro. ¿Por qué Jesús permitiría toda esa tristeza a una familia que lo amaba tanto? ¿Por qué retuvo su poder para sanarlo cuando ya había sanado a muchos otros?

No son cuestiones fáciles de comprender. No son realidades sencillas de soportar, y algunas de ustedes que están leyendo este libro han soportado más tragedias y dolor del que puedo imaginarme. Algunas han perdido hijos; otras han enfrentado ese diagnóstico que siempre temieron; otras más pasaron por un fracaso matrimonial y están solas haciéndole frente a la vida.

¿Por qué? No hay respuestas fáciles. El hecho es que, tal vez no sabremos el propósito que hay detrás de nuestro dolor hasta que nos veamos cara a cara con Jesús. Incluso ahí, no tenemos garantía de recibir explicación. Solo se nos da una promesa: "Él les enjugará toda lágrima de los ojos. Ya no habrá muerte, ni llanto, ni lamento ni dolor, porque las primeras cosas han dejado de existir" (Apocalipsis 21:4).

Porque vivimos en este mundo, atrapado en el viejo orden de las cosas, la tragedia golpeará nuestra vida. Es un hecho sencillo para los cristianos y los no cristianos. Perderemos a nuestros seres amados. Todos finalmente moriremos. Romanos 8:28 a menudo se distorsiona para que la idea sea "a aquellos que aman a Dios solo les pasan cosas buenas". Pero Pablo quería decir exactamente lo opuesto. En el siguiente párrafo, él enumera lo que podemos esperar que suceda en este mundo:

¿Quién nos apartará del amor de Cristo? ¿La tribulación, o la angustia, la persecución, el hambre, la indigencia, el peligro, o la violencia?... Pues estoy convencido de que ni la muerte ni la vida, ni los ángeles ni los demonios, ni lo presente ni lo por venir, ni los poderes, ni lo alto ni lo profundo, ni cosa alguna en toda la creación podrá apartarnos del amor que Dios nos ha manifestado en Cristo Jesús nuestro Señor (Romanos 8:35,38-39).

Las tribulaciones son reales. Las cosas malas ocurren por igual a las personas malas y a las buenas. Y los cristianos no escapamos a esta vida, como dice Pablo. Vencemos la vida: "En todo esto somos más que vencedores por medio de aquel que nos amó" (Romanos 8:37).

Esta promesa ancla nuestro inestable mundo a su reino inconmovible.

Y también lo hacen las lecciones de Lázaro. Porque, aunque la vida se puede sacudir, zarandear y rodar, la sólida verdad de Juan 11:5 permanece: "Jesús *amaba* a Marta, a su hermana y a Lázaro".

Amor. Esa es un ancla en la cual podemos confiar. Adelante, te animo a que escribas tu nombre en el espacio: "Jesús ama a _____".

El amor de Cristo por ti es al que te puedes aferrar, porque te sostendrá. Aunque tal vez no comprendas los métodos de Dios, nada cambia el hecho de que te ama.

Aun cuando parece demorar su intervención.

CUANDO EL AMOR DE DIOS SE DEMORA

El sentido común parece decir que Jesús dejaría cualquier cosa que estuviera haciendo al oír que Lázaro estaba enfermo, y que viajaría de inmediato a Betania. En cambio, cuando llegaron las malas noticias, "se quedó dos días más donde se encontraba" (Juan 11:6).

En retrospectiva, podemos ver el propósito de Dios con su tardanza. Después de todo, tenemos el relato del Evangelio y sabemos que todo terminó bien.

¿Pero qué pensaban Marta y María en ese momento? ¿Qué creían los discípulos?

¿Qué pensar acerca de mi vida, y de la tuya? ¿Qué hacemos cuando Dios no actúa o se mueve del modo que pensamos que debería hacerlo?

Si estamos prestando atención en esos momentos, entenderemos mejor la segunda lección que la historia de Lázaro tiene para enseñarnos:

- *El amor de Dios a veces se tarda para nuestro bien y para su gloria.*

Como humanos, buscamos motivos racionales para todo. Los judíos del tiempo de Jesús estaban especialmente interesados en los porqué y los paraqué de la vida. Por esa razón, cuando encontraron a un hombre que había nacido ciego, los discípulos querían saber enseguida qué había funcionado mal. "Rabí, para que este hombre haya nacido ciego, ¿quién pecó, él o sus padres?" (Juan 9:2).

Era una pregunta razonable. Después de todo, los maestros religiosos de ese tiempo creían en el principio de que "no hay muerte sin pecado, y no hay sufrimiento sin iniquidad", por lo que era una lógica conclusión pensar que detrás de la aflicción había un pecado. Tal vez el hombre había hecho algo malo en el vientre de su madre, o en un estado preexistente. Quizá se merecía esa ceguera. Incluso, tal vez era víctima inocente del pecado de sus padres.

La élite religiosa y también la gente común eran buenos en eso de analizar causa y efecto, como lo somos hoy en día. Queremos explicaciones para todo; queremos saber el porqué. Con una corta respuesta, Jesús arrancó los razonamientos y destrozó las filosofías basadas en la culpa. "Ni él pecó, ni sus padres —respondió Jesús—, sino que esto sucedió para que la obra de Dios se hiciera evidente en su vida" (vs. 3).

¡Cuánta esperanza debe haber sentido el ciego en su corazón al escuchar a Jesús pronunciar esas palabras! No era su culpa; no era víctima de la maldad de sus padres ni del mal karma. ¡Dios tenía un plan!

Con saliva y tierra, Jesús elaboró una compresa de barro y la colocó en los ojos del hombre, diciéndole que fuera a lavarse al estanque de Siloé. El hombre fue sanado y sus vecinos se asombraron. El Sanedrín trató de menospreciar el milagro, pero la tragedia de un ciego se convirtió en otro triunfo divino.

El hombre era ciego de nacimiento por causa de este mundo caído. Pero por causa de esa triste situación, Cristo fue glorificado.

No somos peones en una clase de tablero de ajedrez celestial, prescindibles y sin importancia. Somos amadas y celebradas. "¿No se venden cinco gorriones por dos moneditas?", nos recuerda amablemente Jesús en Lucas 12:6-7. "Sin embargo, Dios no se olvida de ninguno de ellos... No tengan miedo; ustedes valen más que muchos gorriones".

Aunque quizá nunca entendamos completamente por qué el amor de Dios algunas veces tarda, podemos estar seguras de que su amor siempre está obrando. Puede no moverse según nuestros planes, pero está a tiempo para darnos lo mejor. Él tiene nuestro bien en mente por siempre.

CONFIAR EN EL CARÁCTER DE DIOS

La tercera lección que la historia de Lázaro pone de manifiesto es:

- *Los métodos de Dios no son los nuestros, pero su carácter es confiable.*

En otras palabras, no entremos en pánico, aun cuando parece que la esperanza está completamente perdida. No podemos ver el final de la historia, pero podemos confiar en el Narrador.

Marta y María, sentadas junto al lecho de muerte de Lázaro, esperando que Jesús llegara, no podían aferrarse a nada, excepto al conocimiento que tenían del carácter de Jesús. Lo que sabían era suficiente para sostenerlos. Sabían que Jesús amaba a su hermano; sabían que tenía el poder para sanarlo; sabían que Jesús sabría qué hacer. Aunque deben haber luchado con el temor y la duda, creo que tenían la íntima certeza de que Jesús finalmente acomodaría todas las cosas.

Si estás luchando por aferrarte a algo en medio de tus abrumadoras circunstancias, permíteme recordarte que debes regresar a lo que ya sabes acerca de Dios. Abre tu Biblia y encuentra promesas a las que aferrarte, textos que revelen el corazón y la fidelidad de Dios. Recuérdate a ti misma que Dios es tu fuerza, que es la fuente de consuelo, que no te dejará caer, que te ama con pasión y que solo desea lo mejor para ti.

"Solo confiamos en aquellos a quienes conocemos. Si estás luchando por confiar en Dios, puede ser porque realmente no lo conoces", afirma Martha Tennison, popular conferencista de mujeres.

Ella ha experimentado esta verdad de primera mano. En el viaje de regreso a casa, luego de un fin de semana en un parque de diversiones, un conductor ebrio arremetió contra el bus que llevaba a setenta jóvenes de su iglesia. El trágico saldo fue la muerte de veintidós adolescentes y tres adultos en el infierno que resultó de un tanque de gasolina perforado. En las horas siguientes, Martha y su esposo pastor tuvieron que informar a las familias que los hijos y compañeros que amaban habían fallecido. El dolor fue insoportable. Una y otra vez, Martha acudía a la Palabra, clamando al Dios fiel que ella conocía.

"En las horas más difíciles, uno descubre en lo que realmente cree", dice Martha. "Descubres que el Dios que *conoces* es tu Señor de quien *sabes* que puedes aferrarte".[3]

Aun cuando la historia no sucede como tú esperas.

LECCIONES DE GRAMÁTICA DE DIOS

Mi experiencia en la gramática es irregular, cuando menos. Mi maestra de inglés de séptimo grado era una mujer encantadora, pero su corazón no estaba en elegir los pronombres correctos o en unir los participios sueltos. Así que, en vez de analizar oraciones y conjugar verbos, pasábamos las tardes pintando con acuarelas y cocinando suflés. ¡De veras! Hasta que al final de cada trimestre, era necesario aprobar inglés y no artes del hogar. Entonces nuestra maestra pegaba papelógrafos alrededor del salón con ciento cincuenta preguntas de gramática escritas prolijamente con marcador mágico. Era un examen a libro abierto. Nos animaba a mirar dentro de nuestros prístinos y casi nunca usados libros de gramática inglesa en busca de las respuestas. No había ejercicios hechos para ver si habíamos aprendido algo, solo información transferida desde el libro a nuestro cuaderno escolar.

Todos sacamos notas impresionantes. Pero no fue hasta la secundaria que aprendí para qué servían las preposiciones (o que nunca debías terminar una oración con una de ellas).

Me llevó un poco más de tiempo aprender las reglas de gramática de la escuela de Dios.

¿Cómo? ¿No sabías que Dios enseñaba gramática? Bueno, sí. Todo lo que debemos saber está deletreado en su Palabra, que es buena, porque el curso también tiene una prueba a libro abierto. Pero el Maestro no espera hasta el final del trimestre para imprimir las preguntas y pegarlas alrededor del salón. Dios nos permite verlas día tras día. Las preguntas surgen de nuestra vida y las respuestas se hallan en Él y en su Palabra.

Me pregunto qué sintieron Marta y María cuando finalmente recibieron noticias de Jesús. Habían estado esperando durante días, pero en vez del Maestro, la única persona que vieron llegar fue alguien con un mensaje que debe haberles sonado vacío: "Esta enfermedad no terminará en muerte".

Es difícil tener esperanza cuando la esperanza está muerta. Es difícil creer en las promesas de Dios cuando el cuerpo de tu hermano yace tendido en tu sala.

Sin embargo, los métodos de Dios no son los nuestros. Su narración a menudo no toma la dirección que nosotros esperamos. Y hasta su gramática no es la nuestra. Porque es contra este contexto de desesperanza que encontramos la regla gramatical número uno de Dios. Escucha con atención. Habrá una prueba.

• *Regla gramatical de Dios #1: Nunca pongas un punto donde Dios pone una coma.*

Con mucha frecuencia, según Ray Stedman, interpretamos las demoras de Dios como que se está negando a obrar en nuestra situación. Pero la historia de Lázaro nos dice que "una demora en la respuesta no es una señal de la indiferencia de Dios o de que no nos escucha. Es una señal de amor. La demora nos ayudará y nos hará más fuertes".[4]

Jesús podía haber pronunciado la palabra y haber sanado a Lázaro. Lo había hecho por el siervo del centurión romano (Mateo 8:5-13). Lo había hecho por la hija de la mujer sirofenicia (Marcos 7:24-30). Sin estar físicamente presente, Jesús había sanado por su palabra. Podría haberlo hecho también con Lázaro, como bien sabían Marta y María.

Pero los caminos de Dios no son nuestros caminos, y sus tiempos rara vez coinciden con los nuestros. Aunque Dios nunca llega tarde, yo descubrí que tampoco suele llegar temprano. Por eso es que debemos confiar en su plan tanto como en su carácter.

CeCe Winans escribe en su libro *On a Positive Note* [Siendo optimista]:

La fe trata sobre cómo vives en ese tiempo intermedio de tu vida, cómo tomas decisiones cuando no sabes con certeza que vendrá después. El desafío real de una vida de fe es lo que haces contigo entre la última vez que oíste a Dios y la próxima vez que lo oirás.[5]

Esperar cuatro días hizo que Jesús llegara tarde para una sanidad, pero justo a tiempo para una resurrección. Entonces, nunca pongas un punto cuando Dios pone una coma. Justo cuando piensas que la oración terminó, la parte más importante puede estar por venir. Simón Pedro aprendió la segunda regla gramatical de Dios de la manera más difícil. El discípulo con la boca en forma de calcetín porque solo la abría para meter la pata tenía buenas intenciones, pero cuando Jesús lo reprendió, captó el mensaje alto y claro.

• *Regla gramatical de Dios #2: Nunca pongas una coma cuando Dios pone un punto.*

A lo largo de los Evangelios, Jesús había hablado de su muerte. En Mateo 16:21 la Biblia nos dice que "comenzó Jesús a advertir a sus discípulos que tenía que ir a Jerusalén y sufrir muchas cosas a manos de los ancianos, de los jefes de los sacerdotes y de los maestros de la ley, y que era necesario que lo mataran y que al tercer día resucitara".

Pero Pedro no lo escuchaba. Tomó a su Maestro aparte y comenzó a reprenderlo. "¡De ninguna manera, Señor! ¡Esto no te sucederá jamás!", le dijo en el versículo 22.

Pedro probablemente pensó que estaba actuando con valentía, protegiendo y corrigiendo al Señor. Debe haberse sentido muy bien consigo mismo… hasta que Jesús reprendió la reprensión de Pedro.

"¡Aléjate de mí, Satanás!", le dijo en el versículo 23. "Quieres hacerme tropezar; no piensas en las cosas de Dios, sino en las de los hombres".

¡Auch! No todos los días el Señor te llama "Satanás", y cuando lo hace, debe doler. Pero si estás tratando de poner una coma donde el Señor desea poner un punto, no te sorprendas de que Jesús disuelva en el aire tus lindas burbujas. Porque cuando intentas soplar vida sobre algo que Dios quiere que muera, te vuelves una piedra de tropiezo para Cristo.

Hay momentos en la vida en que Dios escribe el final de un capítulo, y nos pide que le digamos adiós a algo o alguien que ha sido muy importante para nosotras. Puede ser un cónyuge, un padre o un amigo.

Puede ser un empleo que amamos, una ciudad que nos encanta, un prejuicio o suposición que asumimos como verdadero.

Los finales, en un sentido, son inevitables. Los caminos sin salida, las posibilidades fallidas y los muros infranqueables nos desilusionan. Cuando esos finales llegan, podemos intentar pelear contra ellos como Pedro le aconsejó a Jesús. O podemos aceptarlos, como Jesús hizo, ya que provienen del Padre.

Ceder el control

¿Alguna vez te aferraste al lápiz, para que Dios no siguiera escribiendo en las páginas de tu vida? Yo descubrí que el Señor es infinitamente bueno y paciente en su trato con nosotras, y nos mostrará cómo renunciar a nuestros derechos en busca de lo mejor que viene de Él. Si estás luchando en esta área, tal vez estos pasos te ayuden:

1. *Pídele a Dios que te ayude con tu disposición.* A veces este es el primer paso que se necesita. Si no puedes reunir toda la voluntad para cederle el control a Dios, entonces primero ora por un cambio de actitud.

2. *Reconoce que tienes un adversario.* Lo último que Satanás desea para ti es que te entregues por completo a Dios. Ora por la sabiduría y la fuerza que necesitas para no escuchar sus mentiras.

3. *Suelta de a una pieza a la vez.* A veces nos aferramos al control porque nos asusta que nos pida hacer cambios dramáticos para los que no estamos listas. Pero Dios, en su bondad, nos lleva al ritmo que podemos manejar. Si simplemente obedecemos lo que nos pide en ese momento, nos guiará al siguiente paso cuando estemos listas.

Lo he perdido todo, y lo tengo por basura,
para ganar a Cristo, y ser hallado en él.

FILIPENSES 3:8-9

Laura Barker Snow escribe algo hermoso sobre esos momentos:

Hija mía, hoy tengo un mensaje para ti; deja que te lo susurre al oído, que bañe de gloria cualquier nube de tormenta que pueda levantarse y que suavice los lugares ásperos sobre los cuales tienes que caminar. Es algo breve, son solo cuatro palabras, pero deja que se hundan en la profundidad de tu alma; úsalas como una almohada sobre la cual recostar tu cansada cabeza (…) Esto viene de MÍ.[6]

Y eso, por supuesto, nos conduce nuevamente a la verdad fundamental que está detrás de todas las lecciones gramaticales de Dios. El Padre sabe qué es lo mejor.

Sus puntos pueden no ser nuestros puntos. Sus comas pueden no ser nuestras comas. Sus métodos pueden no ser los nuestros. Pero nuestro Dios es el que escribe la historia, y podemos confiar en que llevará la narración en la dirección correcta. Podemos tener fe de que todo terminará bien.

Y esa es la misma fe que nos lleva a la próxima lección que la historia de Lázaro quiere enseñarnos.

EL DESARROLLO DE LA FE

La casa en Betania probablemente estaba llena de gente que estaba al tanto de la muerte de Lázaro. La fe judía consideraba que expresar comprensión y dar apoyo era un deber sagrado. El lamento era tan importante para los judíos que se había construido toda una industria en torno a ello. Si el difunto no tenía suficientes amigos para llorarlo, se contrataban plañideras que aseguraran un funeral adecuado. Y cuanto más fuerte fuera su llanto, mejor.

Pero Marta y María no tuvieron que contratar a nadie cuando Lázaro murió porque había abundantes dolientes, según nos dice Juan 11. Los amigos y familiares acudieron a apoyar a las hermanas en su luto, incluso viajaron desde lejos (versículo 19).

Eso significa que Marta una vez más tenía la casa llena de compañía cuando Jesús finalmente arribó a Betania. Pero cuando alguien trajo la noticia de que Él estaba llegando, fue Marta, no María, la que corrió a recibirlo. Los invitados, las tareas y todas las distracciones no importaban con tal de ver a Jesús.

Ella le salió al encuentro en alguna parte del camino de entrada a Betania, y con toda la honestidad y profunda angustia que la aquejaba, derramó su pena. "Señor, si hubieras estado aquí, mi hermano no habría muerto", le dijo entre sollozos.

Su respuesta fue natural y sentida. Y Marta agregó algo más, algo que encuentro notable, que revelaba cuánto ella había cambiado desde la última vez en que se habían visto. "Pero yo sé que aun ahora Dios te dará todo lo que le pidas", continuó (versículo 22).

Ya no la vemos como una mujer que trata de manipular a Dios. En vez de intentar reescribir la historia de la muerte de su hermano, en vez de poner una coma donde había un punto, o un punto donde podría haber una coma, Marta estaba depositando su vida y la de sus hermanos en las manos de Jesús.

"Haz lo que quieras", estaba diciendo. Pon el signo de puntuación que te parezca. Sea hecha tu voluntad.

Ese tipo de rendición y resolución ponen en marcha el milagro. Casi puedo ver la gloria del rostro de Jesús cuando le declaró su propósito a Marta ese día en el camino, fuera de su casa. "Yo soy la resurrección y la vida. El que cree en mí vivirá, aunque muera; y todo el que vive y cree en mí no morirá jamás. ¿Crees esto?" (Juan 11:25).

¡Qué preciosa debe haber sonado la respuesta de Marta a los oídos de Jesús! "Sí, Señor", le dijo, "yo creo que tú eres el Cristo, el Hijo de Dios, el que había de venir al mundo".

Yo creo. ¿Puede haber dos palabras más dulces que esas? En la grandiosa declaración de fe de Marta y los milagrosos hechos que sucedieron, encontramos la cuarta lección de la historia de Lázaro:

• *El plan de Dios se pone en marcha cuando creemos y obedecemos.*

Esta es una de las lecciones más emocionantes, porque significa que la historia de Dios, en un sentido, es interactiva. Somos parte integral de su proceso de escritura. Nuestra elección tiene protagonismo en el desarrollo del relato. Así como la desobediencia de Adán y Eva bloqueó el propósito de Dios, nuestra obediencia desata su plan. La fe y la obediencia van de la mano. Se necesita fe para elegir obedecer, y si tú eres igual que yo, se necesita obediencia para elegir la fe cuando estás temblando de miedo. Pero cuando Dios habla una promesa a nuestro corazón, podemos tomarla en serio. Eso fue lo que hizo Marta. Y al hacerlo, surgió la fe para ayudarla a dar el siguiente paso: obedecer lo que dice, aun cuando parezca completamente impráctico.

PODER DE RESURRECCIÓN

Para el momento cuando Jesús llegó a Betania, Lázaro llevaba cuatro días muerto y enterrado. Ese lapso de tiempo era importante para los judíos. "Muchos judíos creían que el alma quedaba cerca del cuerpo por tres días después de la muerte, con la esperanza de regresar. Si esta idea estaba en la mente de aquellas personas, obviamente pensaban que ya no había esperanza: Lázaro estaba irrevocablemente muerto".[7]

Durante siglos, los dos principales grupos de líderes religiosos judíos, los saduceos y los fariseos, habían discutido sobre la vida después de la muerte. Los saduceos decían que no había resurrección ni vida futura, que no había cielo ni infierno. La vida en la tierra era todo lo que había. Por su parte, los fariseos creían que había un futuro para los muertos; creían en la inmortalidad del alma, y la recompensa y retribución después de la muerte.

Pero ninguna de las dos sectas comprendía el concepto de resurrección. Ciertamente no el tipo de resurrección que estaban a punto de presenciar.

No puedo imaginar lo que cruzó por la mente de todos cuando Jesús pidió que la piedra fuera removida. Soltamos una risita al leer la versión de la *Nueva Traducción Viviente* de la respuesta de Marta: "Señor, debe haber un olor espantoso". Ella solo se atrevió a decir lo que seguramente todos estaban pensando. Había un cuerpo muerto detrás de esa roca, un cuerpo en descomposición. "¡Guácala!", como dice mi hijo.

Marta no estaba captando la idea, en realidad, nadie lo estaba. ¿Por qué rayos Jesús quería abrir la tumba de un hombre que llevaba cuatro días muerto? ¿Para darle el último adiós?

Verás, Marta tuvo fe para *lo que podría haber sucedido*: "Señor, si hubieras estado aquí, mi hermano no habría muerto" (Juan 11:21).

Tuvo fe para *lo que sucedería luego*: "Yo sé que resucitará en la resurrección, en el día final" (11:24).

Lo que ella necesitaba era la fe para *lo que estaba sucediendo en ese momento*: "¿No te dije que si crees verás la gloria de Dios?", le preguntó Jesús en el versículo 40.[9]

Y es la misma pregunta que nos hace Jesús hoy: "¿Lo crees?". La respuesta de fe de Marta fue inmediata, y su obediencia fue certera. "Entonces quitaron la piedra", nos cuenta el versículo 41. Y el resto es historia... una increíble, transformadora e inédita historia.

Porque cuando Jesús se paró afuera de la tumba y dijo: "¡Lázaro, sal fuera!", el infierno entero tembló. En cuestión de unas semanas, el poder de la muerte sobre la humanidad, pasada, presente y futura, sería completamente derribado. La oscura sombra de la muerte sería cubierta con una gloriosa luz. Y nunca más volveríamos a leer la historia de la vida eterna del mismo modo.

La lección final de la vida de Lázaro resuena hasta hoy:

• **El "fin" nunca es el fin; es solamente el comienzo.**

Cuando Jesús llegó tarde a Betania, su demora fue un acto de amor. Un regalo de perspectiva. Un presagio de misericordia, no solo para María, Marta y Lázaro, sino también para sus discípulos, para ti y para mí.

Jesús sabía que lucharíamos con el concepto de resurrección. Sabía que tendríamos dudas cuando su tumba quedara vacía. Sabía que habría teorías conspirativas y salas atestadas de personas deseando debatir la probabilidad de que una persona muerta regresara a la vida. Así que el Autor de nuestra fe, nuestro gran Dios Narrador, escribiría el prefacio de la resurrección de su Hijo con un acto que prefiguraría la resurrección. Cuando Jesús levantó a Lázaro de la muerte, enterró la mentira de Satanás de que la muerte es el final de todo.

La verdad de Lázaro y el secreto de la resurrección es este: si Jesucristo puede cambiar la muerte en vida, la tristeza en alegría y el sufrimiento en triunfo, entonces nada verdaderamente malo puede volver a tocar nuestra vida. Nada. Pueden suceder cosas desafortunadas, es cierto. Pueden venir dificultades, es verdad. Pero todo eso se vuelve excusa para una obra y gloria mayor.

Philip Yancey señala la cruz y la tumba vacía como puntos decisivos en la visión de las Escrituras sobre el sufrimiento: "Cuando los escritores del Nuevo Testamento hablan de tiempos difíciles, no expresan ni un poco de la indignación que caracterizó a Job, los profetas y muchos de los salmistas. No brindan una explicación real para el sufrimiento, sino que apuntan continuamente a dos sucesos: la muerte y resurrección de Jesús".[10]

Como resultado de la obra de Jesús en la cruz, Yancey afirma: "El patrón de los tres días —tragedia, oscuridad y triunfo— se convirtió para los escritores del Nuevo Testamento en un modelo que podemos aplicar a nuestros tiempos de prueba".[11]

Viendo en restrospectiva, de hecho, podemos notar que el patrón se repite a través de toda la historia de Dios. José lo experimentó, y también Job, aunque no lo entendió. Los discípulos lo sintieron. Y también nuestro Señor. La *tragedia* vendrá; también vendrá la *oscuridad*. Pero el *triunfo* nos aguarda a la vuelta de la esquina.

Esa es la lección que insinúa la resurrección de Lázaro, esa es la verdad que la resurrección de Cristo demuestra de manera triunfal.

Puede ser viernes, sugirió la tumba vacía de Lázaro.

Pero el domingo se aproxima.

UN CASCARÓN VACÍO

Philip no era como los otros niños de la iglesia. Aunque era simpático y feliz, luchaba con cosas que eras fáciles para otros niños. Además, se veía distinto y todos sabían que padecía el síndrome de Down. Su maestra de escuela dominical trabajó arduamente para hacer que toda la clase de tercer grado jugara con él, pero la discapacidad de Philip hacía que le costara encajar en el grupo.

Faltaban pocos días para la Pascua, y la maestra tuvo una maravillosa idea para su clase. Juntó varios huevos de plástico, de esos que son empaque de las pantimedias, y le regaló uno a cada niño. Luego, todos juntos salieron a ver el hermoso día de primavera.

"Quiero que cada uno encuentre algo que le recuerde la Pascua, una vida nueva", explicó la maestra. "Pónganlo en el huevo, y luego iremos dentro a compartir lo que cada uno encontró".

La búsqueda fue gloriosa. Fue confusa. Fue salvaje. Los chicos y chicas corrieron por todo el jardín de la iglesia recogiendo sus símbolos hasta que, finalmente, sin aliento, estaban listos para regresar al aula.

Abrieron uno y había una flor. Todos dijeron "ooohh" y "aaahh".

Abrieron otro y encontraron una mariposa. "¡Qué hermosa!", exclamaron las niñas.

Abrieron otro y cayó una piedra. Los chicos se rieron. "¿Una piedra?". El niño que la había encontrado dijo: "Sabía que todos ustedes iban a juntar flores, hojas y todo ese tipo de cosas, entonces agarré una piedra porque quería ser diferente. Eso significa la vida nueva para mí". Los niños rieron otra vez.

Pero cuando la maestra abrió el próximo huevo, el grupo quedó en silencio. "¡No hay nada allí!", dijo uno de los chicos. "Eso es estúpido", saltó otro. "Alguien no lo hizo bien".

Justo en ese momento la maestra sintió un tironcito en la blusa y se dio vuelta para ver a Philip parado junto a ella. "Es mío", dijo Philip. "Es mío".

Los niños dijeron a una voz: "Nunca haces nada bien, Philip. No hay nada en ese huevo".

"Lo hice yo, y lo hice bien. ¡Está vacío porque *la tumba está vacía!*" Se hizo otro silencio. Un silencio improbable para una sala llena de niños de ocho años. Y en ese momento ocurrió un milagro. Philip se volvió parte de esa clase de tercer grado de escuela dominical. Lo dejaron entrar. Fue libre de la tumba de la diferencia. A partir de ese día, Philip fue amigo del grupo.

Tres meses más tarde Philip murió. Desde que nació, su familia sabía que no viviría mucho tiempo. Una infección que la mayoría de los niños habría superado dejó a su cuerpo sin vida.

El día de su funeral, la iglesia estaba llena de gente que lamentaba la muerte de Philip. Pero ver a nueve niños y niñas de tercer grado entrando por el pasillo junto con su maestra de escuela dominical hizo llorar a todos.

Los niños no traían flores. En vez de eso, caminaron directo al altar y depositaron allí un huevo vacío. Un viejo cascarón de plástico, un huevo vacío que una vez había contenido una pantimedia.[12]

EL BUEN DIOS QUE LLORA CON NOSOTROS

Todos moriremos. Lázaro eventualmente murió. El pequeño Philip también. Y tú y yo también.

Pero nunca olvides que el final no es el final. Es solo el comienzo. Cuando pertenecemos a Jesús, simplemente dejamos atrás nuestro cascarón vacío y nos vamos a la gloria. "¿Dónde está, oh muerte, tu victoria?", escribe Pablo para recordárnoslo en 1 Corintios 15:55. "¿Dónde está, oh muerte, tu aguijón?".

Sin embargo, la muerte aguijonea, aun cuando sepamos bien que no es el final. Duele dejar atrás a la gente que amamos. Duele ser dejado atrás. Encontraremos muchas más heridas en nuestro camino a la tumba. A veces la historia de nuestra vida parece un episodio triste tras otro.

Y Jesús lo sabía.

Aunque Jesús sabía que Lázaro estaba a punto de ser resucitado, entendió el dolor de María y de Marta. Él hizo más que solo entenderlo:

lo sintió. Juan 11:35 nos dice: "Jesús lloró". La palabra para *lloró* denota una profunda tristeza con gran emoción.

Como Jesús amaba a esta familia de Betania, lloró; y también llora con nosotras. Aunque sabe el final triunfante, aunque conoce el final gozoso que nos espera a la vuelta de la esquina, va a lo profundo de nuestra alma y nos abraza fuertemente, fundiendo sus lágrimas con las nuestras.

Y esa, creo yo, es la esencia de la historia que Dios escribe en nuestra vida.

Hoy sufrimos; hoy no entendemos. Pero un día, en el mañana eterno, el mismo Salvador que llora con nosotras secará toda lágrima

Jesús conoce

La frase "Jesús lloró" es famosa por ser el versículo más corto de la Biblia, pero para mí el verdadero poder de ese pasaje de dos palabras es la reafirmación de que Jesús entiende qué es la vida para nosotros. No nos pide nada que no esté dispuesto a hacer Él mismo, y nos promete acompañarnos en todas las cosas que enfrentemos. Por ejemplo:

- *Jesús conoció la tentación*: "...y allí fue tentado por Satanás durante cuarenta días" (Marcos 1:13).
- *Jesús conoció la pobreza*: "Las zorras tienen madrigueras y las aves tienen nidos, pero el Hijo del hombre no tiene dónde recostar la cabeza" (Mateo 8:20).
- *Jesús conoció la frustración*: "...regó por el suelo las monedas de los que cambiaban dinero y derribó sus mesas. A los que vendían las palomas les dijo: '¡Saquen esto de aquí! ¿Cómo se atreven a convertir la casa de mi Padre en un mercado?'" (Juan 2:15-16).
- *Jesús conoció el cansancio*: "Jesús, fatigado del camino, se sentó junto al pozo" (Juan 4:6).
- *Jesús conoció la desilusión*: "¡Jerusalén, Jerusalén... Cuántas veces quise reunir a tus hijos, como reúne la gallina a sus pollitos debajo de sus alas, pero no quisiste!" (Lucas 13:34).

de nuestros ojos. Él desatará nuestras mortajas de la carne terrenal y nos hará libres. Algún día todas las piezas rotas encajarán en su lugar, y de repente entenderemos que la mano de Dios estuvo cubriéndonos todo el tiempo. Instantáneamente, el triunfo se tragará toda la tragedia y toda la oscuridad.

¡Qué final perfecto para nuestras historias imperfectas!

Eso es el amor de nuestro Maestro, nuestro gran Dios Narrador.

- *Jesús conoció el rechazo*: "Desde entonces muchos de sus discípulos le volvieron la espalda y ya no andaban con él" (Juan 6:66).
- *Jesús conoció la tristeza*: "Es tal la angustia que me invade, que me siento morir" (Mateo 26:38).
- *Jesús conoció el ridículo*: "Y lo golpeaban en la cabeza con una caña de junco, le escupían y se ponían de rodillas para adorarlo burlonamente" (Marcos 15:19 NTV).
- *Jesús conoció la soledad*: "Dios mío, Dios mío, ¿por qué me has abandonado?" (Mateo 27:46 NTV).

Porque no tenemos un sumo sacerdote incapaz de compadecerse de nuestras debilidades, sino uno que ha sido tentado en todo de la misma manera que nosotros, aunque sin pecado.

HEBREOS 4:15

9

El corazón enseñable de Marta

Si se mantienen fieles a mis enseñanzas, serán realmente mis discípulos;
y conocerán la verdad, y la verdad los hará libres.

JUAN 8:31-32

❧

"No se requiere experiencia. Nosotros te entrenaremos", decía el aviso. Parecía como si buscaran empleados para el turno nocturno en un McDonalds, excepto que este aviso aparecía en las páginas de uno de los periódicos de negocios más importantes de los Estados Unidos.

Después de décadas de un capitalismo voraz, parece que las compañías de Fortune 500 están comenzando a buscar una nueva clase de empleados. Aunque los títulos siguen siendo importantes, muchas empresas están buscando cualidades más personales en sus empleados. "¿Cómo interactúas con otros?", preguntan. "¿Trabajas en equipo?".

Lo que desean saber: ¿eres enseñable?

Las empresas ahora están ignorando los currículos demasiado floridos, pasan por alto a los cazadores de talentos y van directo a los campus de las universidades para reclutar su fuerza de trabajo. ¿Por qué? "Gastamos más tiempo y dinero 'desentrenando' a la gente de lo que gastaríamos entrenándolos en primer lugar", reconoció un ejecutivo en un programa de entrevistas. "No necesitamos sabelotodos, solo precisamos gente que esté dispuesta a aprender".

UN CORAZÓN DISPUESTO A APRENDER

Si Jesús hubiera publicado un aviso clasificado en el *Jerusalén Post* al comienzo de su ministerio hace dos mil años, creo que se habría parecido en gran medida a ese anuncio del que hablamos. "No se requiere experiencia. Nosotros te entrenaremos". Jesús no estaba tan interesado en encontrar personas capacitadas como en detectar gente disponible. Estaba en busca de corazones enseñables.

Quizá por eso dijo: "Dejen que los niños vengan a mí, y no se lo impidan, porque el reino de los cielos es de quienes son como ellos" (Mateo 19:14). Los niños aprenden rápido, principalmente porque no tienen ideas preconcebidas que les impiden escuchar y recibir nuevas ideas.

Tal vez por eso mismo, llamó a un grupo tan diverso de hombres para que lo acompañaran, en vez de un puñado de religiosos arrogantes. Las mentes de los educados escribas y fariseos de Israel estaban cargadas de percepciones falsas y planes humanos; le habría llevado años reprogramar su pensamiento conforme al pensamiento de Dios. Entonces, Jesús escogió a hombres sin currículo, sin educación formal, sin experiencia en el trabajo evangélico.

Para el resto del mundo, eran mediocres. Gente algo sucia, sin instrucción y hasta toscos. Pero Jesús vio en ellos exactamente lo que necesitaba: seguidores con el potencial para la transformación.

Lamentablemente, aunque aplaudimos el pensamiento de transformación, a veces no apreciamos el proceso que se requiere para llegar allí. Ser transformadas quiere decir que debemos cambiar, y el cambio a menudo nos duele. Como escribe Paul W. Powell: "Dios está más preocupado por nuestro carácter que por nuestra comodidad. Su objetivo no es consentirnos físicamente, sino perfeccionarnos espiritualmente".[1]

Creo que esa es la razón por la que Jesús decidió confrontar la actitud de Marta luego de su pequeño berrinche acerca de la ayuda en la cocina, en Lucas 10. Había más en juego en ese incidente de lo que parece. En el arrebato de Marta, Cristo pudo ver una falla que llegaba hasta lo profundo de la psiquis de la mujer, hasta donde se encontraba su identidad. Marta pensaba que ella tenía valor porque era productiva y Jesús quería que aprendiera que tenía valor simplemente porque era suya.

Estoy segura de que los sentimientos de Marta deben haberse lastimado ante la reprimenda de Jesús. Después de todo, a ninguna de nosotras nos gusta que nuestros estallidos queden expuestos. No me sorprendería que hubiera habido un momento en que Marta fue tentada a recoger su ego lastimado y marcharse dando un portazo. Ella sabía cuando no la apreciaban. ¡Que se cocinen su propia comida, entonces sabrán cuánto había estado trabajando para ellos!

¿Eres enseñable?

Considera las siguientes oraciones para darte una idea de tu coeficiente de receptividad a la enseñanza. Responde "S" para indicar "siempre"; "A" para indicar "a veces" y "N" para indicar "nunca".

	S	A	N
1. Me siento cómoda pidiendo consejos.			
2. No me cuesta admitir cuando estoy equivocada.			
3. Me gusta leer para obtener información, no para escapar.			
4. Soy capaz de recibir una crítica sin sentirme herida.			
5. Disfruto escuchando los pensamientos y opiniones de los demás sin sentir la necesidad de expresar las mías.			
6. Cuando leo algo en la Biblia, enseguida pienso en maneras de aplicarlo.			
7. Me gusta tomar notas en las clases bíblicas y en la iglesia.			

Sin embargo, Marta se quedó por ahí y escuchó a Jesús. Y si queremos ser sus discípulas, nosotras debemos estar dispuestas a hacer lo mismo. Aun cuando sus palabras choquen con nuestra voluntad.

ATRAVESADO EN MI CORAZÓN

Mi mente estaba perturbada esa mañana fría cuando llevé a los niños a la escuela, hace algunos años. Nubes furiosas congestionaban el cielo mientras yo luchaba por encontrar el camino entre las aceras cubiertas de nieve. El aguanieve del día anterior se había endurecido hasta formar un enorme y helado surco que hacía que mi camioneta se deslizara

	S	A	N
8. Soy capaz de estar en desacuerdo con alguien sin sentir que tengo que discutir el tema.			
9. Estoy dispuesta a mirar todas las facetas de una situación antes de formarme una opinión.			
10. Prefiero ser justa que siempre tener razón.			

Otórgate tres puntos por cada respuesta "S", dos puntos por cada "A" y cero puntos por cada "N". Luego suma el puntaje. Si sacaste de 24-30 puntos, vas bien en tu camino de tener un corazón enseñable. Si obtuviste entre 15-23, ¡sigue así! Definitivamente puedes entrenarte para hacerlo mejor. Si sacaste 0-14, necesitas orar por tu coeficiente de docilidad a la enseñanza, porque descubrirás que un corazón enseñable es uno de los mayores tesoros de la vida.

Aférrate a la instrucción, no la dejes escapar;
cuídala bien, que ella es tu vida.
PROVERBIOS 4:13

de un lado a otro. Tuve que esforzarme para mantener firme el volante. Pero la verdadera lucha esa mañana estaba dentro de mí. "¡Vaya imagen de mi vida!", pensé, tratando de ver el paisaje gris detrás del parabrisas cubierto de hielo. Oscuro. Temible. Congelado. Unos meses antes, había surgido un malentendido entre una querida amiga y yo, y nada de lo que había intentado había funcionado. Cometí un error y luego me disculpé. ¿Por qué no me perdonaba? Los surcos mentales de la circunstancia congelada sacudían mis emociones de un lado para otro, arrancándome el gozo y la paz, y dejándome vacía, dura y hundida.

La dulce voz de mi hija Jessica provenía desde el asiento trasero; cantaba una popular canción cristiana que escuchábamos en la radio. Su voz combinaba bien con la suave vibración de la cantante, que preguntaba: "¿Jesús alguna vez se atravesó en tu corazón?".

Las palabras me resultaban extrañamente familiares. Hacían eco con las que había pronunciado el día que juzgué a mi amiga. "Bueno, supongo que a la gente se le cae la máscara cuando te atraviesas en su camino", le había dicho a mi esposo en un momento de ira. Pero ahora sentía que el Espíritu Santo traía mis propias palabras como un farol iluminando la oscuridad de mi alma.

"¿Y qué hay acerca de ti, Joanna?", sentí que el Señor me provocaba suavemente. "¿Qué produjo este incidente en ti?".

Lo que Él me mostró no era lindo. Había cosas en mi vida que había dejado sin resolver, temas importantes que me rehusaba a atender. Pero era tiempo de enfrentarlos, y lo sabía. Para mí, el simple hecho de que estaba lista ilustra una de las cosas más bellas que aprendí sobre mi Señor.

Jesús sale de su camino a preparar mi corazón para escuchar y aprender. Espera hasta que llegue el momento cuando estoy más preparada para obedecer. Y aunque lo rechace, su reprensión es amable. Me enamora y al mismo tiempo me desarma, haciendo que mi corazón se abra y esté listo para cambiar.

Si aún no has experimentado este tierno aspecto de la disciplina de nuestro Salvador, ¿puedo sugerirte que pases un poco más de tiempo a su lado en la sala ? Porque cuando estás ocupada en la cocina, la reprimenda suena dura y demandante, como una tarea más a cumplir. Pero cuando escuchas desde la sala, oyes el amor en la voz de Dios y suena como vida a tu alma.

Allí es donde Marta lo encontró. En la sala. Ella recibió la reprimenda de su Salvador, y nosotras somos testigos de su cambio interior. En vez de exaltarse a sí misma contra Dios, se humilló, al hallar la verdad de las palabras del rey Salomón: "Más vale ser reprendido con franqueza que ser amado en secreto. Más confiable es el amigo que hiere que el enemigo que besa" (Proverbios 27:5-6).

Especialmente si ese amigo es Jesús.

APRENDER O NO APRENDER

—¿Mami? —la mirada de John Michael estaba oscura y seria. Como el niño brillante que era (¡por supuesto!), mi hijo de doce años tenía una mente en constante movimiento, explorando y, ocasionalmente, mezclando las palabras.

—Sí, Michael —le respondí.

—Estaba pensando… La gente que es muy pobre… —comenzó a decir lentamente— viven en *pubertad*, ¿no es cierto?

Como te podrás imaginar, amablemente le corregí el error, y luego tuvimos una charla muy interesante sobre el problema de la gente que muere de hambre en el mundo.

Está bien, eso es lo que debería haber sucedido.

En cambio, estallé en risa.

—¡¿Pubertad?! —pregunté intentando mantener mi voz baja— ¿Querrás decir pobreza?*

—Sí. Eso. ¿Y yo qué dije?

Le expliqué la diferencia entre las dos palabras y nos reímos. De hecho, descubrimos una palabra en código para usar en su adolescencia inminente.

---

* N. de la T.: En inglés los términos utilizados para pobreza (poverty) y pubertad (puberty) suenan muy similares.

—Creo que me salió una espinilla —dijo unos días después cuando estaba frente al espejo del baño inspeccionando un bultito blanco en su mentón.

—Muy bien Michael —era su primera manifestación visible de la edad. Con unas palmaditas en la espalda, lo felicité—. Finalmente estás entrando a la "pobreza".

Momentos aprendizaje. Esos tiempos en la vida cuando la verdad salta nos brindan la oportunidad de crecer. Aprender o no aprender, esa es la cuestión. Porque cuando somos corregidas, reprendidas o disciplinadas, tenemos una elección. Podemos recibirlo o rechazarlo.

John Michael pudo haberse ofendido por mi desconsideración con sus sentimientos ante su error de vocabulario. Pudo haber salido por la puerta muy molesto. Pero eligió recibir mi instrucción con buen humor, y al recibirla, también eligió abrir la puerta para una charla de madre e hijo sobre un tema del cual no es sencillo hablar.

En cuanto a mí, recibí una lección muy necesaria sobre no tomarme a mí misma tan a pecho. Michael me enseñó a reírme y aprender de mis errores en vez de tratar de ocultarme de ellos.

El punto es que todas nos confundimos algunas veces. La mayoría somos rápidas para admitir que no somos perfectas, siempre y cuando no tengamos que hablar de temas específicos. Pero cuando alguien nos señala un defecto, no guardamos tanto la calma y, a diferencia de mi buen hijo, probablemente tampoco nos reiríamos de la crítica. En cambio, es más probable que nos vayamos echando humo de la cólera. O nos ponemos a la defensiva y disparamos con nuestra boca en un intento por derribar los argumentos que nos presentan. "Eso no es cierto", decimos, enumerando las razones. Cuando eso no funciona, cambiamos a modo de ofensiva y enumeramos con lujo de detalles las faltas de la persona que se atrevió a intentar enseñarnos algo. "¡Quítate la viga de tu ojo!", gritamos, y luego corremos a resguardarnos.

Pero Martha no actuó de ese modo cuando Jesús la corrigió ese día en la sala. O al menos pienso que no lo hizo.

Cuando Él le hizo la observación: "Estás inquieta y preocupada por muchas cosas… María ha elegido la mejor parte, y nadie se la quitará", no relata que Marta haya argumentado. No masculla una respuesta entre dientes. En efecto, todo el incidente acaba con las palabras de la reprensión de Jesús.

La Biblia no nos cuenta cómo reaccionó Marta, pero estoy convencida de que recibió la enseñanza de Jesús con humildad para aprender. Creo que Marta tenía un corazón enseñable, porque ninguna otra cosa podría explicar su misteriosa transformación en la Marta de Juan 11 y 12.

En esos dos capítulos vemos a una mujer completamente diferente de la que habíamos visto por última vez en Lucas 10:38-42. Es cierto, todavía era un poco insistente, algo impaciente y más práctica de lo conveniente. Pero como hemos visto, también había una tierna vulnerabilidad que antes no existía. Una nueva fe. Una nueva clase de intimidad con Jesús que solo se obtiene al recibir y aplicar la corrección de parte de Dios.

Ya mencionamos la transformación de Marta en las "Lecciones de Lázaro". Pero me gustaría enfocarme en los cambios que vemos en Juan 11, porque ellos pintan el cuadro de una mujer transformada por haber tenido un corazón enseñable. En primer lugar, Marta dejó una casa llena de invitados y corrió a recibir a Jesús. Ella era una mujer que estaba obsesionada con atender a la gente. ¿Qué la haría dejar su casa llena de gente?

Más extraño todavía es el hecho de que Marta era probablemente la mayor y estaba acostumbrada a ser la más fuerte de todos. Ella había mantenido unida a la familia, y en medio de su terrible dolor, seguramente habría sentido la necesidad de mantenerlos juntos. Pero cuando Jesús llegó a Betania, en vez de vigilar el fuerte, Marta hizo sus obligaciones a un lado y corrió a encontrarse con el Maestro.

"Señor —le dijo Marta a Jesús—, si hubieras estado aquí, mi hermano no habría muerto" (Juan 11:21). Sus palabras destilaban pena y confusión. María se uniría a su dolor unos momentos más tarde, usando exactamente las mismas palabras. Sin pausa, agregó: "Pero yo sé que aun ahora Dios te dará todo lo que le pidas".

Fe. Lo que es diferente. En vez de lloriquear como un niño, exigiendo que Jesús hiciera las cosas a su manera, Marta proclamó fe en que Él podría hacer lo que fuera necesario. La Marta contenciosa había desaparecido. Esta vez ella no le ordenaba a Jesús que hiciera ninguna cosa. Más bien, con humildad le otorgaba la autoridad y el espacio para decidir lo que era mejor.

Fue a este corazón abierto y enseñable que Cristo se reveló en toda su gloria. "Yo soy la resurrección y la vida. El que cree en mí vivirá... ¿Crees esto?", le preguntó Jesús a Marta en Juan 11:25-26.

"Sí, Señor; yo creo que tú eres el Cristo, el Hijo de Dios, el que había de venir al mundo" (11:27).

Los estudiosos indican que esta es una de las más increíbles declaraciones de fe de todas las Escrituras, porque va directo a la misma esencia de quién fue y es Jesús. Y esta lúcida proclamación no vino de la contemplativa y sensible María, sino de la organizada y atareada, pero enseñable, Marta.

Marta, quien ya no estaba cegada por la duda y el interés personal, era una mujer cuyos ojos estaban abiertos. Sabía quién era Jesús: no era solo un buen hombre o un maestro fascinante, sino el mismísimo Hijo de Dios. Ella lo proclamó como el Cristo, su Mesías.

Pero más allá de la comprensión teológica de Marta, encuentro en el versículo 8 el cambio más dulce de todos: "Dicho esto, Marta regresó a la casa y, llamando a su hermana María, le dijo en privado: 'El Maestro está aquí y te llama'".

¡Espera un momento! ¿Qué pasó con la rivalidad entre hermanas que vimos en Lucas 10? El resentimiento ha desaparecido. Toda forma de competencia se ha ido. Marta podía sentir no solo por ella sino por su hermana. Y en este caso, en vez de sacar a María de los pies de Jesús, Marta la llevó allí.

Claramente no es la misma mujer que vimos antes en la casa de Betania. La ansiosa y demandante Reina de Todo se marchó. Esta es la clase de corazón transformado que todas deseamos tener, pero pasamos nuestra vida preguntándonos cómo lograrlo.

Creo que recibimos un nuevo corazón del Señor en la misma forma en que lo hizo Marta: siendo enseñables. Y ser dóciles a la enseñanza, en esencia, involucra tres cosas:

- estar dispuestas a escuchar
- actuar sobre lo que escuchamos
- responder a la disciplina.

¿TIENES OÍDOS?

"Escucha, Israel: El Señor nuestro Dios es el único Señor". Cada mañana durante miles de años, los judíos piadosos han recitado Deuteronomio 6:4. El versículo da inicio a la *Shemá*, su principal confesión de fe, que instruye a los judíos: "Ama al Señor tu Dios con todo tu corazón y con toda tu alma y con todas tus fuerzas" (6:5). *Shemá*. El término hebreo significa "oye tú". Y es una palabra para nosotras también. Las Escrituras contienen una gran verdad; son palabras poderosas que cambian vidas, si tan solo estamos dispuestas a *shemá*, si estamos dispuestas a oír.

Lamentablemente, parece que al pueblo de Dios siempre le ha costado escuchar. Quizá sea hereditario. Una y otra vez en el Antiguo Testamento leemos sobre los intentos de Dios para comunicarse con sus hijos rebeldes y con problemas de audición.

Yo les di la información, pero ustedes no obedecieron. Se rebelaron contra la orden del Señor y temerariamente subieron a la región montañosa. (Deuteronomio 1:43)

El Señor les envió profetas para que los exhortaran a volver a él, pero no les hicieron caso. (2 Crónicas 24:19)

Por años les tuviste paciencia; con tu Espíritu los amonestaste por medio de tus profetas, pero ellos no quisieron escuchar. Por eso los dejaste caer en manos de los pueblos de esa tierra. (Nehemías 9:30)

No es difícil detectar el patrón aquí. Casi desde el comienzo de los tiempos, el pueblo de Dios frustró el plan trasformador del Señor rehusándose a escuchar. Negándose a sintonizar con Él. Nosotras hacemos lo mismo cuando nos negamos a prestar atención a la voz del Espíritu en nuestra vida.

Algunas veces la renuencia a escuchar es deliberada; no queremos enfrentar lo que pensamos que Dios puede querer decirnos. A veces pienso que es más inconsciente; vivimos en un estado de negación porque simplemente no podemos manejar las demandas que el Señor podría hacernos.

¿Cómo te habla Dios?

Si bien sabemos que Dios habla claramente a lo largo de la Biblia, muchas estamos inseguras de poder escucharlo en nuestro espíritu. "¿Cómo te habla Dios a ti?", le preguntó alguien a la escritora y predicadora Carole Mayhall. Encuentro que su explicación es inmensamente práctica y útil.

Para mí, Él me habla con una impresión muy perceptible en mi corazón. Nunca me habló en voz audible, pero algunas veces el pensamiento que pone en mi corazón es tan vívido, que tal vez lo haya hecho. Muchas veces es solo un pensamiento o idea que destella en mi mente y sé que viene de parte de Él...

A veces un pensamiento surge en mi mente, de una manera tan distinta a lo que yo puedo pensar, o tan creativa que nunca se me hubiera ocurrido, o es algo contrario a lo que yo *quisiera* que Dios me dijera. Cuando eso sucede, y está en línea con la Palabra de Dios, sé que he escuchado su voz de forma claramente distintiva.

Oro a menudo que pueda oír su voz con más frecuencia y claridad. Y cuando no la oigo, sé que Él no ha dejado de hablar, sino que es probable que yo haya dejado de escuchar.[2]

Mis ovejas oyen mi voz; yo las conozco y ellas me siguen.

JUAN 10:27

Algunas veces por conveniencia dejamos que la voz de Dios se ahogue en medio de la confusión de nuestra cotidianidad; evitamos escucharlo ocupándonos en mil cosas que nos impiden orar o leer la Biblia. Es como si fuéramos esas hijas caprichosas que nos tapamos los oídos, zapateamos y tarareamos en voz alta como para no oír lo que nuestros padres intentan decirnos.

Sin importar cómo lo hagamos, el resultado es el mismo. Cuando nos negamos a escuchar al Señor, lo silenciamos. Le negamos la oportunidad de enseñarnos, de transformar nuestra vida y obrar a través nuestro para transformar al mundo.

Seguramente esta es la razón por la que Jesús le da tanto valor a la escucha. Una y otra vez, el clarín de Jesús anuncia los Evangelios, haciendo eco de las palabras de la *Shemá*: "El que tenga oídos, que oiga". Y ocho veces en Apocalipsis, Jesús instruye a su Novia, la Iglesia, a escuchar: "...que oiga lo que el Espíritu dice a las iglesias".

Y no nos confundamos, el Señor sigue hablando hoy. A través de las Escrituras. A través de las circunstancias. En nuestro corazón, por la voz del Espíritu Santo. Podremos escucharlo si abandonamos nuestra rebelión y rechazo. Podemos oír su voz, y cuando prestemos atención, Él nos enseñará.

Los que tenemos oídos... escuche y prestemos atención.

HACER LO QUE JESÚS DICE

Por supuesto que escuchar la voz de Dios no es suficiente. La Biblia lo deja bien claro. El poder transformador de Dios en nuestra vida es liberado cuando escuchamos y *actuamos* de acuerdo con lo que hemos oído.

De hecho, la misma renuencia que tenemos para aplicar la verdad de Dios a nuestra vida, en realidad nos impide escuchar su voz en el futuro. El pecado bloquea nuestros oídos espirituales del mismo modo que la cera tapa los oídos físicos. Cuando eso ocurre, parecería que estamos oyendo, asentimos con nuestra cabeza y decimos sí, pero no comprendemos nada. Las personas que tienen los oídos tapados "siempre están aprendiendo", escribe Pablo en 2 Timoteo 3:7, "pero nunca logran conocer la verdad".

Lo triste es que podemos acostumbrarnos tanto a la voz de Dios que ya no nos conmueve. Podemos ser como el pueblo del que Dios nos advirtió a través de su profeta en Ezequiel 33:31-32:

> Y se te acercan en masa, y se sientan delante de ti y escuchan tus palabras, pero luego no las practican. Me halagan de labios para afuera, pero después solo buscan las ganancias injustas. En realidad, tú eres para ellos tan solo alguien que entona canciones de amor con una voz hermosa, y que toca bien un instrumento; oyen tus palabras, pero no las ponen en práctica.

Suena terriblemente familiar, ¿no es cierto? También suenan así las incisivas palabras de Santiago, el hermano de Jesús: "No se contenten solo con escuchar la palabra, pues así se engañan ustedes mismos. Llévenla a la práctica" (Santiago 1:22).

Ya hablé bastante sobre la obediencia en este libro, principalmente porque creo que es un ingrediente esencial en la intimidad con Dios y la llave para tener un corazón como el de María. Y exactamente sobre obediencia es de lo que estamos hablando aquí. O tomamos las palabras de Jesús en serio y *cambiamos*, o apenas las escuchamos y las ignoramos. Y sinceramente, ignorar la voz de Dios es peor que no haberla escuchado, especialmente si decimos que lo amamos.

Cuando mis hijos se empeñan en no escucharme, quisiera citarles las palabras que Jesús usó en Juan 14:21, "Los que aceptan mis mandamientos y los obedecen son los que me aman" (NTV). *No me digan que me aman*, quiero decirles cuando vienen a suplicarme que los deje ver los dibujos animados, si ya les dije que deben limpiar sus habitaciones. *Obedezcan mis mandamientos*.

Jesús no ahorra palabras con nosotras. Va al grano de lo que realmente importa en nuestra vida. Mete el dedo en la llaga, en los espacios infectados por el pecado que tanto tratamos de ocultar. Señala nuestras habitaciones desordenadas y dice: "Haz esto y vivirás". Porque si queremos vivir, tendremos que obedecer.

Oswald Chambers ha iluminado mi vida en muchas maneras, pero quizá ninguna tan penetrante como esta simple verdad acerca de la importancia de la obediencia:

> Todas las revelaciones de Dios están selladas hasta que las abramos por medio de la obediencia (…) Obedece a Dios en aquella cosa que Él te muestre e instantáneamente se abrirá la próxima revelación (…) Dios nunca revela una nueva verdad sobre sí mismo hasta que hayas obedecido lo que ya sabes.[3]

Desafortunadamente, a menudo es más fácil hablar de obediencia que hacer algo al respecto. Seccionamos y analizamos la verdad de Dios, la debatimos y filosofamos acerca de ella; hacemos de todo, excepto permitirle que afecte nuestra vida.

"¿Qué quiso decir Jesús en realidad?", nos preguntamos unas a otras mientras meditamos en las duras palabras de Jesús que escuchamos en el estudio bíblico del miércoles por la noche. "Seguramente no quiso decir que debemos vender todo lo que tenemos y dárselo a los pobres", concluimos, y luego seguimos explicando por qué interrumpimos nuestra obligación de generosidad hasta que terminemos de pagar nuestro lujoso auto último modelo.

Es un ejemplo extremo, por supuesto. Pero creo que hay algo en lo profundo de cada una de nosotras que se rebela contra la autoridad de Dios. Algo profundo que insiste en hacer las cosas a nuestro modo. Y eso es tan cierto ahora como lo fue cuando Eva se resistió a Dios en el jardín del Edén, cuando los hijos de Israel ignoraron las advertencias de los profetas y cuando los judíos entregaron a Jesús para ser crucificado.

Y así, la pregunta de Pilato a los judíos sigue siendo válida para nosotras: ¿Qué harán con este hombre? Porque conocerlo es oír sus palabras y obedecerlas con amor, de lo contrario no lo conoceremos en absoluto.

Kathleen Norris, autora de *Amazing Grace: A Vocabulary of Faith* [*Sublime gracia: El vocabulario de la fe*], describe un simple intercambio que le imprimió esta realidad y cambió su vida. El grupo de mujeres de su iglesia le había pedido que liderara un estudio bíblico sobre el anticristo, una tarea para la cual se sentía incapaz. El paquete de libros de estudio le proporcionó un cierto alivio pero no mucha ayuda práctica, declarando que incluso San Agustín se había dado por vencido sobre el tema, y alegando que estaba fuera de su alcance.

Así que Kathleen fue en busca de su pastor para que la ayudara. "Rápidamente resumió y descartó la tendencia que los cristianos tienen de siempre identificar al anticristo con sus enemigos personales, o con aquellos que están en el poder y a quienes tienen buenas razones para detestar. Es una tentación en la que caemos fácilmente", cuenta Norris. "En nuestro propio siglo, el anticristo ha sido relacionado con Adolfo Hitler, Joseph Stalin y Pol Pot"; Yo agregaría a todos los políticos con quienes por casualidad estamos en desacuerdo.

Norris concluye con la declaración final de su pastor, un pensamiento tan simple que se quedaría en su cabeza para siempre: "Cada uno de nosotros actúa como el anticristo cada vez que escucha el Evangelio y no lo obedece".[4]

RECIBIR LA REPRENSIÓN

¿Qué sucede cuando nos negamos a escuchar a Dios y actuar según lo que nos dice?

La Biblia es clara en que Dios, como cualquier padre amoroso, administrará la apropiada corrección en nuestra vida. "Pues el Señor corrige a los que ama, tal como un padre corrige al hijo que es su deleite" (Proverbios 3:12 NTV).

El nivel de disciplina que recibamos depende, en buena medida, de nuestra capacidad de ser enseñadas. Cuando mi madre era pequeña, todo lo que su padre tenía que hacer era mostrarle su desaprobación y al instante ella estaba en sus brazos, llorando, pidiéndole perdón. No es necesario decir que mi padre tuvo que hacer un poco más de esfuerzo con su hija mayor. No solo me criaron bien, sino que me propinaron unas cuantas "nalgadas"*, y bastante a menudo, ahora que lo pienso. Espiritualmente es igual. Si somos enseñables, enseguida llegamos a la obediencia. Como consecuencia, el nivel de disciplina que deben aplicarnos es considerablemente menor, incluso a veces sin dolor. Pero si no, si rechazamos la corrección de Dios, el nivel de disciplina aumenta en severidad (algo así como mis nalgadas). No porque Dios sea despiadado, sino porque nuestro corazón es rebelde. Nuestro amoroso Padre hará todo lo que sea necesario para quebrar esa rebelión antes de que ella nos quiebre. Incluso si eso significa darnos un "tiempo a solas para pensar" (como tener que esperar por algo que deseamos mucho), retenernos los juguetes (como la computadora nueva que se acaba de romper) o permitir que alguna aflicción se cruce en nuestro camino.

"Antes de sufrir anduve descarriado, pero ahora obedezco tu palabra", escribe el salmista en Salmos 119:67. Antes de pensar que Dios es cruel, sigue leyendo. Este no es un niño tembloroso, abusado. Es un hijo castigado, quien como yo, puede mirar atrás y decirle a su Padre con toda seguridad: "Tú eres bueno, y haces el bien; enséñame tus decretos" (Salmos 119:68).

Jesús fue claro en su corrección a Marta. Sus palabras fueron amables, pero apuntaron directo al corazón de sus deficiencias. Y Marta prestó atención; era enseñable. Todo lo que se precisó fue la tierna represión de quien ella amaba. Jesús no tuvo que convencerla. Ella no entró en un debate; simplemente aceptó sus palabras, aunque estoy segura de que le dolieron.

Marta conocía el secreto que finalmente aprende cada hijo que ha sido disciplinado con amor: no deberías huir de tu papá. Aunque la corrección duele y la represión lastima, hay gran recompensa. Hebreos 12:11 nos dice: "Ciertamente, ninguna disciplina, en el momento de recibirla, parece agradable, sino más bien penosa; sin embargo, después

---

*N. de la T. En inglés la palabra *rear* (criar) se emplea también para hacer referencia a las nalgas o la parte trasera.

produce una cosecha de justicia y paz para quienes han sido entrenados por ella".

Yo, por mi parte, estoy increíblemente agradecida por la disciplina que me dieron mis padres. Lejos de tildarlos de "abuso infantil", los llamo benditos. Por su diligencia en corregir mis errores en la niñez, tengo menos tentaciones con las que lidiar en mi vida adulta. Por una parte, no soy tentada a robar desde que mi madre me hizo regresar a la tienda Buttrey's a los cinco años y devolver la golosina que me había llevado. Y no lucho más con decir palabrotas; juré que nunca más las diría cuando probé por primera vez el pan de jabón.

Como adulta, también estoy aprendiendo a recibir la disciplina del Señor en mi vida. En vez de huir de su represión, más bien me encuentro buscándola. Hasta …¿lo digo o no?…la pido. Las palabras del salmo 23 se reproducen en mi alma como una hermosa canción: "Tu vara y tu cayado me protegen y me confortan" (NTV).

Hace un tiempo, un niño de cuatro años llamado Joshua Wiedenmeyer me enseñó una lección sobre recibir la disciplina que nunca olvidaré. Joshua y sus padre, Jeff y Tammy, fueron de vacaciones con nosotros. Esa vez, el Parque Nacional de los Glaciares estaba primero en la lista de las cosas que debíamos visitar sí o sí. Cargamos la camioneta a la mañana siguiente con las dos familias y salimos rumbo a un día de excursión. Los niños charlaban mientras nosotros señalábamos varios puntos de interés. La camioneta subió a la autopista bordeada por pinos y antiguos cedros hasta que nos alejamos del valle. En la cumbre pasamos una hora visitando el centro turístico y luego comimos bajo el sol, disfrutando de la increíble belleza que nos rodeaba.

Eran casi las dos de la tarde cuando decidimos emprender el regreso, descendiendo de la montaña. Era hora de dormir una siesta. El pobre Josh enfrentaba un momento difícil: estaba incómodo en su asiento para bebés y no quería comer sus galletas. Tammy trataba de calmarlo, intentaba distraerlo, pero nada daba resultado. Finalmente, papá entró en escena. "Josh, ¿quieres una nalgada?".

Yo le hice esa pregunta a mis hijos millones de veces, pero hasta este día nunca escuché una respuesta como esta. Josh hizo una pausa, sus ojos estaban brillando por las lágrimas. Tratando de contener el aliento entre los sollozos, dijo en voz baja: "Sí, papi, está bien".

"John, por favor ¿puedes detenerte?", le preguntó Jeff a mi esposo, que le hizo caso. Jeff salió del asiento delantero, abrió la puerta de la camioneta y esperó a que Joshua pasara por varias piernas hasta llegar a sus brazos. Dieron algunos pasos alejándose y Jeff le aplicó una amorosa pero firme presión al trasero de su hijo, luego lo abrazó y le dio una tierna exhortación. Regresaron a la camioneta y Joshua se subió a su asiento, conteniendo el aliento como hacemos todos después de llorar bastante, pero sin un quejido.

Joshua recibió lo que necesitaba y el resto del viaje estuvo bien. ¡Qué lección! En vez de evitar la disciplina, la abrazó. A los cuatro años, Joshua había descubierto un secreto que muchos no aprendemos en toda una vida.

"Felices aquellos a quienes tú disciplinas, Señor… Los alivias en tiempos difíciles" (Salmos 94:12-13 NTV).

UNA SANTA RENOVACIÓN

¿Quieres conocer a Dios? ¿Realmente deseas tener una relación íntima y de corazón a corazón? Si es así, entonces responde a su corrección; no le rechaces. "Respondan a mis reprensiones, y yo les abriré mi corazón; les daré a conocer mis pensamientos", dice el Señor en Proverbios 1:23. Respóndele con un corazón enseñable y te sorprenderás con la santa renovación que ocurrirá en tu vida.

Yo quiero eso para mí. Quiero una renovación tan transformadora como la de Marta. Mi temor más profundo siempre ha sido que me levante un día de acá a treinta años y me dé cuenta de que no he cambiado en nada, que todavía lucho con los mismos hábitos inútiles, actitudes mezquinas y pecados ocultos.

¡Qué terrible sería eso! Pero a no ser que yo tenga un corazón enseñable, tal estancamiento espiritual será mi destino. Amargada y temerosa, con el pasado enquistado incapaz de dejarlo atrás. Y todo por rechazar la enseñanza de mi Padre celestial.

El propósito de la muerte de Jesús en la cruz no era darnos un seguro contra incendios o un viaje al cielo con todos los gastos incluidos. Murió y resucitó para que seamos renovados. Así que no tenemos por qué permanecer en nuestras transgresiones y pecados, enredados en nuestras emociones, heridas y desilusiones del pasado. Él lo hizo para que podamos ser "transformados a su semejanza", dice Pablo en 2 Corintios 3:18. Ya no debemos escondernos detrás del velo de la vergüenza. En cambio, "con el rostro descubierto, reflejamos como en un espejo la gloria del Señor... con más y más gloria por la acción del Señor".

No se *conformen* a este mundo, nos dice Pablo en Romanos 12, sino sean *transformados*. Ese es el resultado de tener un corazón enseñable, de estar abiertas a las lecciones del Señor, y cuando elegimos la transformación, elegimos algo magnífico. La palabra griega que se usa para esto es *metamorphoo*, de la cual obtenemos nuestra palabra metamorfosis, que significa ser transfigurado o cambiado. Es el mismo término que se emplea para describir lo que le sucedió a Jesús en el Monte de la Transfiguración.

Transformación. Nosotras podemos experimentarla.

Todo lo que debemos hacer es dejarnos enseñar.

Jesús nos cambiará. Todo lo que debemos hacer es entregar nuestra antigua vida, y Él la hará nueva.

LA MARIPOSA

Joanie Burnside brilla. Su cabello crespo castaño enmarca un rostro resplandeciente de unos cuarenta y tantos años, mientras sus gafas de montura metálica magnifican sus ojos azules. Joanie es una artista talentosa, y yo tuve el privilegio de observarla actuar en un monólogo un Domingo de Ramos en Monte Hermón, un centro de conferencias cristiano.

El servicio antes de la Pascua en Monte Hermón siempre es muy emotivo. Inevitablemente salgo conmovida ante la inmensidad de la obra de Cristo en la cruz. Pero la presentación de Joanie ese año me recordó no solo lo que hizo Jesús sino lo que desea hacer en ti y en mí.

Verás, Jesús no vino a convertir a las personas malas en buenas. Vino a transformarnos en algo completamente nuevo.

Mis palabras no llegan a representar el poder que hay detrás de las imágenes que yo vi esa mañana, pero con el permiso de ella, me gustaría intentarlo. Imagina conmigo a una anciana en el centro del escenario, vestida con un abrigo oscuro y una cartera anticuada. Sus pies cubiertos por harapos. Encorvada sobre un bastón, el rostro de la mujer se ve retorcido con sospecha. Su voz es aguda y quebradiza al comenzar a relatar su historia.

Escucha atentamente. De tanto en tanto me parece escuchar a Marta hablando. De tanto en tanto me escucho a mí misma.

"Vengo a contarles la historia de una mariposa.", dijo la mujer en escena. Sus únicos accesorios son la ropa que usa y una sencilla cruz de madera detrás de ella. "Comenzó como todas las demás, una modesta oruga, una que podía haber crecido sin que nada cambiara. Su vida habría sido vieja, fea y resentida de no haber sido por la gracia del Creador… *Esto* es en lo que se hubiera convertido", prosiguió la anciana, señalando su aspecto torcido y decrépito.

"Aunque deseaba cambiar… no podía hacerlo. Someterse al poder de Dios era su única opción. Ahí estaba el pañuelo que cubría su cabeza, su precioso cerebro y su inteligencia superior. Los títulos universitarios eran lo que ella podía obtener, con lo que podía jactarse e impresionar para minimizar a otros.

Su cabello, la corona que debió haber sido, ya no era más que una sombra de lo que pudo ser, porque prematuramente canoso, era solo un reflejo de las ansiedades de su vida. Ella se preocupaba por todo: su futuro, su pasado, sus errores, sus sueños…Sus dientes", dice la anciana mostrándolos para añadir énfasis. "Los guardianes de su boca, una de sus armas más letales, estaban siempre listos para morder, para mutilar a otros rápidamente con su sarcasmo e insultos. Porque de lo que abunda en el corazón habla la boca. A veces era algo aparentemente inocente, como un chisme, pero otras veces era juicio y otras, veces eran descaradas mentiras con las que asesinaba a los demás", dice la mujer.

"Su bolso era su seguridad, porque ahí llevaba su amada chequera. Nació en la opulencia. Se sentía segura y protegida siempre y cuando tuviera dinero en el banco. Nadie podía tocarla, nadie podía acercársele. Se rodeaba de bienes materiales, que no eran malos en sí mismos, pero lo eran cuando se convertían en objeto de alabanza y adoración", explica la mujer.

"Usaba su bastón como un dedo con el que señalaba acusadoramente los pecados de sí misma que veía en los demás. Ese bastón se convirtió en una maravillosa muleta que sostenía su ego superdesarrollado, con el que fácilmente señalaba el mal en la vida de los demás.

Sus zapatos cubrían uno de sus rasgos más tristes: sus pies, con esos pobres y raídos talones. Ella había pasado toda una vida vagando sin destino. No tenía propósito, nadie a quien seguir, ningún lugar adónde ir. Cada día significaba otras veinticuatro horas de desesperanza", añade ella con movimientos expresivos. Luego muestra cómo cambia de lugar un gran costal que llevaba sobre la espalda y lo señala. "Aquí estaba su carga, el pecado que arrastraba y que cada año se ponía más pesado. Ella guardaba esos pecados en su costal, esperando que nadie los notara. Su vida se había vuelto grotesca por la carga, y sus pecados estaban desfigurando su belleza, esa que supuestamente tenía", lamenta la mujer siempre hablando a la audiencia.

"Por último, estaba su corazón. Su corazón era una sombra marchita y arrugada…era lo que quedaba del corazón que el Creador le había dado", dijo la mujer al sacar un pequeño corazón de piedra de entre los harapos que cubrían su pecho. Ella lo sostuvo entre sus dedos mientras habla. "Su corazón era duro e implacable… no dejaba que el amor entrara…no dejaba que el amor saliera…estaba protegido de los intrusos gracias a las estrategias de la cabeza, la boca, la cartera y el bastón", dice dramáticamente la mujer.

"Pero un día, ella encontró amigos que tenían vidas dulcemente puras, que le ofrecieron Agua Viva. Cuando ella ya no podía soportar más su sed, probó un sorbo… tan solo un sorbo, porque todavía no estaba lista para beber. Ese sorbo era tan dulce que la hizo volver a tener sed, pero una sed distinta. Bebió y bebió de esa Agua Viva que la llenaba y satisfacía de la cabeza a los pies", expresaba la mujer en el escenario con una expresión sobrecogedora ante el recuerdo del agua y la nueva vida que había recibido. Pieza por pieza, comenzó a quitarse los artículos innecesarios de su vestimenta. Comenzó a liberarse mientras explicaba: "El pañuelo fue removido y su conocimiento fue usado para la gloria de Dios. Sus pensamientos se convirtieron en los pensamientos de Él a medida que ella se rendía al Espíritu del Señor. El cabello, una vez gris por la preocupación, fue hecho nuevo, porque el gozo de Él ahora era el gozo de ella".

Lo dijo sacudiendo su cabellera con alegría, mientras prosigue: "La boca que había mordido a otros, ahora comenzaba a sanarlos cantando salmos e himnos y canciones espirituales, buscando maneras de aliviar las heridas en vez de ocasionarlas. La cartera se convirtió en una herramienta, como una funda para la espada que tenía gran poder. Su dinero fue usado para hacer avanzar el Reino en vez de ser una herramienta para protegerse". Eso lo dijo levantando la cartera para que todos la vean.

"El bastón ya no era necesario porque sus ansias de juzgar se desvanecieron a la luz de la gracia de Dios. Se lo entregó a otras personas que necesitaban ser alentadas, mientras ella buscó acompañar a otros y llevar sus cargas. Ahhhhh", la mujer hizo una pausa y sonrió, sacudiendo su dedo índice. "¿Y sus pies? Al principio comenzaron a caminar, luego a correr, saltar y danzar de alegría, porque finalmente tenía una razón para vivir, un Maestro al que seguir, un camino que Él había preparado especialmente para ella. ¡Nunca había conocido un gozo tan grande! Él se llevó la carga de sus pecados", afirmó con una voz que sonaba más fuerte y juvenil. Su postura se enderezaba cuando colocaba sus antiguas pertenencias sobre la cruz.

"Cómo sucedió, ella no llegaría a entenderlo jamás. Él solo le dijo que murió para quitar sus pecados. Su corazón de piedra fue transformado en un corazón nuevo y lleno de vida", dijo y con manos temblorosas recogió el pequeño corazón imaginario de piedra y lo levantó hacia el cielo.

Con su rostro mirando hacia arriba, sus ojos llenos de asombro, la mujer representó el acto de depositar el nuevo corazón dentro de su pecho. "Crea en mí, oh Dios, un corazón limpio y renueva un espíritu fiel dentro de mí", susurró (Salmos 51:10 NTV).

Las palabras suaves, suplicantes y llenas de gratitud sobrevuelan el auditorio que está en silencio. Es un momento sagrado en el que la oración de David se repite en cada corazón.

Un corazón limpio, Dios. Un espíritu fiel. Dentro de mí.

"Gracias por escuchar mi historia", concluye la mujer con una voz muy suave y tierna, mientras desabrocha el abrigo. "Porque, como pueden ver…yo soy la mariposa", dice al dejar caer su capa, descubriendo un espléndido leotardo púrpura con alas multicolores. El traje lucía resplandeciente y brillante a la luz de la mañana. Era realmente exquisito.

Con los brazos extendidos, la mujer parece renacer. Flotando, danzando, saltando. Dejando todas sus vestiduras terrenales, invita a cada uno a hacer lo mismo.[5]

Nueva vida a cambio de la antigua. Ese es el ofrecimiento de Jesús. Un corazón tibio a cambio del de hielo. Todo por el precio de ser enseñables.

Al rendir mi vida a las enseñanzas de Jesús, incluso a sus reprimendas, aprendí el valor de la tierna disciplina de Dios. Solo cuando luchamos por ser libres de las crisálidas de nuestra naturaleza inferior, podemos conocer la verdadera belleza de la nueva vida que Cristo nos ofrece.

Así que no tengas miedo de dejar la familiaridad de los viejos patrones y vestiduras.

Recuerda que Jesús vino a hacer nuevas todas las cosas.

Escúchalo y obedécelo. Recibe su disciplina.

Y entonces… prepárate para volar.

10

El amor extravagante de María

María… lo derramó sobre los pies de Jesús, secándoselos luego
con sus cabellos. Y la casa se llenó de la fragancia del perfume.

JUAN 12:3

∽

Él se ve agobiado. El rostro que ella ama está arrugado y cansado cuando ella lo recibe en la puerta. Luce preocupado, pero cuando la ve, los ojos del Maestro se suavizan. Se abre paso entre una muchedumbre y la toma de las manos.

—María…

—Estoy contenta de que hayas llegado, Señor —le dice—. Ha pasado mucho tiempo.

Sus viajes lo han llevado lejos de Jerusalén últimamente. Lejos del templo. Lejos de los rumores del precio que le han puesto a su cabeza.

—Estoy preocupada por ti —susurra María.

Jesús sonríe y menea la cabeza.

—No estés ansiosa por nada, querida María. Mi vida está en las manos del Padre.

Sus palabras son afectuosas pero intensas, como si guardaran una verdad oculta. Un escalofrío le corre por la espalda mientras se dirigen a la sala.

Está claro que esta visita no será como la de hace unos meses. Algo anda mal. Aun así, de algún modo, María percibe que algo anda bien, aunque va contra la lógica. Ella puede ver el cansancio del Maestro. Los hombres se notan preocupados y confundidos. Pero María siente un temblor interno, como un rasgueo en un instrumento de cuerda, como esperanza... ¿o es gozo?

No hay sonido, solo una espera. Como si todo el cielo estuviera de puntillas, escuchando la canción. Como si toda la eternidad hubiera estado cobrando impulso para esta semana... para este viaje... para este Hombre.

UNA PEQUEÑA PERSPECTIVA

Nadie puede saber lo que sucedió en el corazón de María cuando se encontró con Jesús ese día. Sin embargo, la dulce tristeza y el sentido de destino que rodea este último viaje a Jerusalén parece evidente. Sabemos que Jesús "endureció su rostro como piedra" hacia la Ciudad Santa. Hacia el arresto y la muerte que se avecinaban. De todas las personas que lo rodeaban, solo María parecía entender, porque solo ella fue inspirada para realizar la acción que correspondía en ese momento.

Esta historia en Juan 12:1-8 es la última vez que la Biblia menciona a María, Marta y Lázaro. El mismo relato en Mateo y Lucas no menciona a la familia por nombre, pero las similitudes de la narración parecen indicar que los escritores de los Evangelios estaban hablando del mismo incidente. Aunque la tradición religiosa los ubica a los tres en la cruz, las Escrituras no especifican su presencia allí. Es claro, no obstante, que esta familia amaba profundamente al Señor, y Él a ellos. El trío de Betania le había provisto a Jesús algo que Él necesitaba después de dejar Nazaret tres años y medio antes.

Le habían dado un hogar. Una familia. Un lugar donde recostar su cabeza.

Y para estos tres hermanos y todos los que amaban a Jesús, el estado de ánimo era confuso en ese último viaje a Jerusalén. Según Mateo 26:2, Jesús había dicho a sus discípulos lo que le esperaba: "el Hijo del hombre será entregado para que lo crucifiquen". Él no había guardado secretos, pero los discípulos parecían incapaces de comprender plenamente lo que estaba ocurriendo.

Ellos sabían, claro, que Jesús estaba siendo perseguido. Eso era *vox populi*. Después de resucitar a Lázaro, había ascendido al primer lugar en la lista que tenía la mafia religiosa. Y no era de extrañar, porque al parecer muchos de la comunidad judía estaban experimentando un cambio real en su corazón (Juan 11:45). Después de haber visto a Jesús resucitar a su amigo Lázaro, estaban convencidos de que, de hecho, Él era alguien especial... incluso hasta podría ser el Mesías. Si Jesús había podido hacer eso por un *muerto*, ¡piensa en todo lo que podía hacer por los vivos!

La asistencia al templo había mermado, porque las multitudes iban a escuchar al hombre de Galilea. Los expertos en crecimiento de la sinagoga estaban profundamente consternados. Tal vez necesitaban ser buscadores más sensibles y no solo esperar que la gente llegar al templo. Quizá debían enfocarse en algún programa de ayuda social como un comedor comunitario. El nazareno había tenido buenos resultados con la estrategia de dar de comer a la multitud. Claramente, debían hacer algo. Y pronto. Todo estaba en riesgo. Especialmente para la élite religiosa.

"Si lo dejamos seguir así", contendían los principales sacerdotes y algunos de los fariseos ante la autoridad judía llamada sanedrín, "todos van a creer en él, y vendrán los romanos y acabarán con nuestro lugar sagrado, e incluso con nuestra nación" (Juan 11:48).

Pérdida de posición. Pérdida de poder. Pérdida de influencia. En este punto del juego, era un riesgo que los líderes judíos no estaban dispuestos a tomar, especialmente después de que habían trabajado tan duro para asegurar todo eso.

El sanedrín recientemente había conseguido una incómoda tregua con el procurador romano Pilato, y después de un comienzo escabroso parecía que finalmente la cosa marchaba bien. Cuando el recién nombrado Pilato, por primera vez, hizo desfilar por primera vez banderas romanas con la imagen del emperador por las calles de Jerusalén, el pueblo se había alzado furioso contra la idolatría. Ante tal oposición,

Pilato rápidamente se había retirado en una especie de acuerdo yo-no-te-molesto-a-ti-y-tú-no-me-molestas-a-mí con relación al templo y sus oficiales. El sanedrín finalmente había logrado tener al procurador justo donde lo quería. Eso, hasta que Jesús apareció.

"¡Ustedes no saben nada en absoluto!", irrumpió Caifás, el sumo sacerdote, en la reunión. Al igual que la mayoría de los miembros de la secta de los saduceos, él no era conocido por su tacto ni por su amabilidad.[1] Según él, estaba pensando de manera estratégica, esperando llevar la situación a su conclusión lógica. "No entienden que les conviene más que muera un solo hombre por el pueblo, y no que perezca toda la nación" (Juan 11:49-50).

Pero era Caifás quien no sabía nada. Sin saberlo, "profetizó que Jesús moriría por la nación judía, y no solo por esa nación, sino también por los hijos de Dios que estaban dispersos, para congregarlos y unificarlos", escribe Juan en el versículo 51 y 52.

Así que mientras la élite religiosa tramaba la caída de Jesús, el plan de Dios de llevar a toda la humanidad a Él se aceleraba. Las puertas del cielo comenzaban a abrirse, listas para recibir a todos los que ingresaran a través de Jesucristo el Hijo.

La canción de la eternidad comenzó a sonar. El Cordero "que fue sacrificado desde la creación del mundo" (Apocalipsis 13:8) estaba a punto de morir para que tú y yo conociéramos a Dios.

María era la única que parecía oír los ecos de esa música. Solo ella parecía estar lista para responder a la extravagancia del amor de Jesús.

AMOR EXTRAVAGANTE

Arropar a mi hija Jessica cada noche siempre ha sido un placer especial. De todos nuestros recuerdos desteñidos por la bruma del tiempo, tal vez ninguno sea más dulce que ese tiempo de ir a la cama cuando ella era pequeña.

"Te amo, cariño", le decía mientras acomodaba su edredón rosado alrededor de su cuello y acariciaba su cabello rubio que caía sobre la almohada.

"¡Yo te amo más!", me respondía entrecerrando los ojitos. Esa era la señal para comenzar nuestro juego favorito. "No, yo te amo más", le decía yo, dándole un beso en la mejilla y haciéndole cosquillas en su barriga, cubierta por su suave piyama rosa.

"No, yo te amo más y más", anunciaba cuando había terminado de reírse a carcajadas. Después lanzaba sus brazos abiertos de par en par y agregaba las palabras finales: "¡Yo te amo del tamaño del mundo!"

¡Guau! Fin del juego. ¿Del tamaño del mundo? ¡Eso es amor! Especialmente para una niña de tres años. Especialmente si consideras cuántas personas, cosas y situaciones hay allá afuera para amar. Amarme del tamaño del mundo significaba que me amaba más que a un helado. Más que a su muñeca preferida. Más que a una salida al parque. Más que a los regalos de cumpleaños y a su triciclo nuevo. Más que a la goma de mascar y a su caballito de madera de Kmart. Ella me amaba *a mí* más que todo eso junto.

Eso es amor extravagante. La clase de amor que lo deja todo para enfocarse solo en una cosa: el objeto de ese amor. La clase de amor que lo sacrifica todo solo por el deseo de tener más para dar. Nada es tan precioso. Nada es tan exorbitante. El corazón exige que demos, que lo demos todo.

Cuando María ungió a Jesús en el banquete que se realizó en su honor, le dio lo mejor que tenía. Por cierto, podía estar empeñando su futuro cuando derramó el perfume sobre sus pies. Porque ese perfume, que Mateo y Marcos describen como un vaso de alabastro, que debía ser quebrado para poder abrirlo, bien podía contener cada esperanza y sueño que ella hubiese abrigado hasta ese día.

Casarse era la prioridad número uno en la lista de deseos de toda judía soltera. Su cultura, incluso su religión, depositaba en el matrimonio y especialmente en los hijos, la forma más alta de honor. Ser estéril era una desgracia. Pero no casarse… bueno… eso era una vergüenza.

Alrededor de los doce años de edad, la mayoría de las muchachas judías estaban prometidas en matrimonio, si es que aún no estaban casadas.[2] Los padres solían arreglar las uniones, aunque las niñas podían opinar sobre el asunto. Había varios factores en juego. Uno era el precio de la novia, la compensación que el novio le pagaba al padre de la novia, pero a menudo se esperaba que la novia también aportara algo al matrimonio.

Cuando ambas partes llegaban a un acuerdo, el compromiso, la parte de los votos de la ceremonia, se llevaba a cabo. Los novios firmaban un ornamentado documento llamado *ketubah* y la ceremonia se sellaba con un beso. A partir de ese momento, la pareja estaba legalmente destinada al matrimonio, aunque probablemente la verdadera ceremonia de boda se celebrase muchos años más tarde.[3] Este acuerdo solo podía disolverse por la muerte o por divorcio, la opción que José consideró antes de que el ángel le hablara.

Hasta donde sabemos, María nunca tuvo la oportunidad de casarse. Como ella y Lázaro vivían con Marta, pareciera que sus padres hubieran fallecido años antes. El hecho de que se le llamaba la casa de Marta también resulta interesante, porque la propiedad familiar generalmente pasaba a manos de un hijo varón. Algunos comentarios especulan con que Marta podría haber estado casada y había enviudado, por lo tanto, la casa era una herencia de su marido.

¿Pero qué tenía María? Sin un padre que arreglara el casamiento, el tiempo la apresuraba. El vaso de alabastro con perfume habría sido una parte, si no toda, de su dote. Este no era un perfume común y corriente, ya que valía más de trescientos denarios. Aunque no tiene un nombre romántico, el *nardo* estaba hecho de un aceite aromático extraído de la raíz de una planta que crecía principalmente en India.[4] Tenía que importarse. María no lo conseguía en el supermercado Wal-Mart, y no estoy segura de que tampoco pudiera comprarlo en una lujosa tienda de la 5ta Avenida de Nueva York. De hecho, no conozco perfume que hoy en día con un valor comparable (algo así como treinta mil dólares el frasco).

El alabastro, por otro lado, era un recipiente común en el Medio Oriente. El yeso blanco se veía traslúcido cuando era pulido. Era fácil de tallar y se usaba para vasos, cajas, jarrones y botellas ornamentadas. Algunas veces a los recipientes de mármol también se le llamaba *alabastro*.[5] Pero el origen y el tipo de recipiente no era muy significativo. Y todavía no lo es.

Lo que más importaba —y lo que sigue importando hoy— es el tesoro contenido en el recipiente. Y el tesoro que María derramó ese día era más que un perfume caro. Estaba volcando su vida entera en amor y servicio sacrificial.

Desafortunadamente, no todos los presentes tenían esa clase de corazón.

VISTO DESDE EL LADO OSCURO

¡Qué desperdicio! Qué muestra de sentimientos más innecesaria, extravagante y exorbitante. ¿Por qué un frasco entero cuando unas pocas gotas hubieran bastado? ¿Por qué romper el frasco de alabastro cuando podría haber sido derramado así nomás? ¿Y por qué el cabello? Toda la escena es incómoda, no del todo adecuada o prolija. Mientras María acariciaba los pies del Maestro, el intenso aroma flotaba en el aire, y sus sollozos eran el único sonido que rompía el atónito silencio.

"¿Por qué Él no le dice que pare?", debe haber pensado Judas al mirar la vergonzosa entrega de la mujer. Se alejó perturbado de la escena; desconfiaba de toda forma de sentimentalismo, cualquier cosa que fuera una distracción en la misión de derrocar a los romanos y establecer el reino tan esperado. Seguir al nazareno había sido una montaña rusa emocional para Judas, demasiado inquietante para un hombre enfocado como él.

Pero Judas apuntaba alto y estaba comprometido con dar en el blanco sin importar lo complicado que pudiera volverse. No había sido sencillo. Ciertamente el Salvador establecería su reino pronto, pero cada vez que las multitudes intentaban hacer rey a Jesús, él se negaba y dejaba pasar la oportunidad.

Peor aún, las ofertas comenzaban a disminuir. Jesús no estaba siendo tan popular como antes, a juzgar por el peso de la bolsa del dinero que Judas llevaba alrededor de su cintura. Se estaba poniendo cada vez más difícil desviar los fondos. Por supuesto, este era un término que sonaba mal; Judas prefería llamarlo "compensación por los servicios prestados".

"Si algo no sucede pronto", pensaría Judas, "tendré que considerar cambiar de carrera".

Él no era como el resto de los discípulos. El único que no era galileo en el grupo, este chico de ciudad venido de Queriot, estaba determinado a dejar su sello en el mundo. Pero dejar un sello requería dinero. Dinero que él no tenía.

"Ey, Judas", uno de los discípulos se inclinó y le susurró. "¿Cuánto crees que vale medio litro de nardo puro por estos días?".

¿Nardo puro? Judas no había reconocido la fragancia. De ser así, era peor de lo que pensaba. El perfume más caro del mundo… ¡Alguien tenía que decir algo!

"Ejem… Disculpa, Maestro", interrumpió. Judas señaló a la mujer y su frasco quebrado. "¿Por qué no se vendió este perfume y se le dio el dinero a los pobres? Vale el salario de todo un año". Algunos discípulos a su alrededor murmuraban asintiendo.

"Déjenla en paz", respondió Jesús. Sus ojos traspasaron a Judas como si miraran su alma. Judas cambió de posición, incómodo. "Ella guardó este perfume para el día de mi entierro", continuó diciendo Jesús. "A los pobres siempre los tendrán con ustedes, pero a mí no siempre me tendrán".

Judas miró a los otros discípulos en busca de apoyo, pero ellos desviaron la vista, mirando arriba, abajo, alrededor, en cualquier otra dirección excepto a Judas y al Maestro.

Ahora Judas tragó incómodo, mientras sentía que las cosas cambiaban y se solidificaban dentro de él. En vez de perforar su corazón, las palabras de Jesús de algún modo cimentaron el acuerdo. De repente, todo pareció muy claro para él. Nada cambiaría jamás. Toda esta charla acerca de morir… no había ningún reino por venir… Todo había sido una farsa.

Tanto como para formar parte de un nuevo parlamento judío. La actuación había terminado.

A menos que…

LA HISTORIA DE DOS SEGUIDORES

La historia del ungimiento de Jesús se narra en los cuatro Evangelios, así como la traición de Judas.[6] Sea que el pensamiento de Judas se desarrolló de la manera en que especulamos antes o no, el resultado fue el mismo. Mateo y Marcos revelan que el giro de Judas hacia la oscuridad sucedió inmediatamente después del extravagante acto de amor de María.

Judas Iscariote, uno de los doce, fue a los jefes de los sacerdotes para entregarles a Jesús. Ellos se alegraron al oírlo, y prometieron darle dinero. Así que él buscaba la ocasión propicia para entregarlo (Marcos 14:10-11).

Solo Mateo destaca la cantidad de dinero por la que Judas vendió a Jesús: treinta piezas de plata, la suma exacta que había sido profetizada cuatrocientos años antes en Zacarías 11:12-13. Era el precio estándar que se pagaba por un esclavo en Éxodo 21:32, aproximadamente ciento veinte denarios.

Era, pues, menos de la mitad del dinero que María derramó generosamente sobre los pies de Jesús.

La vida tiene una forma de sacar a la superficie quiénes somos en realidad, las motivaciones ocultas en lo profundo de nuestro corazón. "De la abundancia del corazón habla la boca", dijo Jesús en Mateo 12:34-35. "El que es bueno, de la bondad que atesora en el corazón saca el bien, pero el que es malo, de su maldad saca el mal".

Ciertamente ocurrió eso con Judas. Pero también con María. Mientras que la situación provocó que el mal latente en Judas saliera a la superficie, también la misma instancia sacó algo hermoso de lo profundo de la doncella de Betania.

Por lo que vemos, María parece haber sido contemplativa por naturaleza. Y aunque su sensibilidad espiritual la convirtió en una hermosa adoradora, también la hizo susceptible a la decepción. En vez de correr al encuentro de Jesús cuando Lázaro murió, si recuerdas bien, ella se quedó en la casa. Abatida y sola en medio de una multitud de amigos, se hundió más profundo en su dolor, ni las noticias de la llegada de Jesús pudieron levantarla de su tristeza.

Pero, ¡gracias a Dios!, Jesús nos encuentra donde estemos. Él llega hasta esos rincones oscuros y escondidos de nuestra vida y, si lo dejamos, su precioso Espíritu Santo brilla con la dulce luz del cielo. Si se lo permitimos, Él ofrece limpiar nuestra personalidad, atemperarla por medio del Espíritu Santo para que no caigamos en el área fuerte de nuestras debilidades ni en la parte débil de nuestras fortalezas.

Y eso, hasta donde puedo decir, es lo que le sucedió a María. Aunque ella intuía la gravedad de la situación del Señor, esta vez no colapsó. En vez de sentarse de una manera pasiva y escuchar al Salvador, en vez de ser abrumada por el dolor, María actuó. Se entregó en adoración a Aquel que le había dado tanto a ella y su familia.

No así Judas, aparentemente. Aunque Jesús conocía las debilidades de su discípulo, le había dado varias oportunidades durante los tres años que habían viajado juntos. De acuerdo con Juan 13:29, Jesús incluso lo había nombrado tesorero del grupo.

William Barclay escribe en el libro *The Gospel of John* [*El Evangelio de Juan*]: "A veces, la mejor manera de reclamarle a alguien que está en la senda incorrecta no es tratarlo con sospecha sino con confianza; no como si esperáramos lo peor, sino como que esperamos lo mejor".[7] Eso es exactamente lo que Jesús había hecho con Judas, pero él seguía sin cambiar.

Imagina pasar tres años de tu vida con el Mesías, y salir siendo más o menos la misma persona (o incluso peor que cuando comenzaste). Judas hizo precisamente eso. Podría sucedernos si no hacemos, de una vez por todas, la pregunta sobre el señorío de Cristo en nuestra vida.

Hasta que determinemos a quién vamos a servir, corremos el riesgo de desarrollar un corazón de Judas en vez de un corazón de amor sacrificial. Porque donde nuestros intereses entren en conflicto con los suyos, seremos tentadas a vender a Cristo como un esclavo al mejor postor, en vez de entregarlo todo para ungir sus pies.

AMOR EXTRAVAGANTE VERSUS AMOR CON LOS PUÑOS CERRADOS

"Para saber a quién adoras", dice Theodore Parker, "déjame verte en tus compras, déjame oírte en tu trabajo, hazme saber cómo rentas tu casa, cómo consigues tu dinero, cómo lo guardas y cómo lo gastas."[8] Jesús dijo básicamente lo mismo en Mateo 6:21, "Porque donde esté tu tesoro, allí estará también tu corazón."

El corazón de María no estaba en su ajuar nupcial. Su esperanza no descansaba en lo que podía obtener de Jesús. Su gozo radicaba en lo que podía *dar*.

Judas, por otra parte, iba detrás de lo que podía *conseguir*. Esta es la primera diferencia entre un amor extravagante y un amor mezquino de puño apretado.

Piensa en lo siguiente:

• *María tenía un corazón agradecido.*

Su hermano había sido resucitado. El Mesías había venido y la había llamado su amiga. ¡Qué gran honor y qué gran gozo, darle todo lo que tenía a Aquel que tanto le había concedido!

• *Judas tenía un corazón codicioso.*

Las cosas no estaban saliendo del modo en que Judas lo había planeado. Una de las leyes de Westcott sobre las tentaciones, citada por William Barclay, es que la tentación "viene por medio de aquello en lo que estamos naturalmente dotados."[9] Nuestra fortaleza puede ser nuestra perdición. Y la fortaleza de Judas era su ambición, su enfoque, su compromiso por avanzar. Y fue, por supuesto, su mayor debilidad. Esto hizo que a Judas le importara más la situación política y su cuenta bancaria que la condición de su corazón.

La codicia es tirana. Como mujeres podemos caer presas de sus mentiras tan rápidamente como los hombres. "La sanguijuela tiene dos hijas que solo dicen: 'Dame, dame'" dice Proverbios 30:15. Un corazón codicioso nunca se satisface. Nunca tiene suficiente.

"Pero la piedad con satisfacción es una gran ganancia", le dice Pablo al joven predicador Timoteo" (1 Timoteo 6:6 NTV). El descontento puede meterse fácilmente, haciéndonos sentir insatisfechas con lo que tenemos. No pasa mucho tiempo antes de que el descontento nos haga concluir que debemos tener lo que nos merecemos, sin importar el costo. Pero el costo a menudo es extremadamente alto.

"Algunas personas, en su intenso deseo por el dinero", le advierte Pablo a Timoteo en el versículo 10, "se han desviado de la fe verdadera y se han causado muchas heridas dolorosas" (NTV).

El secreto de la felicidad radica no en obtener lo que deseamos, sino en desear lo que ya tenemos. Judas se dio cuenta de esto demasiado tarde. Su codicia lo llevó a hacer lo inimaginable: traicionar a su amigo. Traicionar al Hijo de Dios. Pero el dolor que pronto reemplazó a la codicia no pudo sanar su alma, ni tampoco su mente. Después de intentar devolver el dinero, Judas fue y se ahorcó, y su cuerpo fue enterrado en un campo comprado por el precio de la sangre de Jesús.

Sin gratitud, somos susceptibles a la misma dureza de corazón y oscuridad de pensamiento que llevaron a Judas a ser un traidor. Si nos rehusamos a reconocer la inmensidad de la gracia de Dios y el costo que eso tuvo para Jesús, tarde o temprano la daremos por sentado. Cuando empezamos a asumir la gracia de Dios, también empezamos a abusar de ella, pisoteándola con una prisa enloquecedora por obtener otra bendición.

Sin gratitud nos convertimos en las personas que se describen en Romanos 1:21, "A pesar de haber conocido a Dios, no lo glorificaron como a Dios ni le dieron gracias, sino que se extraviaron en sus inútiles razonamientos, y se les oscureció su insensato corazón". Las mentes oscurecidas hacen cosas oscuras. ¡Mira a Judas!

Qué triste debe ser *conocer* a Dios pero nunca *experimentarlo realmente*. Si queremos tener intimidad con Dios debemos alimentar un corazón agradecido que glorifique a Jesús.

DOS CLASES DE CORAZÓN

Considera las siguientes diferencias que hay entre el corazón de María y el de Judas. ¿Qué clase de corazón tienes tú? ¿Es extravagante en su gratitud o tacaño y avaro?

- *María vino de manera desinteresada.*
- *Judas vino con planes.*

- *María escuchó lo que Jesús estaba diciendo, y respondió.*
- *Judas oyó pero no entendió.*

- *María no se guardó nada.*
- *Judas no dio nada.*

En vez de sentirse avergonzado por la generosidad de María, Judas la criticó. Su codicia desvirtuó su percepción. "Si siempre nos encontramos en una actitud crítica hacia otras personas", dice Barclay, "deberíamos dejar de examinar a otros y comenzar a examinarnos a nosotros mismos".[10]

El amor extravagante no suele ser entendido. "¿No crees que te estás pasando poco con este asunto de Dios?", podría preguntarte alguien. "¿Por qué pasas tanto tiempo orando? Después de todo, Dios conoce tu corazón", podría razonar alguien más.

Pero el verdadero amor siempre le cuesta algo al que lo da. De otro modo, el dar solo sería una contribución filantrópica. Cuando más, un acto de bondad. Cuando menos, de egoísmo. A la luz del acto de total abandono de María, el amor a medias es verdaderamente "lo menos" que podemos hacer.

¿Amamos a Jesús del tamaño del mundo? ¿O solamente cuando nos conviene?

SACRIFICIO EXTRAVAGANTE

Cuando el ejecutivo de cuarenta y nueve años de edad de una minería entró a la jungla colombiana en octubre de 1988, lo hizo pensando en que regresaría con uno de sus empleados, pero no fue así.

Por más de tres meses, Ed Leonard, un operario perforador, de sesenta años, que trabajaba para la compañía de explotación de minas de oro de Norbert Reinhart, fue secuestrado por el grupo rebelde conocido como las Fuerzas Armadas Revolucionarias de Colombia.

El secuestro era, y sigue siendo, un gran negocio en Colombia. Solamente en 1998, más de dos mil cien personas fueron raptadas, aunque la mayoría fue liberada al pagar el rescate. Y eso era lo que esperaba Reinhart.

Junto con un cepillo de dientes, algunos libros y una cámara, había escondido cien mil dólares en su mochila para pagar por la liberación de Leonard. Pero no había garantías.

Robin, la esposa de Reinhart, le suplicó que no fuera. Cierto que Leonard tenía esposa e hijos, pero los Reinhart también tenían hijos pequeños. Aun así, Norbert le había prometido a Leonard, a quien contrató telefónicamente, que el empleo era seguro. Así que haría lo que fuera necesario para traerlo de regreso a casa.

El 6 de octubre, la guerrilla tomó el dinero del rescate de mano de Reinhart, pero también le exigió un intercambio, al que el ejecutivo minero accedió. Esa tarde, en una ruta desolada y rocosa, Norbert Reinhart conoció a su empleado por primera vez.

"Tú debes ser Ed Leonard", dijo Reinhart, estrechándole la mano. "Tu turno se terminó. Es tiempo de ir a casa".

Y de esa manera se puso a disposición de los rebeldes.

El mundo estaba en shock. Algunos dijeron que Reinhart estaba loco. "Deja que el gobierno y los profesionales en rescates lo manejen", le decían. Pero las negociaciones se hacían eternas. Cuando Reinhart fue liberado inesperadamente unos meses más tarde, resumió la experiencia diciendo: "Solo hice lo que debía hacer".[11]

Un sacrificio extravagante. Norbert Reinhart arriesgó su vida por su empleado, sin saber qué podría sucederle. Aunque algunas personas cercanas a la situación señalaron motivaciones menos altruistas, su acción sigue siendo impresionante.

Pero Jesús se entregó convencido de que no saldría con vida. Esta transacción le costaría todo, y aun así se entregó. Esto no solo es impresionante: es revolucionario.

Jesús dio su vida por ti y por mí. No tenía por qué hacerlo. Podía haber dicho una palabra y diez mil ángeles habrían acudido a su rescate. En cambio, eligió no usar su poder. Se humilló y eligió el camino de la muerte sacrificial. Y no hubo una pizca de egoísmo en su sacrificio, no hubo interés personal.

¿Por qué lo hizo? Por amor. Un amor extravagante, generoso, transformador.

AMOR ESPLÉNDIDO

El apóstol Juan escribe en 1 Juan 3:1, "¡Fíjense qué gran amor nos *ha dado* el Padre, que se nos llame hijos de Dios!" ¡Qué imagen tan maravillosa: el espléndido amor de Dios! Amor tan extravagante como una lujosa crema de manos tan sustanciosa y nutritiva que vale la pena aplicarla por todo el cuerpo. Tanto amor que lo simple y ordinario ya no es suficiente.

María sabía un poquito de esta clase de amor. Y también algunos cristianos que yo conozco. Solo dan y dan sin cansarse. La compasión y el servicio fluyen ininterrumpidamente de su vida.

Seguro que se cansan, algunas veces hasta se fastidian, pero no les dura mucho tiempo. De hecho, parece que cuanto más dan, más energizados se sienten.

Yo trato de acercarme a personas así. Las observo para aprender de ellas. ¿Cómo hace Nita para hacer toda la contabilidad de la iglesia sin quejarse? ¿Cómo hacen Ed y Judy para saber en qué momento las personas están heridas, incluso si no dicen ni una palabra? ¿Por qué la tía Gert sigue organizando el club bíblico semana tras semana? Su corazón está débil, su cuerpo está encorvado por la escoliosis, pero ella ama y da, y luego da un poco más.

Esos son solo algunos de mis héroes de la fe. Si miras bien, los encontrarás a tu alrededor también. Vienen de todas formas y tamaños, edades y géneros. En general no sobresalen en una multitud. La mayor parte del tiempo, su servicio compasivo es tan discreto que pasa desapercibido. Pero cuando te acercas, descubres que tienen una cosa en común: saben amar, no solo con palabras sino con hechos.

Eso es lo que distingue el amor de María aquel día en Betania. No solo amaba a Jesús, también hizo algo al respecto. Y lo que hizo, y la forma en que lo hizo, nos lleva al secreto de amar plenamente a Dios y amar a la gente.

- *María amaba con todo su corazón.*

Ella no se guardó nada. En vez de eso, en dulce renuncia, derramó todo lo que tenía para demostrarle su amor a Jesús.

SALTANDO HACIA AMOR

¿Alguna vez te encuentras reteniendo cosas, preguntándote cuánto puedes dar de modo que todavía sobre para ti? Al igual que María, sientes el llamado a la entrega total, pero una rendición de tal magnitud te asusta. Si te has sentido así, no estás sola. Creo que cada una de nosotras llega a esa encrucijada en su relación con Dios donde enfrentamos el dilema de la entrega total o parcial.

Recuerdo el día en que Dios me llevó a una encrucijada así. Durante casi un mes, Dios había estado tratando con mi corazón, pidiéndome que me rindiera a Él. Jesús había sido mi Salvador, pero todavía no era mi Señor. Me estaba diciendo que era tiempo de entregarme.

Yo quería obedecer, pero a la vez tenía miedo. ¿Qué sucedía si decía que sí? ¿Qué implicaría eso? Yo era una adolescente llena de planes y sueños. Si me rendía por completo a Él, ¿se llevaría todo eso y me haría ir a África? En ese momento, era lo peor que podía imaginarme… o casi. Ahora que lo pienso, ¿qué tal si hacía que me casara con un hombre bajito, panzón, pelón, con acné en la frente y nos obligaría a trabajar para siempre entre los pigmeos? Porque, ¿qué podría ser peor que eso?

En vez de responder mis preguntas y calmar mis temores, el Señor me presionó para que tomara una decisión. "¿Me lo entregarás todo?". No cabían las negociaciones. No había más alternativas. Un desapego total era lo que Él me exigía, nada más ni nada menos.

Las obras disonantes de mi carne y mi espíritu finalmente colisionaron ese verano en el campamento de jóvenes. Todavía recuerdo la noche en que me entregué a Dios. Sentía como si estuviera parada sobre un trampolín de treinta metros de altura con nada más que oscuridad debajo de mí. "¡Salta!", podía oír al Señor hablándome. "Salta, yo te atrapo".

Pero no podía ver sus manos. Saltar significaba lanzarme a lo desconocido. ¿De verdad me atraparía? ¿O caería de manera interminable, como en las pesadillas que a menudo me acosaban por las noches?

Estuve allí temblando en la oscuridad, con mis brazos rodeando cada esperanza y cada sueño, hasta que me di cuenta de que no había vuelta atrás. Era todo mi corazón o nada. Huir de esta decisión significaría, para mí, escaparme de Dios. Y no podía hacer eso; no lo haría. Cerré mis ojos, inspiré profundo y me lancé a la oscuridad desconocida.

"Soy tuya, Señor", clamó mi corazón. "Te doy todo de mí, no retengo nada".

Esperé la caída interminable. Seguí con la expectativa de que sucediera, en cambio, sentí unos brazos fuertes que me rodearon. Eran los brazos que construyeron el universo, los brazos que sostienen al mundo. Brazos tan amorosos que acunaron niños. Brazos tan fuertes que cargaron cada peso que alguna vez llevaríamos. Eran los brazos eternos de Jesús. Atrapándome. Abrazándome. Recibiéndome como suya.

Creo que sé un poquito de lo que María debe haber sentido ese día a los pies de Jesús. Al sostener su precioso ungüento, ella seguramente temblaba en su interior.

Porque ninguna de nosotras entrega todo sin un poquito de lucha. Nadie da todo sin querer de algún modo retener alguna parte. Tal vez

Haz a Jesús tu Señor

Tal vez al igual que yo, hayas conocido a Jesús como Salvador, te hayas arrepentido de tus pecados, pero todavía parece faltarte algo. En mi caso, encontré lo que faltaba cuando hice a Jesús no solo mi Salvador, sino también mi Señor. Hannah Whitall Smith, en su libro clásico The Christian's Secret of a Happy Life *[El secreto de la vida cristiana feliz]*,[12] traza los pasos necesarios:

1. Expresa en palabras concretas tu fe en Cristo como tu Salvador y reconoce que Él te ha reconciliado con Dios; de acuerdo con 2 Corintios 5:18-19.

2. Reconoce de manera definitiva a Dios como tu Padre, y a ti como su hija redimida y perdonada; de acuerdo con Gálatas 4:6.

3. Ríndete completamente para ser toda del Señor, en cuerpo, alma y espíritu, y a obedecerlo; de acuerdo con Romanos 12:1.

4. Cree y sigue creyendo, contra toda probabilidad, que Dios toma posesión de aquello que has abandonado ante Él, y de lo que Él de aquí en adelante hará en ti por su buena voluntad, a menos que tú frustres de manera consciente su gracia; de acuerdo con 2 Corintios 6:17-18; Filipenses 2:13.

5. No prestes atención a tus sentimientos como una forma de probar tu relación con Dios, sino simplemente atiende al estado de tu voluntad y tu fe. Cuenta todos estos pasos que estás dando como algo que ya está decidido, porque el enemigo puede hacerlos parecer de otro modo; de acuerdo con Hebreos 10:22-23.

6. Nunca, bajo ninguna circunstancia, des lugar a la duda o al desánimo. Recuerda que todo desánimo proviene del diablo, y niégate a dejarlo entrar; de acuerdo con Juan 14:1, 27.

7. Cultiva el hábito de expresar tu fe en palabras definidas, y repite a menudo "Soy propiedad del Señor y Él está obrando en mí para hacer todo lo que le agrada"; de acuerdo con Hebreos 13:21.

María había luchado con el pensamiento de entrega como yo lo hice. Quizás ella miraba el frasco de alabastro en la noche y pensaba: "¿Podré hacerlo? ¿Debo hacerlo? ¿Lo hago?", hasta que finalmente exclamó: "Sí, Señor. Te lo entrego todo".

Cuando rompió el vaso y derramó el ungüento, María no se detuvo a contar el precio o calcular cuánta cantidad de perfume era necesaria. Ella lo derramó por completo. Generosamente, extravagantemente, hasta que su tesoro corrió por los pies de Jesús y empapó el suelo.

Y después hizo algo más desconcertante todavía. Se quitó el adorno de su cabeza, dejó caer sus cabellos y con ellos secó los pies de Jesús. Con ese acto, entregó su gloria, su identidad, su mayor signo de feminidad, un regalo íntimo que se suponía que era solo para su esposo. Pero para ella nada era demasiado extravagante para Jesús; estaba dispuesta hasta a poner en riesgo su reputación. Como una amante frente a su amado, se hizo frágil y vulnerable, y quedó expuesta al rechazo o a la reprimenda.

Pero ninguna de esas cosas sucedió. Solo la tierna y silenciosa aprobación de un Novio con su novia. Jesús miraba cómo María le secaba los pies y estoy segura de que lo haría con lágrimas en los ojos.

La extravagancia puede ser malinterpretada por los demás, pero no por Aquel a quien ella amaba. "Ella hizo algo hermoso para mí", dijo Jesús ante la desaprobación de los discípulos.

Déjala en paz. Ella me pertenece.

Hannah sugiere que hagamos todas estas cosas como parte de un acto diario de nuestra voluntad: "Y aquí puedes descansar. No hay nada más que puedas hacer… ahora eres del Señor".

Estoy convencido de esto: el que comenzó tan buena obra en ustedes la irá perfeccionando hasta el día de Cristo Jesús.

FILIPENSES 1:6

BESOS SAGRADOS

Jessica y yo nos graduamos de un nuevo juego de las "buenas noches", que incluye besos. Muchos besos. Uno en la frente y en cada ceja. Otro en la nariz y en cada mejilla. Un suave besito en los labios y el mentón, y después, si es que podemos soportarlo, debajo del mentón donde hace cosquillas. Con besos y susurros suaves en cada oído y un gran abrazo final, hacemos nuestra oración y nos damos las buenas noches.

No podría decirte sobre Jessica, pero yo duermo mejor cuando sé que soy amada y que merezco tantos besos. Exorbitantemente, locamente y extravagantemente amada. Cubierta con besos.

Una prueba de amor

San Agustín una vez predicó un sermón en el que proponía una clase de autoevaluación para ver si realmente amamos a Dios.

> Supón que Dios te propusiera un trato y dijera: "Te daré todo lo que desees. Podrás poseer el mundo entero. Nada será imposible para ti… No habrá pecado, nada estará prohibido. Nunca morirás, nunca sufrirás dolor, nunca tendrás que hacer algo que no quieras y siempre tendrás todo lo que desees, excepto una sola cosa: nunca verás mi rostro".

Agustín cerraba la propuesta con una pregunta:

> ¿Te corrió un escalofrío por el corazón al oír las palabras "nunca verás mi rostro"? Ese escalofrío es lo más precioso que tienes; es el puro amor de Dios.[13]

¿De qué sirve ganar el mundo entero
si se pierde la vida?

MARCOS 8:36

Judas ofreció a Jesús un solo beso. El beso de la traición. ¡Cómo debe haber dolido ese beso en el corazón de Dios! Todo el tiempo que habían pasado juntos, todas las enseñanzas, todo el amor, para luego ser rechazado de ese modo. Jesús sabía que esto iba a suceder, por supuesto, pero incluso Él parecía sorprendido por la señal que Judas eligió esa noche en Getsemaní. ¿Puedes oír el dolor en las palabras de Jesús de Lucas 22:48, cuando pregunta: "Judas, ¿con un beso traicionas al Hijo del hombre?".

A diferencia del gesto mezquino y burlón, la amorosa y espléndida atención que María prodigó a los pies del Salvador no tenía nada que ver con manipulación o control. Cuando Jesús predijo su muerte, en vez de reprenderlo como hizo Pedro: "Señor, esto no te sucederá jamás", María preparó a su Salvador; preparó el camino del Señor. Y en vez de caer en depresión, la contemplativa María hizo lugar para la soberana voluntad de Dios al ungir al Amante de su alma para el entierro.

"Les aseguro que en cualquier parte del mundo donde se predique el evangelio, se contará también, en memoria de esta mujer, lo que ella hizo", dijo Jesús en Marcos 14:9.

Todavía se narra la historia de esta mujer que amó tanto que entregó todo lo que poseía. La dulce fragancia del sacrificio extravagante de María todavía perdura.

Sentimos el precioso aroma del amor espléndido elevándose una vez más al cielo cada vez que un hijo o una hija de Dios le da todo al Único que lo dio todo.

11

Equilibrar el trabajo con la adoración

Y todo lo que hagan, háganlo de corazón.

COLOSENSES 3:23 RVC

❧

Amo los subibajas. Mi hermana y yo solíamos jugar por horas en una vieja tabla de madera, sujetada a una barra metálica con un eje pivotante, en el campamento de la iglesia al que asistíamos cada verano. Siendo la mayor, yo era más pesada que ella, así que tenía que sentarme bien al borde para compensar el peso. Estábamos listas para empezar. Para adelante y para atrás, para arriba y para abajo, en las tardecitas soleadas de julio jugábamos en el subibaja entre los pinos del Campamento Bíblico del Glaciar. Pero lo que disfrutábamos especialmente era encontrar ese punto de perfecta sincronización en el que nos balanceábamos hasta quedar suspendidas en el aire. Equilibrio puro y exquisito.

"¡Nada de sacudidas, eh!" Linda lloraba cada vez que yo me iba para atrás, porque sabía lo que venía. El más mínimo cambio en la distribución del peso provocaba que mi parte cayera de golpe, haciendo que la tabla chocara contra el suelo y que mi pequeña hermana volara por los aires.

Bueno, no tanto, pero siempre lo intentaba. Me divertía mucho.

Así fue hasta que apareció mi primo, Chuckie. Él se trepaba al centro del subibaja y se paraba con un pie de un lado y un pie del otro del tubo de metal. Ahora era *él* quien controlaba qué lado subía y cuál bajaba, y cuál de los dos recibía las sacudidas.

EQUILIBRAR EL TRABAJO CON LA ADORACIÓN   221

Linda y Chuckie siempre estaban enredados en una cruel conspiración contra mí. Cuando crecimos, cerraban la puerta de la habitación de Chuckie y me dejaban fuera cada domingo, para que yo no pudiera jugar a los Lincoln Logs. Cuando jugábamos a las escondidas en verano, yo podía buscarlos durante horas, mientras ellos estaban dentro saboreando sus paletas y mirando Capitán Canguro. No es que esté resentida, solo te estoy informando para que entiendas...

Entonces, cuando los ojos azules inocentones de Chuckie se achinaban en las tardes de julio, yo siempre sabía lo que venía. Solo unos jueguitos con las piernas y yo estaría volando por los árboles y gritando, aferrada a la tabla con ambas manos, y mis piernas largas se sacudirían en la brisa, antes de regresar a la tabla del subibaja con un golpe seco que me partiría la espalda.

EQUILIBRAR EL SUBIBAJA

Me pregunto si Dios tenía los subibajas en mente cuando colocó la historia de Lucas sobre Marta y María entre dos pasajes famosos: la historia del buen samaritano (Lucas 10:30-37) y la enseñanza de Jesús del Padrenuestro (Lucas 11:1-4). Uno trata sobre nuestra relación con la gente y el otro con nuestra relación con Dios. Uno nos enseña a servir y el otro, a orar. Uno derriba la pared que divide las culturas y el otro, la pared que divide a Dios de la humanidad.

Tal vez esa sea la razón por la que esta pequeña sección de las Escrituras que vimos primero es tan importante. En la historia de Lucas de las dos mujeres y un Salvador encontramos el respaldo, el eje pivotante de nuestro subibaja espiritual, el secreto de balancear lo práctico con lo espiritual, la tarea con la devoción. Sin un respaldo, estas historias son dos planchas de madera separadas. Ambas son importantes. Ambas son verdaderas. Pero cuando apoyamos las verdades fundamentales del servicio y la oración sobre el eje pivotante de la practicidad, cuando empezamos con "aquí hay un problema, ¿qué debo hacer?", ahí es donde comienza la diversión.

Debo admitir que yo lucho para mantener el equilibrio. Hace unos meses, organizamos una comida en la iglesia y me encontré más en la cocina que en el servicio de adoración. Casi no pude escuchar al predicador, aunque se oía dinámico. Mi esposo asomó la cabeza por la puerta y me dijo: "¡Te lo estás perdiendo!", pero yo estaba empecinada. "Hay que lavar los platos", dije mientras resoplaba un mechón de pelo que me caía sobre los ojos. "No queremos pasar toda la noche aquí limpiando".

No estoy segura de en qué momento de la noche caí en cuenta; claro, yo soy un poco lenta, especialmente si consideras que estaba en el proceso de redacción de este libro. Pero *Ten un corazón de María en un mundo de Martas* era la última cosa en mi mente esa noche. Estaba volando alto con Martha Stewart. Los platos brillaban, los vasos relucían y hasta las ollas y sartenes parecían como nuevos. Pero cuando todo estuvo terminado, me di cuenta de que me había perdido algo especial. Jesús se había presentado en medio de nosotros y yo había estado tan ocupada lavando los platos, que me había perdido la oportunidad de sentarme a sus pies.

Me había olvidado por completo de todo lo que había aprendido sobre equilibrar el trabajo con la adoración.

¡Ay, otra vez las sacudidas!

NUESTRO EJEMPLO SUPREMO

Jesús era la persona más equilibrada del mundo. De hecho, es parte del motivo por el que vino: mostrarnos cómo manejar el tramposo equilibrio entre el trabajo y la adoración, entre lo que hacemos y lo que somos.

Él nos dio una imagen de cómo se debería ver nuestro subibaja en Lucas 10:25-28, justo antes de la parábola del buen samaritano. "Maestro, ¿qué tengo que hacer para heredar la vida eterna?", le preguntó a Jesús un día un experto de la ley (Lucas 10:25). O sea, ¿qué puedo hacer para asegurarme un "salvoconducto" al cielo?

¡Buena pregunta! Jesús miró dentro del corazón del experto en la ley y vio que estaba más interesado en debates que en respuestas, y más preocupado por la teoría que por la práctica. Así que Jesús dio vuelta a la pregunta y dejó que el "experto" diera su opinión.

"¿Qué está escrito en la ley? ¿Cómo la interpretas tú?", le preguntó Jesús.

Casi puedo oír la voz del religioso tornarse más grave, recogerse la túnica y asumir la postura adecuada para citar las Escrituras. Todos dejaron de hacer lo que estaban haciendo. Los bebés dejaron de hacer berrinches. Los niños dejaron de cazar mariposas. Ellos reconocieron la porción familiar de la Torá saliendo como un trueno de la boca del erudito: "Ama al Señor tu Dios con todo tu corazón, con todo tu ser, con todas tus fuerzas y con toda tu mente", y "Ama a tu prójimo como a ti mismo" (Lucas 10:27).

La última oración quedó suspendida sobre el aire de la tarde, la voz del experto se fue apagando y luego levantó una mano al cielo para añadir énfasis. Todos quedaron en silencio. La multitud esperó, fascinada, cambiando el foco de atención del experto a Jesús. ¿Qué diría el rabí itinerante ante tal lección y sabiduría?

Casi puedo ver a Jesús sonreír y asentir con la cabeza cuando agregó: "Bien contestado. Haz eso y vivirás".

Punto. Fin de la discusión. El experto se sacó un diez. ¿La próxima pregunta?

¿Sabes?, amar al Señor tu Dios y a tu prójimo como a ti misma era y es exactamente aquello que Dios siempre ha querido que hagamos; es la imagen exacta de la vida perfectamente equilibrada. Esos dos versículos resumen todo el Antiguo y el Nuevo Testamento combinados.

Dios quiere que lo amemos. Que lo amemos realmente.

Y quiere que nos amemos unos a otros. Que realmente nos amemos unos a otros. Así es como podemos saber que le pertenecemos, si tenemos amor los unos por los otros (Juan 13:35).

Amor por Dios. Amor por los demás. Adorar y servir. Son los dos extremos de nuestro subibaja. Aunque el amor a Dios viene primero, no se pueden separar. Uno sale del otro y vuelve al otro. Eso es lo que significa tener una vida balanceada, una vida como la de Cristo.

Pero el experto en la ley parecía no entenderlo. Y si lo entendía, no estaba dispuesto a rendirse. Este agitador de Nazaret había librado bien la discusión. Así que, buscando "justificarse" desafió a Jesús: "¿Y quién *es* mi prójimo?" (Lucas 10:29, énfasis mío).

"Ajá. Ahora lo tengo", debe haber pensado. Esa era la misma pregunta que había dejado boquiabiertos a los eruditos religiosos por siglos. Por supuesto, cuando haces de Dios tu propiedad exclusiva y llamas *goy* (o perro gentil) a todos los que no nacieron siendo judíos, tu lista de prójimos aceptables se reduce de manera dramática.

Cuando no estás realmente interesada en la verdad y solo quieres tener una conversación entretenida, meterse con Jesús es una equivocación mayúscula. Porque Él es la Verdad. Y cuando golpeas, Él abre la puerta. Cuando buscas, Él revela. Y cuando preguntas, a veces obtienes una respuesta que no es la que quieres oír. Este pobre viejo legalista ciertamente la obtuvo.

Lo que recibió fue una severa sucesión de sacudidas, porque Jesús llevó su visión legalista y superespiritual de un golpe a la tierra, con una imagen práctica de lo que es amar al prójimo.

MEDIDAS CORRECTIVAS

Jesús es como mi primo Chuckie, solo que mejor. Él no nos da las sacudidas para vernos salir volando. Contrarresta nuestras creencias y estilos de vida desequilibrados con el único propósito de traernos nuevamente al equilibrio. Pero para el experto en la ley, el enfoque de Jesús debe haber sido estremecedor. Después de todo, la historia que Jesús relató desafió algunas creencias muy arraigadas y sacudió su sentido de superioridad religiosa, desarmando las excusas que empleaba para no involucrarse con las personas inferiores a él.

El héroe de esta historia que Jesús contó no era Moisés ni Josué. No era judío en absoluto, de hecho, no era una historia real de todos modos. Era uno de esos despreciados samaritanos mestizos que vivía en el norte. Y Jesús no se detuvo ahí. No solo glorificó al samaritano llamándolo "bueno", sino que también hizo una comparación poco halagadora entre la generosidad de ese hombre y la hipocresía de los sacerdotes judíos que siguieron de largo de camino a Jerusalén y al templo, dejando tendido al hombre que estaba lastimado y sangrando.

El experto probablemente se sintió avergonzado junto con el resto de la élite religiosa que estaba entre la multitud. Tal vez la historia le trajo a la memoria el ciego andrajoso que habían cruzado de camino al debate. "¡Una limosna! Una limosna para este pobre", había clamado. Pero el experto religioso no tenía cambio para darle y, además, ya había dado en el templo.

Jesús estaba tocando las fibras más sensibles, pisándoles los callos a quienes las sandalias les quedaban demasiado bien.

Él tenía un modo de hacerlo, tú sabes, de poner de manifiesto las discrepancias que preferimos ignorar. Y aunque podemos estar más cómodas con nuestros pequeños traseros apoyados de un lado o del otro del subibaja, Él nos llama a balancear nuestra vida.

Amar al Señor nuestro Dios… y amar a nuestro prójimo como a nosotras mismas.

"¿Amar a Dios? ¡No hay problema!", podemos pensar algunas. "Soy muy buena en mi parte espiritual. Quizás puedas considerarme una experta. Aleluya, gloria a Dios". Y aquí estamos, sentadas de un lado del subibaja, felices de estar adorando en la presencia de Dios.

Pero hay más; algo más en la vida cristiana equilibrada.

"¿Amar a la gente? ¡Claro, yo lo hago!", otras nos decimos al sentarnos del otro lado del subibaja. "Me encanta servir a las personas. Soy toda una Marta. Porque justamente el otro día…", y recitamos nuestra lista de actos de servicio y enumeramos los sacrificios que hemos hecho, felices de ayudar al Señor.

Pero hay más en este andar equilibrado que solo servir.

Mira, Jesús desea que *todas* nosotras seamos como mi primo Chuckie, solo que mejores. Él nos dirige, si se me permite decirlo de este modo, a mover nuestros traseros religiosos y hacer la dura, pero gratificante obra de equilibrar nuestro cristianismo, pasando el tiempo suficiente de nuestra vida tanto en la sala como en la cocina; adorando pero también sirviendo; amando a Dios y también a las personas.

Sudor Santo: así es como Tim Hansel se refiere a este equilibrio. Por cierto, él escribió un libro con ese título *Holy Sweat*. "El sudor santo es la fusión activa de lo espiritual y lo terrenal, lo santo y lo físico, una profunda paradoja que yace en el propio corazón de esta vida a la que llamamos cristiana".

Hansel dice: "Lo sagrado está dentro nuestro, esperando desbordarse fuera de nosotros y… es mucho más accesible de lo que pensamos jamás. Es gracia con ampollas; es redención en exceso".[1]

¡Me encanta eso! Aunque fui justificada solo por la fe, salvada no por mis obras, sino por el sacrificio de Cristo, debo colaborar con el Señor en el proceso de ser santificada, esto es, en ser más como Él. Debo permitir que su santidad afecte mi manera de vivir y lo que hago.

Dios pone lo santo y yo pongo el sudor. Es parte de lo que significa equilibrar el trabajo con la adoración, porque para eso fuimos creadas.

Y aunque Dios nos hizo para adorar, primero y principalmente, también fuimos "creados en Cristo Jesús para buenas obras, las cuales Dios dispuso de antemano a fin de que las pongamos en práctica" (Efesios 2:10). Se nos formó para tener la comunión íntima del Padrenuestro, pero también se nos confió el ministerio del buen samaritano.

Creadas para decir sí a la tarea y a la devoción.

PRACTICA DECIR SÍ

¿Recuerdas hace unos años cuando los expertos en toma-tiempo-para-ti nos aconsejaban a las de tipo sobreocupadas ir al espejo y practicar decir que no? ¡Algunas de verdad lo hicimos! La punta de la lengua apoyándose en el paladar delantero, un largo cantito empezando con "nnnn", seguido por un "oooooh" como de satisfacción. No fue fácil al principio, pero finalmente lo conquistamos. Y después de un tiempo, hasta se volvió divertido.

Supongo que el hecho de tener dos hijos en jardín de infantes me dio algo de práctica extra, pero no pasó mucho antes de que la palabrita de dos letras comenzara a fluir por mis labios. No… No, no, ¡NO! Podía decirlo sin siquiera pensarlo: *No, disculpa, estoy ocupada*.

No, lo siento, pero no es conveniente para mí. Fue tan eficaz que nadie más volvió a molestarme.

Nadie excepto Dios, claro.

Él no se dejó impresionar por mi cuidado personal o hasta mis excusas de "prioridades familiares". Él conocía mi corazón y estaba al tanto de que mi 'no' se había vuelto muy instantáneo, casi como un exabrupto inconsciente. Estaba tan ocupada protegiéndome que ni siquiera estaba deteniéndome a considerar que un pedido de ayuda podría ser parte de un llamado de Dios para mí. De modo que, cuando a veces decía que no, en realidad no me negaba a la persona o al ministerio, sino a Dios mismo. Y como finalmente descubrí, no puedes decirle a Dios que no sin sufrir grandes efectos espirituales colaterales.

No sucedió de golpe, pero sucedió. Al igual que los israelitas, comencé a experimentar la consecuencia espiritual de un egocentrismo prolongado en el tiempo: "Pero muy pronto olvidaron sus acciones y no esperaron a conocer sus planes" (Salmos 106:13). "[Entonces] él les dio lo que pidieron; mas envió flaqueza en sus almas" (Salmos 106:15 RVA).

Esto es lo que sucede, creo yo, cuando nuestro no se convierte en la respuesta rápida a todo lo que se sale de la agenda personal. Nuestra alma enflaquece, se muere de hambre y se debilita, pues se nos ha creado para la plenitud abundante, no para la inactividad negativa y ensimismada. Se nos ha creado para decir un sí entusiasta al llamado de Dios para nuestra vida, tanto su llamado a la devoción como al servicio. Decirle que sí libera su poder y su gozo en nuestra alma.

A la vez, es importante recordar que decirle sí a Dios no es decir sí a todas las cosas. Cuando nuestras agendas están llenas de actividades, es fácil secarnos y desnutrirnos espiritualmente. Casi no podemos oír la voz de Dios por encima del ruido, mucho menos decirle sí a lo que nos está pidiendo. En este caso, necesitamos aprender a decir que no, pero solo para estar dispuestas a decirle que sí a Dios cuando Él quiere asignarnos una tarea.

"Es muy liberador saber que el secreto para 'hacerlo todo' no es necesariamente *hacerlo todo*", escribe Jill Briscoe en su excelente libro *Renewal on the Run* [Renovación en fuga], "sino más bien descubrir qué parte del 'todo' fue la que Él nos dio para hacer y hacer todo de esa parte".[2]

A medida que he llegado a comprender el impacto del no y del sí en mi vida, comencé a ver cada situación de manera individual, incluso a detenerme para *orar* acerca de la invitación antes de dar mi respuesta. De ese modo, aunque todavía tengo que decir no algunas veces, el propósito de esa negativa es distinto.

Ahora digo que no para poder decirle que sí a Dios. "No, no podré estar en el comité de planificación. El Señor me está guiando a ayudar en el ministerio del hogar de ancianos". Y a medida que camino en esta obediencia dependiente, veo que el Señor no solo bendice lo que hago, sino que también levanta otras personas para hacer las cosas que yo tuve que rechazar. Todo porque comencé a buscar maneras de usar la palabrita que empieza con S.

¡Vamos! Practica decirla: "S-s-s…". La misma punta de la lengua, el mismo paladar, pero apoyando los laterales en la parte delantera del paladar y el aire circulando por el centro. ¡S-s-s-i-i-i! "Sí, creo que puedo ayudar en esto". "Sí, creo que puedo acomodarme; déjame orar al respecto". El efecto puede ser absolutamente eufórico, especialmente cuando somos enfáticas en el punto de decirle sí a Dios.

EL RITMO DE UNA VIDA EQUILIBRADA

Hay algo más que descubrí sobre el equilibrio. Ser equilibradas no es tanto permanecer en perfecto equilibrio como una cuestión de encontrar el ritmo correcto para nosotras.

Verás, ese punto de sincronización que mi hermana y yo nos gustaba encontrar en el subibaja nunca duraba demasiado tiempo. Pasábamos más tiempo subiendo y bajando que manteniendo el balance en el medio. Por cierto, eso era, en parte, lo que lo hacía divertido. Podíamos balancearnos a voluntad y seguir más o menos en equilibrio.

Descubrí que esta lección era práctica en mi vida espiritual. Porque el equilibrio entre la intimidad de la sala y el servicio en la cocina a menudo se parece más a ese movimiento de sube-y-baja, atrás-y-adelante del subibaja que a ese momento fugaz de perfecta sincronicidad.

Una parte de mi vida puede tomar preminencia por un tiempo, y luego otra. Un día puedo pasar varias horas leyendo la Biblia y orando, tranquila en intimidad con Dios, mientras que al día siguiente estoy ayudando en la clase de mi hija, avanzando hacia la parte del servicio. Si miraras esos días de manera aislada, parecerían que están totalmente fuera de equilibrio, pero si los consideras juntos verás el balance.

Lo mismo es cierto, creo, sobre las etapas de nuestra vida. Durante años pasé la mayoría de mi tiempo corriendo detrás de dos preescolares. Era difícil para mí colaborar en actividades fuera de casa o incluso tener tiempos a solas con Dios. Ahora que los niños están en la escuela, tengo más tiempo para hacer ambas cosas. Y un día, en un futuro no muy distante, cuando mi tiempo sea en gran medida mío, seré capaz de alcanzar esa simetría perfecta de espíritu y servicio.

Pero no tengo que preocuparme mucho si no puedo. Esa es la belleza de la dinámica. Siempre y cuando mi corazón esté firme en ambos, servicio y adoración, no tengo que sentirme culpable si mi vida parece estar más tiempo inclinada hacia un lado, porque sé que finalmente saldré de ese lugar y pasaré más tiempo del otro.

Planear ayuda. Si sé que pasaré un tiempo en el servicio, organizando un evento o siendo parte del musical de Navidad, entonces sabré que tengo que reservar de antemano tiempo para la oración, la devoción y el buen descanso.

Si sé que estaré tiempo en adoración concentrada —como un retiro de mujeres o una semana de cultos especiales— entonces debo asegurarme de que mis compromisos hacia otras personas estén cubiertos y agendados como para ponerme al día con el trabajo.

Pero no necesito mirar con demasiada anticipación. No tengo que llevar un registro preciso de las horas que haya pasado sirviendo y las que haya pasado adorando o preocuparme que cada momento de cada día esté en un balance perfecto y perpetuo. Lo que debo hacer es rendir mi vida al Señor y permitir que él me ayude a "hacer lo de Chuckie". Él me mostrará cómo atender ambas partes de mi vida.

De hecho, ese mismo ritmo de sube-y-baja puede mantener mi vida avanzando en una dirección positiva.

Escucha a tu alma: una lista de comprobación del equilibrio

Como fuimos creadas para alcanzar el equilibrio, sentimos la diferencia en nuestra alma cuando nuestra vida se inclina demasiado hacia un lado o hacia otro. El desequilibrio se hará evidente en nuestras actitudes, nivel de energía y en la forma en que interactuamos con los demás. Cualquiera de las siguientes puede ser una indicación de que precisas orientarte más hacia el lado del servicio o hacia el lado de la devoción.[3]

Señales de que puedes necesitar más tiempo en la cocina:

- *Leve depresión.* Sientes una vaga insatisfacción, un sentido de bajón.
- *Deseo de retraimiento.* En vez de darle la bienvenida a las personas a tu vida, sientes que quieres que se vayan.
- *Frustración con el curso de tu vida.* Tienes un sentido de despropósito y a veces te preguntas: "¿Esto es todo lo que hay?".
- *Autoindulgencia.* Sientes que te pica el deseo de satisfacerte con tus comidas favoritas o con una tarde de compras.
- *Actitud apática.* Descubres que hay muy pocas cosas que te movilizan. Sabes que tu nivel de compasión está bajo, pero a una parte de ti no le interesa.
- *Bajo nivel de energía.* Como el Mar Muerto, puedes tener muchos ingresos pero pocos egresos, y por lo tanto, estás estancada.

Se supone que nuestra vida es dinámica, no estática. Como el péndulo de un reloj de pared o la bomba de un pozo de petróleo, el ritmo en realidad nos genera energía. Lo cierto es que prosperamos en una vida rítmicamente balanceada, no quedándonos quietas.

Subibaja. Arriba y abajo. Trabajar y adorar. Amar al Señor y amar a las personas. Es el ritmo dinámico que moviliza a una vida con propósito, centrada en decir sí con equilibrio.

Tu ritmo de vida puede ser diferente al mío. Marta y María ciertamente tenían distintos patrones. Tan básica es esta necesidad de

---

Señales de que puedes necesitar más tiempo en la sala

- *Irritabilidad y frustración*. Te encuentras hablándole mal a la gente, especialmente malhumorada con los que percibes como holgazanes o poco colaboradores.
- *Incómoda con la tranquilidad*. El silencio te pone nerviosa, así que enseguida enciendes la televisión o la radio.
- *Bajo umbral de alegría*. Hace mucho tiempo que no sientes gozo y abundancia en tu corazón.
- *Sensación de aislamiento*. Te sientes sola, como si nadie se preocupara por ti o te entendiera.
- *Exceso de motivación*. Te sientes afligida por un sentido de que debes hacer más y más. Te ofreces para colaborar en más proyectos, más comisiones, aunque sabes que tienes la agenda llena.
- *Sensación de vacío y sequedad*. ¡No te extrañes de esto! Has tenido muchos egresos y demandas, pero pocos ingresos o fuente para fortalecerte.

Examíname, Señor, ¡ponme a prueba! purifica
mis entrañas y mi corazón. Tu gran amor lo tengo
presente, y siempre ando en tu verdad

SALMOS 26:2-3

equilibrio en nuestra vida que el Señor ha ordenado ciertos principios de balance que se aplican a todo el mundo. Ellos le dan el ritmo, así como también la rima a nuestra existencia desordenada, y los ignoramos en perjuicio de nosotras mismas. En años recientes, el Señor ha estado trayendo dos de ellos a mi corazón, quizá porque son tan sencillos de olvidar en nuestra cultura alocada. Uno es el principio de "subida" del descanso del Sabat. El otro es el principio de "bajada" de la hospitalidad.

EL REGALO DEL DESCANSO SABÁTICO

Cuenta la historia de una tribu migrante de Sudáfrica que regularmente hacía largas marchas. Día tras día ellos vagaban por los caminos. Pero entonces, de repente, paraban de caminar y acampaban por un par de días. Cuando se les preguntaba por qué se detenían, ellos explicaban que necesitaban tiempo de descanso para que sus almas pudieran alcanzarlos.

¿No es un concepto maravilloso? Dejar que tu alma te alcance. Cuando leí el título de esta historia, me resonó por dentro. Puedo correr tan rápido que llego a dejar todo atrás. No solo a Dios. No solo a las personas. Puedo perder mi alma también.

Creo que por esa razón Dios nos enseñó a observar un período regular de descanso extendido en medio de nuestra agitada vida. Por eso nos regaló el sabbat.

La palabra hebrea *Sabbath* literalmente significa "cesar la labor", y se refiere específicamente a un día de la semana separado para el descanso y la adoración.

Los judíos siempre han guardado el sabbat desde la caída del sol del viernes hasta el atardecer del sábado. No es importante el día que se elija tanto como el propósito escogido: otorgarnos semanalmente equilibrio y perspectiva en nuestra vida agobiada por el trabajo.

"Si llamas al sábado 'delicia', y al día santo del Señor, 'honorable'; si te abstienes de profanarlo, y lo honras no haciendo negocios... entonces hallarás tu gozo en el Señor" (Isaías 58:13-14). Lamentablemente, el sabbat está siendo reducido por nuestra cultura de no parar, lo que representa un gran problema de equilibrio en la vida de muchos cristianos. En primer lugar, a muchos nos cuesta resistir la mentalidad productiva que se ha convertido en la norma. Aun si reservamos el domingo en la mañana y el domingo en la noche para ir a la iglesia, es difícil resistir la tentación de ir al centro comercial por la tarde. Podemos hasta llegar a tener reuniones de trabajo u otras responsabilidades agendadas los domingos (como partidos de fútbol o recitales, por nombrar algunos). Cada vez resulta más complicado resistir la tentación de usar el sabbat como un tiempo para ponerse al día con el trabajo o los estudios, en vez de ser un día para adorar y descansar.

En segundo lugar, y en parte como resultado de lo anterior, muchas personas se encuentran en la posición de tener que trabajar en el día del Señor. Tienen miedo de insistir en pedir el día libre, por temor a perder el empleo o simplemente quedarse atrás. Sin embargo, hablando en términos legales, los empleadores no pueden negarle a sus empleados el derecho a practicar su fe excepto en situaciones extremas, y la presión en esto es innegable. Mira el Apéndice F para conocer algunos recursos sobre lo que puedes hacer si estás en esta situación).

A pesar de todas las distracciones, reales o imaginarias, creo realmente que si queremos equilibrio en nuestra vida, debemos determinarnos a obedecer el cuarto mandamiento (Éxodo 20:8). Los detalles de lo que significa para ti y tu familia quedan entre ustedes y Dios. Pero creo que guardar el sabbat como Dios lo ordenó debe incluir tres cosas.

Primero, el sabbat debe ser diferente, apartado; tiene que contrastar notablemente con los otros seis días. No debería ser un tiempo para hacer trámites que no llegamos a hacer el sábado o finalizar tareas administrativas que trajimos a casa el viernes.

Segundo, el sabbat debería ser un día de devoción. Debes pasarlo en la sala, en intimidad con tu Señor. Las tareas de la cocina pueden esperar. Es un tiempo para enfocar nuestro corazón y mente solo en Dios.

Por último, el sabbat debería ser un día familiar, al menos parcialmente. Un tiempo que pasamos no solo con nuestra familia biológica, sino también con la familia de fe reunida para la adoración corporativa y la comunión. "No dejemos de congregarnos, como acostumbran hacerlo algunos", escribió Pablo en Hebreos 10:25, "sino animémonos unos a otros, y con mayor razón ahora que vemos que aquel día se acerca".

¿Cómo se traducen a la práctica estas prioridades? Aquí están los principios del sabbat que Elizabeth Stalcup y su familia establecieron: "Nuestra familia asiste a la iglesia los domingos por la mañana, no importa lo cansados o exhaustos que nos sintamos, a no ser que estemos enfermos. No lavamos ropa, ni limpiamos la casa, tampoco vamos de compras ni cocinamos comidas elaboradas. Salimos a pasear, leemos la Biblia, visitamos amigos, dormimos la siesta o pasamos el rato en el jardín".[4]

Esta clase de conducta en el sabbat requiere una cierta dosis de disciplina. Hay que hacer por anticipado las tareas del hogar y todo tipo de trabajo. Los miembros de la familia se pueden inquietar con el silencio y el sosiego. Pero los que han hecho del sabbat una prioridad, testifican que el poder equilibrante y restaurador del descanso sabático vale la pena el sacrificio. Después de todo, como asegura Elizabeth, "Dios nos regaló el sabbat porque nos ama".[5]

Si, por alguna razón, no puedes separar el domingo como día sabático, te animo a que seas creativa y apartes otro día cada semana. Algunas iglesias tienen servicios o grupos caseros los días de semana, mientras que otros ofrecen cultos de alabanza los viernes o sábados por la noche. Aunque creo que es mejor separar el domingo como el día del Señor, también creo que si somos sinceras en buscar su rostro, Dios nos ayudará de alguna forma a apartar el descanso del sabbat y la adoración que tan desesperadamente necesitamos.

Me gustaría agregar un consejo sobre este tema, que se aplica específicamente a los que "trabajamos los domingos" para el Señor, sea enseñando en la escuela dominical, tocando el piano en la adoración o cuidando los niños en la guardería. Aunque este trabajo no nos impide reunirnos con el cuerpo de Cristo, de todos modos es trabajo. Necesitaremos encontrar un tiempo especial para el sabbat. Un tiempo en el que nosotros también podamos abrir los brazos y aprovechar el regalo del descanso, la devoción y comunión.

EL REGALO DE LA HOSPITALIDAD

La práctica de guardar el sabbat no es el único principio equilibrante ordenado por Dios que parece haberse perdido en este tiempo. Otro más, que inclina el lado del servicio en el subibaja es la práctica de la hospitalidad. Y no estoy hablando solamente de hacer fiestas y cenas. Hablo de la práctica de abrir nuestros brazos para darle la bienvenida a otros en nuestra vida.

"Las mujeres cristianas no tienen la opción de ser o no ser hospitalarias", dice Rachael Crabb, autora de *The Personal Touch* [*El toque personal*]. "Es un mandato bíblico. Las escrituras nos dicen que en los últimos tiempos habrá amadores de sí mismos. Nosotras somos llamadas a ser dadoras, en cambio".[6]

Una y otra vez en la Biblia se nos anima a mostrar hospitalidad extendiéndonos y brindándonos a otros, recibiéndolos en nuestra vida. Se nos da el ejemplo de Abraham, que albergó a tres visitantes santos sin saber quiénes eran. Jesús nos exhortó a recibir a los que no pueden pagarnos a cambio (Lucas 14:12-14). Pablo nombra la hospitalidad como un requisito para los ministros de la iglesia (1 Timoteo 3:2) y nos anima a todos a "practicar la hospitalidad" en Romanos 12:13. Pedro agrega el requisito de hacerlo "sin quejarse" (1 Pedro 4:9).

¡Ay! La última me pegó a mí. Pero es el versículo de Romanos 12 que me trae consuelo porque la hospitalidad definitivamente no es un área donde yo sea buena o eficiente. La exhortación paulina de "practicar" la hospitalidad me da la esperanza de que un día pueda mejorar. Al menos debo intentarlo. *Practica, Joanna, practica.*

Genéticamente debería tener predisposición a la hospitalidad, porque desde que era niña, mi papá siempre estaba trayendo a casa, por decirlo delicadamente, gente "perdida". Lejos de objetar, mi mamá los recibía con un corazón amoroso y algo para comer. De hecho, por bastante tiempo bromeábamos refiriéndonos a la casa de nuestros padres como el "Hogar Gustafson para Chicos y Chicas Incontrolables".

Esto no es sencillo; al menos no siempre. Es algo con lo que lucho personalmente, en parte porque no soy una anfitriona muy dotada,

"Practicar" la hospitalidad

Si eres como yo, y la hospitalidad no te fluye naturalmente, aquí hay unos consejitos del clásico de Karen Main llamado *Open Heart-Open Home* [*Corazón abierto, casa abierta*] que me ayudaron un montón, más algunos que descubrí por mi cuenta.

1. *Nunca limpies delante de la visita.* En vez de eso, trata de limpiar en un día fijo y luego repasar, así siempre estarás lista para visitas inesperadas.

2. *Pon el énfasis en la bienvenida, no en tu desempeño.* El propósito de la hospitalidad es abrir tus brazos a los demás, no impresionarlos. Es mejor que las cosas sean simples y cálidas que tirar la casa por la ventana.

3. *Haz cosas por adelantado siempre que sea posible.* Planea la hospitalidad. Karen dice: "Trabajar mucho indica que no estoy manejando bien mi tiempo, no estoy planeando o preparando, estoy haciendo demasiado y no estoy dependiendo de las fuerzas del Señor sino de las mías."

4. *Incluye pequeños detalles de belleza.* Unas velas, un florero con rosas recogidas ese día del jardín pueden hacer que un queso a la plancha se vea como una delicia gourmet, además ayudan a ocultar la mancha de grasa en el delantal.

5. *Echa mano de toda la ayuda que venga a tu camino.* Cuando alguien se ofrece a ayudarte dile que sí. Muchas manos hacen menos trabajo, y compartir la labor puede ser una gran oportunidad para tener comunión.

6. *Anota.* Karen tiene archivos de recetas simples y consejos creativos para recibir gente. Otras mujeres anotan las preferencias de los visitantes o la comida que prepararon. Yo aprendí que las listas de cosas para hacer me ayudan a organizar mis pensamientos desordenados y a focalizar mi energía de manera más productiva.[8]

Practiquen la hospitalidad entre ustedes sin quejarse.

1 PEDRO 4:9

pero más porque estoy demasiado ocupada. Es todo un desafío hacer espacio en mi vida para dejar entrar gente. Muchas veces me he sentido como el monje benedictino del que Kathleen Norris habla en su libro *Amazing Grace: A Vocabulary of Faith* [*Sublime gracia: El vocabulario de la fe*].[7]

Sabrás que los monjes benedictinos son expertos en hospitalidad. Su fundador, San Benedicto, hizo que una de las reglas fundamentales de la orden fuera cuidar de los extraños. "Recibe a los visitantes como recibirías a Cristo", les instruía. Nadie debe ser rechazado. Y así ha sido con los benedictinos desde hace siglos. Aun así, cuando a un monje ocupado se le acercó un visitante con preguntas sobre la abadía, le respondió bruscamente: "No tengo tiempo para esto; ¡estamos tratando de llevar adelante un monasterio aquí!"

¡Ay! Qué fácil es caer atrapadas en nuestra vida agitada y olvidarnos de la razón por la que Jesús vino y el propósito por el cual fuimos llamadas.

Cuando vivíamos en la casa pastoral de la iglesia, varias veces a la semana venían los vagabundos a pedir comida o refugio. Yo les decía que estaba ocupada. Ellos estaban desaliñados y olían mal. Me avergüenza admitir que esos eran tiempos en los que yo susurraba por dentro "*¡Váyanse! ¡Estamos tratando de llevar adelante una iglesia aquí!*"

Pero entonces, de manera invariable decían algo como: "Los muchachos de la gasolinera nos dijeron que viniéramos aquí. Decían que esta iglesia ayudaba a todos".

¡Ay! y doble ¡Ay! Como cristianos, como iglesia, somos llamados a ser un hospital, que, dicho sea de paso, es la raíz de la palabra *hospitalidad*. Nosotros deberíamos ser un refugio para los heridos, no un club para los que están confortables.

"¿De qué le sirve a uno alegar que tiene fe, si no tiene obras?", pregunta Santiago. "Supongamos que un hermano o una hermana no tiene con qué vestirse y carece del alimento diario", pregunta el hermano de Jesús en Santiago 2:14-17, "y uno de ustedes le dice: 'Que le vaya bien; abríguese y coma hasta saciarse', pero no le da lo necesario para el cuerpo. *¿De qué servirá eso?*" (énfasis mío). Santiago repite la pregunta y luego concluye: "Así también la fe por sí sola, si no tiene obras, está muerta".

La hospitalidad no es apenas una opción para cualquiera que desee decirle que sí a Cristo. Es parte de su llamado, aunque sea difícil de lograr en nuestra ocupada vida.

INCLINARSE HACIA NUESTRA DEBILIDAD

En mi lucha con la hospitalidad, descubrí algo más sobre el equilibrio que es importante. Para lograr la vida balanceada que Dios desea, debemos darle más peso al lado en que nos sentimos más débiles.

Mi hermana y yo nunca hubiéramos podido seguir jugando efectivamente al subibaja si no fuera porque yo hacía el esfuerzo de sentarme más cerca del centro. Mi "fuerza" hubiera sobrepasado su "debilidad". Yo tenía que irme más cerca de ella para poder alcanzar el equilibrio y que el juego siguiera siendo divertido.

Lo mismo es cierto sobre los actos de balance en nuestra vida. Hay momentos en que debemos enfocar nuestro esfuerzo para inclinarnos hacia nuestra zona de debilidad y darle más peso al tema de la intimidad o del servicio, según sea lo que nos cueste más.

Eso es lo que hizo Marta. Ella se alejó de la comodidad de la cocina y cambió el peso de su atención hacia la sala. María hizo lo mismo cuando dejó su lugar a los pies del Señor y se inclinó hacia el servicio activo de ungirlo. Y yo también estoy intentando aprender esta lección correctiva, fortaleciéndome en mis áreas de debilidad.

Pero no tengo por qué hacerlo sola. Cada vez que oigo la dulce y convincente voz del Espíritu Santo señalando mis inconsistencias, sé que Él está listo y deseoso de ayudarme a cambiar. Si la hospitalidad es mi debilidad, me ayudará a ir hacia ese lado. Cuando necesito un poco más de peso del lado del descanso sabático, Él es fiel en ayudarme a inclinarme en esa dirección, haciéndome "apacentar en pastos verdes". En tanto mantenga la vista fija en el Señor, tendré más pasión por Dios y compasión por la gente, además, lograré la clase de equilibrio que el Señor quiere.

DEBAJO DE LA LÍNEA DE FLOTE

¿Cómo es que balanceamos el trabajo con la adoración? Todas las cosas que hablamos, mantener una actitud de decir sí, encontrar el ritmo, inclinarnos hacia nuestra debilidad, pueden ayudarnos a mantener el subibaja en equilibrio. Pero todo se resume en la misma realidad pivotante que cambió a Marta y a María. Es la misma realidad a la que hemos vuelto una y otra vez en este libro.

El secreto de equilibrar la adoración y el trabajo, la devoción y el servicio, el amor hacia Dios y hacia las personas, es mantener nuestra conexión con Jesucristo. Nuestra relación con Él es el eje, el anclaje, el punto de apoyo que hace posible el equilibrio. Y cuanto más profunda sea nuestra relación con Él, más estable será ese equilibrio.

"Todo comienza en la línea de flote". Así es como lo expresó Jeanne Mayo. He llegado a apreciar no solo la enseñanza de esta increíble mujer, sino también la manera en que vive. Ella logra más en veinticuatro horas que yo en dos semanas. Pero en medio de su ocupación, tiene un gran compromiso con el equilibrio.

Y eso no es sencillo de lograr. Además de ser esposa del pastor en Rockford, Illinois, Jeanne lidera un grupo de novecientos jóvenes y supervisa la escuela de la iglesia con mil trescientos niños, sin dejar de mencionar su extendido ministerio de predicación.

¿Cómo mantiene ella el equilibrio? Una vez se lo pregunté. "Se necesita tener un compromiso rígido con 'primero lo primero'. Estoy constantemente pidiéndole al Señor que haga en mi vida lo que dice el Salmo 139: 'Examíname, oh Dios, y sondea mi corazón; ponme a prueba y sondea mis pensamientos'". Luego compartió conmigo una historia que actuó como un disparador espiritual en su vida. Dios es fiel en traerla a su memoria cada vez que empieza a deslizarse y a perder el equilibrio.

En el otoño de 1992, un hombre llamado Michael Plant emprendió una travesía solitaria por el Atlántico Norte. Como un regatista experto, Plant había hecho ese viaje muchas veces. Su velero nuevo, el Coyote, era tan avanzado tecnológicamente como pocos en el mundo.

Plant salió solo, dejando que su equipo de apoyo monitoreara el viaje por satélite y por radio. Todo iba bien. Incluso cuando una tormenta le cortó las comunicaciones, nadie se preocupó demasiado. Después de todo, era uno de los mejores navegantes que había. Su barco tenía equipamiento naval de última generación y varios dispositivos de emergencia. Plant reanudaría el contacto por radio cuando todo se calmara.

Pero no se escuchó más de él. Después de numerosos intentos por contactarse a través de la radio, la guardia costera envió helicópteros en su rescate. Ellos encontraron el Coyote flotando boca abajo. Su capitán y único pasajero nunca fue encontrado.

"¿Por qué? ¿Cómo pudo suceder?", se preguntaban los expertos. Todos saben que es muy difícil que los barcos de vela se den vuelta; sus profundas quillas y sus enormes timones los enderezan. Pero cuando examinaron el bote, se supo cuál había sido la causa de la tragedia. Debido a todos sus avances tecnológicos y su belleza, el Coyote no tenía suficiente peso bajo la línea de flote del agua. Es decir, no había suficiente lastre en la parte inferior para hacer contrapeso a todos los lujosos artefactos de la parte superior. Y así, al perder su habilidad de equilibrio en el agua, la embarcación se volcó.[9]

"Nuestra vida espiritual volcará también si lo que yace debajo de la línea de flote espiritual no pesa más que lo de arriba", concluye Mayo. No importa lo bien que se vea desde la superficie, no importa lo equilibrado que pueda parecer, lo que hay debajo es lo que cuenta.

Si queremos una vida equilibrada, debemos concentrarnos en lo que apuntala esa vida. Jesús lo hizo. Él estaba en constante comunión con el Padre. Nosotras debemos hacer lo mismo si esperamos navegar con éxito las aguas de la vida. ¡Y *podemos* hacerlo!, porque la cruz compró el mismo privilegio que disfrutó Cristo: una relación íntima, cara a cara con Dios.

Al pasar tiempo en la sala, caminando y conversando con Él, le damos peso al casco de nuestro bote y llenamos nuestra vida con las riquezas de Dios. Y de esa abundancia vendrán la estabilidad en medio de la tormenta y el excedente para compartir con otros.

Amaremos a Dios y a nuestro prójimo. Pasaremos tiempo orando el Padrenuestro y siendo un buen samaritano. Guardaremos el sabbat. Practicaremos la hospitalidad.

Viviremos dentro de nuestro ritmo, pero con una profunda y sólida ancla. El trabajo se convertirá en adoración. La adoración será una delicia.

Haremos el " Chuckie", ¡y lo haremos con gozo!

12

Tener un corazón de María en un mundo de Martas

¡Al único Dios, nuestro Salvador, que puede guardarlos para
que no caigan, y establecerlos sin tacha y con gran alegría
ante su gloriosa presencia!

JUDAS 24

Un corazón de María. Un mundo de Martas. ¿Pueden acaso esas dos partes de mi ser llegar a unirse? ¿Encontraré alguna vez el gozo puro y exquisito de estar centrada solamente en Cristo? ¿Es realmente posible tener una vida equilibrada entre la intimidad de la sala y el servicio en la cocina?

Ahora, más que nunca, creo que la respuesta es sí. Aunque "no lo haya conseguido todo, o que ya sea perfecto", al igual que Pablo, yo también "sigo adelante esperando alcanzar aquello para lo cual Cristo Jesús me alcanzó a mí" (Filipenses 3:12). No he llegado, pero sé hacia dónde me dirijo.

La Mansión Wainwright ubicada en Long Island se parece al set de filmación de una película de romance del siglo XIX. Las enredaderas trepan por las paredes de roca tallada a mano que rodean las torres y ventanas de vidrio, antes de extenderse hacia los jardines de la mansión de cien años de antigüedad. Fue mi primera visita a la Costa Este, y estar en ese hermoso lugar fue como un sueño hecho realidad.

Junto con otros catorce participantes, me reuní en la imponente biblioteca de la mansión Wainwright para escuchar a Elizabeth Sherrill, la exitosa autora de *The Hiding Place* [*El refugio secreto*], que enseñaba sobre cómo escribir una experiencia personal para la revista *Guideposts*.

Había sido un otoño emocionante. Poco después de recibir la invitación al taller, me llegó la noticia de que la editorial WaterBrook Press estaba interesada en publicar *Having a Mary Heart in a Martha World* [*Ten un corazón de María en un mundo de Martas*]. ¡Eran excelentes noticias! Excepto por el hecho de que ahora realmente tenía que escribir el libro.

Estaba aterrada. Ese primer día, sentada en la habitación con ventanas de vidrio oscuro, me invadían pensamientos de críticas y burlas hacia mí. "*¿Quién te crees que eres para escribir sobre la intimidad con Dios?*". Ciertamente, no era una experta en el tema, aunque mi corazón deseaba serlo. Había otras personas mejor calificadas, de eso estaba segura.

"Sobre todas las cosas…", la voz de Elizabeth interrumpió mis reflexiones mientras hablaba acerca de escribir desde el punto de vista de la primera persona, "el narrador debe ser un luchador".

Tenía toda mi atención. "En lugar de describir al individuo como un experto", decía, "necesitamos ver a la persona crecer a través de la historia. Necesitamos ver su cambio". Algo se movió en mi interior. Emoción. Esperanza.

Ciertamente calificaba como una luchadora cuando se trataba de la intimidad con Dios. Mi corazón desconsolado comenzó a levantarse. ¿Era posible que Dios me estuviera eligiendo para escribir este libro justo porque me no me sentía calificada para hacerlo?

"Oh, Señor, soy tuya", oré en silencio mientras tomaba nota de las palabras de Elizabeth. "Toma mis luchas y úsalas para tu gloria. Pero hagas lo que hagas, por favor no permitas que sea la misma. Transfórmame. Dame un corazón de María en mi mundo de Marta".

No tenía idea de lo maravillosa y, al mismo tiempo, difícil que sería la respuesta del Señor a esa oración.

EL SEÑOR DEL PROCESO

¿No te gustaría que tu cocina tuviera un replicador? Ese aparato que tienen en *Viaje a las estrellas* y que dicen: "Café colombiano, dos cucharaditas de azúcar, espolvoreado con chocolate belga rallado", y *puf...* ¡está listo!

Por desgracia, todavía estoy atascada en mi cafetera eléctrica, que derrama el café, y en esta realidad fundamental: se necesita un proceso para obtener un resultado.

El anillo de diamantes que llevo en la mano izquierda no fue fruto de la casualidad. Antes de que John y yo lo sacáramos de la vitrina de la joyería, alguien moldeó el oro. Antes de eso, alguien vio esperanza en una piedra grumosa y lechosa, y cinceló las facetas para revelar la belleza que tenía en su interior. Aún antes de eso, un trabajador encontró la piedra en las profundidades de una montaña. Y multimillones de años antes de ese momento, trillones de toneladas de roca, presión y vapor trabajaron juntos para comprimir el carbono ordinario en una forma y sustancia que denominamos diamante.

Se necesita un proceso para obtener un resultado. El coche que conduzco no apareció de repente en el salón de ventas del vendedor. Llevó cuatro meses construir la casa en la que vivo; y mucho más si se tiene en cuenta el tiempo de crecimiento de los árboles utilizados en la construcción, la minería necesaria para hacer los clavos y la mezcla de arena y calor utilizada para el vidrio.

¿Captas la idea?

Un producto requiere un proceso. Lo mismo ocurre con nuestra vida cristiana. Ser como Jesús también requiere un proceso.

Este simple descubrimiento revolucionó mi vida en los últimos años. Pasé la mayor parte de mis treinta y siete años esperando que llegara. Ser perfeccionada.

En algún lugar de mi interior, todavía tenía la esperanza de que cuando realmente le entregara mi corazón a Cristo, saldría de la cabina telefónica del Espíritu Santo vestida completamente de azul y rojo, con una hermosa falda, una capa voladora larga, y una gran *S* sobre el pecho de ¡"SÚPER CRISTIANA"! Me visualicé capaz de saltar altísimos obstáculos altos de un brinco. Sería más rápida que los dardos de fuego del enemigo, más poderosa que todas las tentaciones del infierno.

¿Acaso no puedes oír la música y ver la brisa que ondea mi capa mientras vuelo?

Bueno, eso no sucedió. En realidad, me parezco más a la versión femenina del apacible Clark Kent que a cualquier superhéroe espiritual. Algunos días, todo lo que puedo hacer es levantarme de la cama. Y por mucho que lo intenté, nunca pude usar el traje.

Puedes imaginar el alivio que sentí cuando finalmente comprendí que el cristianismo es un proceso y no un acontecimiento. Es un viaje, no un destino.

"Pensé que ser cristiano había sido fácil", escribió Samuel Rutherford hace algunos siglos, "pero, vaya, cuántos giros, vueltas, subidas y bajadas por las que me ha llevado".[1] Rutherford concluye que las retorcidas pruebas de la vida son las que producen el carácter y la fidelidad a Dios. Y yo descubrí que tiene toda la razón.

Se necesita un proceso para producir un resultado; esto aplica a los cristianos consagrados a los diamantes, autos y casas. Seguramente también es válido para tener un corazón de María en un mundo de Martas. Si queremos ser como Jesús, no podremos escapar del proceso de refinamiento.

Pero podemos estar "convencido[s] de esto", escribe Pablo en Filipenses 1:6, "el que comenzó tan buena obra en ustedes la irá perfeccionando hasta el día de Cristo Jesús".

Lo que Dios comenzó el día que le rendí mi vida lo va a completar mientras permanezca continuamente rindiéndome a su voluntad. Se necesita un proceso para que me convierta en la clase de cristiana que deseo ser; pero Jesucristo es el Señor del proceso, y el proceso es divino.

Eso no significa que siempre entenderemos sus métodos. Es un misterio para mí la manera en que Dios puede tomar algo imperfecto como mi vida y convertirlo en un agente de su gloria. En el libro *When God Shines Through* [*Cuando Dios brilla*], Claire Cloninger

escribe sobre este Dios creativo que toma los pedazos rotos y dispersos
de nuestra vida y los convierte en un caleidoscopio:

> Para mí, una de las grandes frustraciones de caminar en el "día
> a día" de mi vida como cristiana es que no siempre puedo ver
> la manera en que las partes y las piezas que me forman encajan
> en el gran cuadro del plan de Dios. A veces es tentador ver mi
> vida como una comida aquí, una reunión allá, una colaboración
> para compartir viaje en auto, una llamada telefónica, una
> bolsa con alimentos; todos los fragmentos desconectados de la
> maternidad en particular.
>
> Sin embargo, sé que estoy llamada, como hija de Dios, a
> creer por la fe que todo eso tiene importancia. Que, de alguna
> manera, cada simple pieza de mi vida, cada paso y cada lucha es
> parte del proceso de ser moldeada de acuerdo con el inmenso y
> perfecto patrón diseñado por Dios.[2]

Claire concluye que esos pedazos dispersos son los que Dios usó
para hacer un caleidoscopio. En lugar de esperar a que lleguemos,
Dios hace brillar la luz de Cristo a través de los fragmentos que ponemos en sus manos, transformando "el desorden en belleza y simetría",
esparciendo los colores de nuestras piezas como fuegos artificiales en
el cielo.

COLABORADORAS CON CRISTO

Pero no te equivoques. El proceso de rendirse y permitir que Cristo
trabaje en ti no es tan pasivo como parece.

Sí, el Señor entregó todo para hacernos suyas. Sí, murió y resucitó.
Envió al Espíritu Santo para enseñarnos y guiarnos. Dio su propia vida
para hacernos santas, así que tomará lo que le ofrezcamos y lo transfor-
mará en algo bueno. Además, se espera que participemos en el proceso.

"Cuando todos unamos nuestras fuerzas, juntos, juntos, cuando
unamos nuestras fuerzas qué felices seremos". Siempre me gustó esa

canción. Julie Olson y yo formábamos una pareja en la escuela dominical y hacíamos los bailes, las faldas recién planchadas se balanceaban
mientras nos movíamos hacia adelante y atrás. Delicadamente. Suavemente. No como Brian Larson y los otros chicos groseros de tercer
grado, que convirtieron la canción en un combate de lucha libre.

Julie y yo solíamos cantar "porque tu trabajo es mi trabajo", y nos
señalábamos con una sonrisa, mientras los chicos se golpeaban entre
ellos en el pecho. Y continuábamos: "y nuestro trabajo es el trabajo de
Dios", repitiendo el coro, y luego aplaudíamos para enfatizar: "¡cuán
felices seremos!"

Es asombroso lo bien portada que solía ser. Por supuesto que es
fácil cantar dulcemente en la escuela dominical. La vida, sin embargo,
es otra cosa.

Me avergüenza reconocer que, con el paso de los años, mi canción
haya tomado los matices de los chicos groseros y la lucha libre. Me
confunde y me siento un poco beligerante al pensar acerca de cuál
es mi tarea y cuál es la tarea de Dios. Y de vez en cuando, espiritualmente, hago como Hulk Hogan: "Es tu trabajo, no el mío", me veo
vociferando, llamando a la puerta del cielo. "Estoy cansada de reunir
fuerzas. ¡Es tu trabajo, Dios!", le reclamo, intentando tomarlo por el
hombro, girarle hacia atrás el brazo y hacerle una llave de lucha libre
al Altísimo: "¡Es tu trabajo!"

Sin embargo, cuando estoy lo suficientemente tranquila para escuchar, cuando calmo mi corazón para escuchar su voz, el Salvador me
asegura: "Sí, tu salvación es mi tarea". *Consumado es.* Lo hice en la cruz.
Pero quiero asociarme contigo de ahora en adelante".

UNA VIDA FÁCIL, POR FAVOR

No sé qué esperaba cuando empecé. *Ten un corazón de María en un
mundo de Martas* se gestó lentamente en mi corazón durante dos años.
Qué mensaje tan increíble: ¡Jesús anhela conocernos! A cada uno de
nosotros. De la misma manera en que conocía a Marta y María, con
todas nuestras diferentes personalidades, dones y estilos de adoración.

Era grande, muy grande. Repleto de implicaciones llenas de gracia divina. Pero cuando me senté a escribir, las palabras no dejaron de brotar. Solamente el capítulo 2 tenía seis versiones distintas y muchos comienzos diferentes. No había nada del libre fluir inspirado por el Espíritu que había imaginado cuando firmé el contrato. De hecho, de una forma extraña, se parecía al trabajo. Al trabajo duro.

Probé con la táctica de oración de una estrella de la lucha libre: "¡Ey! ¡Es tu trabajo, Dios! Lo estoy haciendo por ti; ¿qué te parece un poco de ayuda?".

Silencio.

Probé con la táctica de Job: "¿Dónde estás; y por qué no te importa?".

Otra vez silencio.

Incluso consideré probar la táctica de Jonás: "Olvídate de Nínive; me voy a las Bahamas".

Pero aún así no escuché nada, excepto la suave sensación de su presencia. La sensación de que Él estaba allí, pero esperando; esperando que yo comprendiera lo que quería enseñarme sobre el proceso.

Henrietta Mears dijo que existe una sola manera de aprender las lecciones de Dios. "Ojos abiertos, y boca cerrada".[3] Es una orden difícil para aquellos verbalmente prolíficos. Pero era ahí donde el Señor seguía llevándome. Arrodillada. Cerca de donde María se encontró con Jesús esa tarde en Betania.

A veces, solo esperaba y escuchaba. En otras ocasiones, derramaba mi petición y mi queja. Pero la mayoría de las veces volvía a mi oración original. Cada vez que estaba atascada, cada vez que le decía a Dios que no entendía, el Señor amablemente me recordaba las palabras que le había expresado en Wainwright. "Toma mis luchas y úsalas para tu gloria". "Transfórmame. Dame un corazón de María en mi mundo de Marta".

Y con esas palabras vino la calma, una certeza de que el Señor estaba obrando. Comencé a entender que, compartiendo el yugo con Cristo, podía confiar en que Él guiaría la ruta y mis pasos. Él sabía lo que yo necesitaba y lo que debía hacer. Podía confiar en que Dios iba a terminar lo que había empezado. Mi papel era asociarme con él. Así que terminé de orar, volví a la tarea, y… a esperar un poco más.

LA PRUEBA DE NUESTRA FE

Por supuesto que lo que estaba experimentando no es nada nuevo. Le ha sucedido a cada cristiano en algún momento. Es la experiencia de la santificación: trabajar duro al lado de Cristo mientras Él hace su obra transformadora en nosotros. Es el proceso de la perseverancia: seguir adelante, obedecer en las cosas pequeñas y grandes, hacer lo mejor que podamos y avanzar, confiando en que Dios hará el resto.

La perseverancia no es muy divertida. Sin embargo, es precisamente la perseverancia lo que le permite a Dios tomar nuestro enmarañado desorden y convertirlo en milagros. Se complace en convertir las presiones de carbono negro de nuestra vida en diamantes de radiante belleza. Pero hacer todo eso requiere un proceso. Un proceso que toma tiempo. Un proceso que a veces es doloroso.

Probablemente ya sacaste la conjetura de que soy una mujer algo extraña. Entonces, tal vez no te sorprendas al decirte que disfruté estar embarazada. Pero estaba especialmente emocionada por el trabajo de parto. Contracciones. Respiraciones con el método Lamaze. Todo ese asunto. No podía esperar a que empezara.

"Se trata de un dolor con propósito", solía decir con entusiasmo a todo el que me escuchara. En mi mente, podía verme en esa acogedora habitación del hospital, envuelta en los cariñosos brazos de mi esposo, cantando alabanzas. "¡Aleluya… Ale— uuu — ya! ¡Oh, esa fue fuerte!", decía con una sonrisa, mientras John me acariciaba suavemente la frente. La enfermera entraría y se quedaría asombrada por el rápido progreso. "Tendrá a su bebé en cualquier momento, señora Weaver. Nunca he visto a nadie soportar el trabajo de parto tan bien como usted".

Basta decir que eso nunca sucedió. En lugar de triunfar sobre el glorioso trabajo de parto, me llevaron a toda prisa para hacerme una cesárea de urgencia. El bebé estaba sentado. El doctor me dijo con toda naturalidad: "O este es el trasero de tu bebé o tiene una grieta en la cabeza".

Nada del proceso de nacimiento fue fácil para mí. Cuando finalmente desperté de la anestesia y abracé a mi pequeño, mis ojos se negaban a enfocar con claridad. "Me gustaría poder verlo", murmuré mientras sostenía el bultito a unos centímetros de mi cara. Dos años y medio más tarde, y después de catorce horas de un duro y definitivamente nada victorioso trabajo de parto nació Jessica.

Puedo oírte decir, "Ah, ¿sí? Déjame decir algo sobre el dolor...".

Lo sé, lo sé. Mi objetivo no es intercambiar historias de terror sobre el parto, sino recordarte que las cosas buenas rara vez se logran con facilidad. Unas semanas después del nacimiento de mis hijos, después

---

El Señor es quien me marca el ritmo

El Señor es quien me marca el ritmo, no me voy a apresurar.

Hace que me detenga en intervalos silenciosos.

Me provee imágenes de quietud que restauran mi serenidad.

Me guía en la ruta de la eficiencia a través de la calma y paz mental
que su orientación me ofrece.

Aunque tengo muchos objetivos que lograr cada día, no me voy a
desesperar, porque su presencia está conmigo.

Su eternidad, la trascendencia de Dios mantendrán mi balance.

Él me prepara refrigerio y renuevo en medio de todas mis
actividades al ungir mi mente con su aceite de tranquilidad.

Mi copa rebosa de jovial energía.

Una verdadera armonía y eficacia serán los frutos de mis horas,
por lo que caminaré al ritmo de mi Señor y habitaré en su casa
para siempre.

UNA VERSIÓN DEL SALMO 23 DE JAPÓN.[4]

de que la incisión sanara y el agudo, desgarrador e insoportable dolor se había convertido en un recuerdo lejano, pude decir con honestidad mientras sostenía a mis hijos en brazos: "Valió la pena".

Así fue.

TODO VALDRÁ LA PENA

Eso es exactamente lo que Santiago intentaba decir en su carta a las iglesias dispersas en el extranjero. Ese es exactamente el punto de su asombrosa declaración sobre el doloroso proceso de asociarnos con Dios en nuestro crecimiento cristiano:

> Hermanos míos, considérense muy dichosos cuando tengan que enfrentarse con diversas pruebas, pues ya saben que la prueba de su fe produce constancia. Y la constancia debe llevar a feliz término la obra, para que sean perfectos e íntegros, sin que les falte nada (Santiago 1:2-4).

¿Muy dichosos dijo? ¿De qué está hablando este hombre? Las iglesias a las que se dirigía estaban soportando una tremenda persecución. Después de la muerte de uno de sus primeros diáconos, Esteban, muchos cristianos habían huido a Jerusalén y se habían esparcido por toda Judea y Samaria (Hechos 8:1), y muchos de ellos se habían unido a comunidades judías alrededor del Mediterráneo. Pero en vez de ser recibidos por sus compatriotas judíos, eran rechazados y perseguidos; fueron desamparados por los judíos, explotados por los gentiles, les robaron sus posesiones, los llevaron a juicio y los trataron peor que a esclavos.[5] Y era a estos marginados, solitarios y heridos a los que Santiago les dirigió esas increíbles palabras: "considérense muy dichosos", frase que en la versión de la Biblia en la Traducción Lenguaje Actual dice: "ustedes deben sentirse muy felices".

"¡Qué bien! ¡Una carta de ánimo del Pastor Whacko!",[6] como dice Kent Hugues.

¿Pero qué les estaba diciendo realmente Santiago a esos cristianos heridos? Les decía que miraran *más allá* de la parte dolorosa de lo que estaba sucediendo, y que observaran lo que Dios estaba haciendo en medio de todo ello. Él quería que vieran que las dificultades, las pruebas, los *peirasmos*, que estaban enfrentando, no eran casualidad. La prueba de su fe tenía un propósito. Esas tribulaciones apuntaban a un final glorioso. Todo valdría la pena si perseveraban.

EL GLORIOSO RESULTADO

El problema, por supuesto, es que la mayoría de las veces preferimos no perseverar. Queremos un *testi*monio, pero preferimos saltarnos la prueba que nos lo da. Todas queremos un resultado. Pero preferimos saltarnos el proceso.

Como escribe Charles Swindoll:

Me temo que nuestra generación casi ha llegado a tener la mentalidad de me-estoy-cansando-así-que-mejor-renuncio".
Y no tan solo en el área espiritual. La dieta es una disciplina, por eso engordamos. Terminar el colegio es un fastidio, entonces lo dejamos. Cultivar una relación íntima es doloroso, así que nos apartamos. Escribir un libro lleva demasiado tiempo, así que nos detenemos. Solucionar los conflictos en el matrimonio es un esfuerzo tan agotador que preferimos alejarnos. Persistir en un trabajo es difícil, así que empezamos a buscar otro...
Y cuando ya estamos a punto de rendirnos, aparece el Maestro, que se inclina y susurra: "Continúa; no te detengas. Sigue adelante".[7]

Cuando se trata de nuestra vida espiritual, muchas de nosotras somos personas del "todo o nada". Si no somos automáticamente perfectas, nos damos por vencidas. Cuando las virtudes cristianas como la paciencia y la bondad parecen difíciles de obtener, abandonamos el desarrollo de nuestro carácter y decidimos que la santidad es para aquellos que están mejor equipados. Sin embargo, cuando nos damos por vencidas, estamos renunciando a nuestra parte de la sociedad con Dios. La perseverancia es una de nuestras responsabilidades en el proceso de transformación.

¡Y qué transformación! La recompensa de la perseverancia descrita por Santiago es mucho más que meras palabras. Nos dice que el glorioso resultado de la perseverancia nos hará "maduras y completas, sin que nos falte nada". La palabra que utiliza para *maduras* es *telios*, que describe un desarrollo dinámica, una personalidad que ha alcanzado su plenitud. Y cuando Santiago dice que estaremos completas, la palabra *holokleros* significa que estaremos "enteras, perfectas en cada parte". Era la palabra utilizada para describir la condición del sumo sacerdote y el sacrificio del animal que se presentaba cada año. Significaba que estaban libres de cualquier mancha de imperfección o defecto.[8] La perseverancia nos prepara para ser el sacrificio vivo descrito por Pablo en Romanos 12:1: "santo y agradable a Dios".

Dios utiliza las presiones de las pruebas para perfeccionarnos. Moldea facetas en una humilde piedra para reflejar su gloria. La última frase de Santiago 1:4 resuena en mi corazón con una esperanza increíble. Cuando perseveramos, nos volvemos perfectas y completas, "sin que les falte nada". *Leipos medeis*. No tenemos ninguna deficiencia. Tenemos todo lo que necesitamos.

Por supuesto que aún habrá áreas en nuestra vida donde seguiremos luchando. Todavía habrá batallas, y ocasionalmente perderemos algunas. Pero si deseamos perseverar en el proceso, un día, con Cristo a nuestro lado, ganaremos la guerra.

Por esa razón puedo decirte: ¡Persevera, amiga mía! Persevera. ¿Quieres más de Dios? No te conformes con menos. ¿Quieres ser más como Jesús? ¡Entonces persevera… sigue adelante, persiste, continúa!

Y mientras lo hagas, te aseguro que serás transformada. Transformada como lo fueron Marta y María.

CORAZÓN DE MARÍA. MUNDO DE MARTA.

Me encanta la última imagen que vemos de Marta y María en la Biblia. Juan 12:1-3 retrata a dos mujeres que descansan. Descansan con su Salvador. Están en reposo.

Marta continúa sirviendo, pero lo hace con un corazón atento. En lugar de estar atrincherada en la cocina, sirve en la sala, en la presencia de su Señor. La ocupada servidora se ha convertido en una enfocada estudiante, Marta ahora se concentra en cada palabra del Señor.

María quizá haya comenzado la noche sentada a los pies de Jesús, pero en vez de escuchar pasivamente, ofrece todo lo que tiene. Abre su tesoro, lo derrama en un sacerdocio profético para Cristo. Con su amoroso servicio, prepara al Maestro para el entierro y el fin de su estancia en la tierra. La alumna contemplativa se ha convertido en una eficiente servidora al demostrar su amor a través de su extravagante acción.

Y yo también me he transformado, como nunca podría haberlo imaginado. Yo también aprendí lecciones sorprendentes sobre lo que significa tener un corazón de María en un mundo de Martas.

No fue un proceso cómodo. Para ser honesta, hubiese preferido un viaje a un spa celestial. Una renovación completa de veinticuatro horas con tratamiento corporal, rejuvenecimiento de la piel y un nuevo vestuario espiritual. Pero Dios decidió hacerlo a la vieja usanza. Decidió usar mi vida para enseñarme. Decidió usar el proceso de escribir este libro.

"¡Dios, estoy en bancarrota!", grité una noche solitaria y vacía. Se me agotaron las palabras, y aunque el mensaje aún resonaba en mi corazón, parecía que no podía atravesar una pared invisible. Viví cada capítulo individualmente: la horrible paranoia del "Señor, ¿no te importa?"; la temible ansiedad del "estás preocupada por muchas cosas"; la dolorosa aflicción del "si hubieras estado aquí".

Esa noche, en la oscuridad, me sentí completamente sola.

Pero en algún lugar de toda esa lucha, Dios me encontró.

Me dio paz y dirección, aunque no puedo explicar cómo lo hizo. De alguna manera su gracia me ayudó a vivir un día a la vez; no con miedo al futuro o arrepentimiento por el pasado. De forma maravillosa e increíble, Dios comenzó a sanar la dicotomía de mi vida. Empezó a unir los dos lados de la esquizofrenia espiritual que me había atormentado durante años.

En lugar de tratar de conciliar la intimidad de la sala con el servicio en la cocina, empecé a enfocarme solo en Cristo. En lugar de inquietarme por lo que se hizo y lo que no se hizo, empecé a rendir mis días al Señor, pidiéndole que dirigiera mis pasos. "Señor, tú sabes lo que hay que hacer hoy. Muéstramelo y lo haré".

Con la rendición llegó una paz recién descubierta. Pude dejar atrás la visión estrecha del pensamiento del "todo o nada" y disfrutar tan solo un día a la vez. Las oportunidades comenzaron a abrirse en todas partes. Tuve el privilegio llevar a una mujer a Cristo cuando reduje el ritmo de escritura del libro. Me encontré con una persona conocida en el partido de baloncesto de Jessica que realmente necesitaba oración. Hasta el hecho de escribir comenzó a fluir mejor.

Luego, varias semanas después, mientras iba al hospital a visitar a un enfermo de nuestra iglesia, me encontré preguntándome: "*¿Esta visita tiene que ver con Marta o con María?*". Y me había estado preguntando lo mismo sobre este libro. "Todo el trabajo que estoy dedicando, todo lo que escribí y reescribí, ¿se trata de la obligación de Marta o la devoción de María?". No estaba segura.

¡De repente, mientras conducía, en medio de todos esos pensamientos, me di cuenta de que tenía que ver con ambas! Visitar el hospital era hacer el trabajo de Marta al estilo de María. Escribir sobre la intimidad con Dios se trataba de que María hiciera fielmente el trabajo de Marta. En mi corazón, que había estado dividido, las dos se convirtieron en una. Ya no tenía que preocuparme por las razones, si estaba moviéndome por obligación o por devoción. Dios derribó la pared e hizo de la sala y la cocina una sola habitación.

"¡Son las dos!", grité golpeando el volante con una gran sonrisa en mi cara. "¡Son las dos!"

RINDO TODO

No puedo explicarte la libertad que sentí ese día. Fue como si el gran enigma en el que había estado trabajando durante años se resolviera de repente. Reunir las dos partes de mi corazón parecía ser tan natural, tan simple. Casi vergonzosamente fácil.

Quizá ya descubriste que Dios se complace con un corazón sin divisiones. Tal vez ya estás viviendo en ese lugar de continuo bienestar ante Dios, simplemente sirviendo y amando al Señor un día a la vez. Pero, si ese no es tu caso, si eres una luchadora como yo, ¡anímate! Dios tiene una forma mejor.

Ken Gire, en su libro *Intense Moments with the Savior* [*Momentos intensos con el Salvador*], escribe: "He aprendido que mi fortaleza no depende de la intensidad de mi trabajo... sino en lo mucho que me entrego".[9] Cuando llegamos al final de nuestro ser y de nuestras habilidades, cuando renunciamos a nuestra vida, Jesús promete usarla. Poco es mucho cuando Dios está en el asunto. Especialmente si ese poco somos tú y yo.

"Entrégate por completo a Dios", escribe la Madre Teresa de Calcuta en *Life in the Spirit* [*Vida en el Espíritu*]. "Te usará para lograr grandes cosas con la condición de que creas más en su amor que en tu propia debilidad".[10]

Cuando nos rendimos a Jesucristo, permitimos que el Señor del proceso haga su trabajo. Porque es en nuestra debilidad donde Cristo es fuerte. Es en nuestra imperfección donde lo encontramos más que suficiente. Y es en nuestra disposición a ser quebrantadas que Él trae la plenitud; mayor plenitud y perfección de lo que jamás pensamos que fuera posible.

Este es un viaje de toda la vida, cuyo fruto gozaremos por la eternidad. El fruto que permanecerá mucho tiempo después de que nosotras ya no estemos.

Henrietta Mears es conocida por todo lo que ha logrado para el reino de Dios al desarrollar una enorme escuela dominical y formar líderes. "Aun en medio de todos sus logros", escribe Jan Johnson en

Living a Purpose-Full Life [*Una vida llena de propósito*], "a menudo se ubicaba a los pies de Dios; lo estudiaba, lo escuchaba, se deleitaba en Él".

A pesar de su agenda ocupada, Henrietta "abría la Biblia en el sagrado silencio de la comunión personal con Dios con la misma atención que un hombre hambriento se acerca a un banquete". Y al morir, describieron a Henrietta Mears como si hubiese "atravesado el velo que separa el presente y el más allá, que a lo largo de los años lo había descrito como algo muy, muy fino. Alguien comentó: 'Para ella no era algo nuevo reunirse a solas con el Señor, porque lo había hecho a menudo. Esta vez se fue con él'".[11]

¿Quieres este tipo de corazón de María en un mundo de Martas? Yo sí.

Quiero vivir tan íntimamente con Jesús que cuando llegue el momento de dejar este mundo, yo también pueda pasar por ese velo tan fino del que hablaba Henrietta Mears. De una vida llena de gloria a otra. ¡De sentarse "en su presencia" a estar "cara a cara"!

Para que eso suceda, necesito perseverar y ser paciente, porque se necesita un proceso para producir un resultado, y un proceso lleva tiempo. Sin embargo, nunca olvides, amada de Cristo, que este proceso es divino. ¡Dios está justo a tu lado! Él está a cargo. Lo único que te pide es que seas su socia y compañera, y te rindas a lo que está haciendo en tu vida.

En 2 Corintios 4:16-17, Pablo escribe: "Por tanto, no nos desanimamos. Al contrario, aunque por fuera nos vamos desgastando, por dentro nos vamos renovando día tras día. Pues los sufrimientos ligeros y efímeros que ahora padecemos producen una gloria eterna que vale muchísimo más que todo sufrimiento."

De gloria en gloria, Él nos está transformando.

Así que no te preocupes si todavía no has llegado, mi querida hermana. No abandones el proceso. No te pierdas el viaje.

¡Porque será glorioso! Todo valdrá la pena.

❧

Una oración para el viaje

Oh Cristo, no me des tareas semejantes a mis fuerzas,
sino dame fuerzas semejantes a mis tareas,
porque quiero extenderme en las cosas que son demasiado grandes
    para mí.
Quiero crecer a través de la grandeza de mis tareas,
pero necesitaré tu ayuda para ese crecimiento.[12]

E. STANLEY JONES

Recursos para un corazón de María en un mundo de Martas

Guía de estudio

Nada ha sido tan transformador para mí como el estudio de la Palabra de Dios. Algo poderoso ocurre cuando vamos más allá de las opiniones y revelaciones de otras personas y descubrimos por nosotras mismas lo que Dios tiene para decirnos. Diseñé este estudio bíblico de doce semanas para ayudarte precisamente con eso.

Te recomiendo que uses una versión de la Biblia que a ti te guste y puedas entender, así como un cuaderno de notas y un bolígrafo para escribir tus respuestas. Antes de cada lección, pídele al Espíritu que aumente tu comprensión al examinar la Palabra de Dios y te ayude a aplicar las verdades que descubras.

Cada una comienza con preguntas para la reflexión individual o discusión grupal y luego sigue con un estudio de principios escriturales. Al final de la lección tendrás oportunidad de escribir lo que más te habló en ese capítulo. Las historias, citas y columnas laterales que están dentro de los capítulos te darán más material para el debate y la reflexión.

Mi súplica es que cada una de ustedes comience a experimentar la bendición que Dios le promete a aquel que "se fija atentamente en la ley perfecta que da libertad, y persevera en ella, no olvidando lo que ha oído, sino haciéndolo" (Santiago 1:25). Hay una transformación interior esperando por cada una de nosotras, y se encuentra en la presencia de Dios y en las páginas de su Palabra. ¡Profundicemos en ella, queridas damas! Estarás feliz de haberlo hecho.

CAPÍTULO 1: HISTORIA DE DOS HERMANAS

Preguntas para la discusión o reflexión

1. ¿Qué ideas preconcebidas tenías sobre Marta y María antes de leer el libro? ¿Con cuál de ellas te identificas más: con Marta o con María? Explica tu respuesta.

2. Una mujer una vez me dijo: "Mi vida es como una licuadora, y ¡se quedó trabada en el modo frappé!" ¿Qué objetos inanimados describen mejor la forma en que te sientes en este momento?

Vamos más profundo

3. Lee Lucas 10:38-42. Menciona al menos dos cosas que aprendes sobre Marta en este pasaje y al menos dos de María. ¿Cómo describirías a Marta en una sola palabra? ¿Y cómo describirías a María?

4. Una mujer me dijo: "Supongo que yo soy una Marta y siempre lo seré". ¿Es posible que nuestro carácter cambie o estamos destinadas a vivir atrapadas en una naturaleza predeterminada? Explica tu respuesta.

5. ¿Qué dice la Biblia en los siguientes versículos sobre nuestro potencial para cambiar?

    Ezequiel 36:26-27_____

    2 Corintios 5:17_____

    Filipenses 1:6_____

6. ¿Has visto la obra transformadora de Dios en tu vida o en la de alguien más? ¿Cómo sabes que fue una "sagrada reconstrucción" y no un "estiramiento facial"?

7. Lee Mateo 11:28-30. Haz un círculo en las palabras clave y medita en esos versículos, realmente pensando en lo que está diciendo Jesús. Luego memoriza este pasaje frase por frase. Escríbelo en una tarjeta y míralo con frecuencia, repitiéndolo hasta que se vuelva parte de ti.

8. ¿Qué mensaje poderoso te ha dejado este capítulo?

CAPÍTULO 2: "SEÑOR, ¿NO TE IMPORTA?"

Preguntas para la discusión o reflexión

1. La historia de Marta y María a muchas de nosotras nos reaviva recuerdos de rivalidad entre hermanas y hermanos. ¿Qué peleas con tus hermanas o hermanos recuerdas? ¿Qué hacías para que tus padres te prestaran atención?

2. Lee Lucas 10:38-42. ¿Alguna vez hiciste la pregunta de Marta, "Señor, ¿acaso no te importa?". ¿Cuál era la situación? ¿Cómo respondió Dios tu pregunta?

Vamos más profundo

3. Todas nos hemos sentido solas alguna vez, y hasta los héroes de la fe se sintieron así. Lee 1 Reyes 19:1-8. ¿Cómo atacaron a Elías las tres "D Mortales": distracción, desánimo y duda, después de la gran victoria sobre los profetas de Baal en 1 Reyes 18? Yo completé la primera a modo de ejemplo:

    DISTRACCIÓN: *La ira de Jezabel lo hizo correr para salvar su vida.*

    DESÁNIMO: _____

    DUDA: _____

4. En este pasaje, ¿cómo ministra Dios a Elías en medio del desánimo? ¿Cómo te ha ministrado a ti cuando te sentiste sola y herida?

5. En Marcos 4:35-41 los discípulos repiten la pregunta de Marta: "¿No te importa?". ¿Qué nos enseña esta porción de las Escrituras sobre los tiempos difíciles en nuestra vida? (Lee Isaías 43:1-2).

6. Lee Salmos 103. Enumera al menos cinco de las muchas formas en que Dios demuestra su amor por nosotras. Si estás luchando por conocer el amor del Padre, piensa en memorizar este capítulo así no te olvidas de "todos sus beneficios".

7. Escríbele una carta a Jesús que empiece así: "Señor, yo sé que me amas porque....", y escribe las maneras en que Él te ha mostrado su gran amor por ti.

8. ¿Qué mensaje poderoso te ha dejado este capítulo?

CAPÍTULO 3: EL DIAGNÓSTICO

Preguntas para la discusión o reflexión

1. Marta quería que Jesús le dijera a María que la ayudara con la cocina, pero en vez de darle lo que ella quería, el Dr. Jesús le hizo un diagnóstico: "Marta, Marta, estás inquieta y preocupada por muchas cosas". Si hubieras estado en el lugar de Marta, ¿cómo te habrían hecho sentir las palabras de Jesús?

2. De acuerdo con el Dr. Edward Hallowell, más de la mitad de los humanos somos aprensivos crónicos. ¿Con cuáles de las diez señales que encuentras en la página () sobre ser aprensiva estás luchando? ¿Cómo la ansiedad y la preocupación se meten en tu vida cotidiana y afectan tu conducta? ¿Y tu salud física?

Vamos más profundo

3. El temor no solo nos afecta físicamente sino también espiritualmente. Lee Lucas 8:14. Menciona tres cosas que pueden ahogar la Palabra de Dios en nuestra vida. ¿Con cuál de ellas luchas más, y cómo eso te asfixia espiritualmente?

4. Mira el diagrama " interés y preocupación" de la página 38 y lee la cita de Gary E. Gilley. ¿Qué captura tu interés en este momento? ¿Qué preocupaciones?

5. ¿Qué nos dicen los siguientes pasajes que hagamos con lo que nos interesa y lo que nos preocupa y cuál será el resultado?

Proverbios 3:5-6	MANDATO	_____
	RESULTADO	_____
Filipenses 4:6-7	MANDATO	_____
	RESULTADO	_____

6. a. Reescribe Mateo 6:25-30 como si Dios te estuviera hablando directamente a ti y a tu situación actual.

   Por lo tanto, te digo, __(tu nombre)__ *, no te preocupes por...*

   b. Lee Mateo 6:31-34. Responde a este pasaje en oración al Señor.

Señor, yo no quiero preocuparme como el mundo lo hace.
Ayúdame a...

7. Según 1 Juan 4:16-18, ¿cómo podemos responder al amor de
   Dios y qué le sucederá al temor cuando lo hagamos?
8. ¿Qué mensaje poderoso te ha dejado este capítulo?

CAPÍTULO 4: LA CURA

Preguntas para la discusión o reflexión
1. Lee la historia de la carreta y las piedras en las páginas 48-51.
   Echa un vistazo a tu carreta. ¿Qué piedras te ha pedido Dios que
   cargues? ¿Cuáles te has ofrecido a llevar para otros, sin sabiduría
   o a veces hasta inconscientemente?
2. ¿Alguna vez sientes que sale de ti la espiritual, perfeccionista y
   compulsiva Martha Stewart? ¿Cómo se ve en casa? ¿Cómo se ve
   en la iglesia?

Vamos más profundo
3. ¿Qué piensas que Jesús quiso decir en Lucas 10:38-42 cuando le
   dijo a Marta que solo una cosa era necesaria?
4. a. Avanza algunas páginas, hasta Lucas 18:18-25, a otra
      conversación que Jesús tuvo. ¿Qué atributos poseía el joven
      rico para entrar al reino de Dios?
   b. ¿Qué le dijo Jesús que le faltaba?
   c. ¿Por qué crees que Jesús se enfocó en su riqueza?
   d. ¿Por qué lo que Dios nos pide hacer puede variar de lo que le
      pide a otra persona? (Lee 1 Corintios 13:3 y Filipenses 3:4-7).
5. Quizás, igual que el joven rico, te encuentras tratando de hacer
   las cosas bien para Dios, llevando más rocas de las que Él te pide
   como una forma de ganar su amor y su favor. ¿Qué te dicen los
   siguientes versículos sobre el cristianismo basado en las obras?
   Gálatas 3:3 _____
   Tito 3:5 _____

6. ¿Qué dijo Pablo en Filipenses 3:13-14 que era esa "única cosa"? ¿Por qué olvidar lo que quedaba atrás era tan importante para Pablo? (Mira Hechos 26:9-15). ¿Qué cosas en tu pasado te impidieron experimentar todo lo que Dios tenía para ti? Tómate unos minutos para pedirle al Señor que te ayude a soltar todo aquello que te retiene.

7. Usando los principios de la página 55, siéntate esta semana y comienza a "tirar las rocas". Pero antes de empezar, pídele sabiduría a Dios (Santiago 1:5). A Él le encanta regalárnosla, y quiere hacernos libres.

8. ¿Qué mensaje poderoso te ha dejado este capítulo?

CAPÍTULO 5: INTIMIDAD EN LA SALA

Preguntas para la discusión o reflexión

1. Alguien dijo que fuimos creados "con un vacío con la forma de Dios" y que nunca estaremos verdaderamente satisfechos hasta que llenemos ese espacio solo con Él. Lamentablemente muchas de nosotras, como describió Teri en la página 69, lo llenamos con barras de chocolate espirituales. ¿Qué buscas en lugar de Dios cuando te sientes vacía?

2. Yo escribí que la intimidad con Dios viene por Oración + Palabra + Tiempo. ¿Cuál de estas tres disciplinas te cuesta más? ¿Cuál te resulta más fácil?

Vamos más profundo

3. Todas tenemos barreras para la intimidad con Dios. Marca una o dos con las que luchas más, y luego lee los versículos que están junto a esa barrera. Haz un círculo alrededor del versículo que te resulte más significativo.

    ____ Indignidad   (Isaías 41:9-10; Efesios 2:13-14)

    ____ Ocupación   (Salmos 90:12; Isaías 40:29-31)

    ____ Culpa/vergüenza   (Salmos 32:5; 1 Juan 1:9)

    ___ Orgullo   (Salmos 10:4; Santiago 4:6-7)

    ___ Depresión   (Salmos 42:11; Juan 14:1)

    ___ Pruebas/adversidad   (Hebreos 13:6; 2 Corintios 4:7-10)

4. Medita en el versículo que encerraste en un círculo; luego personalízalo en forma de una oración a Dios. Aquí hay un ejemplo basado en 1 Juan 1:9.

    Dios: gracias por el perdón que me das cuando admito mi pecado en vez de negarlo. Estoy tan contenta de no tener que encubrir mis actos antes de venir a ti. Todo lo que tengo que hacer es venir. Tú me prometes limpiarme.

5. Yo escribí que antes de ser cristianas, Satanás nos dice que no necesitamos un Salvador. ¿Cómo afectan tu vida espiritual estas mentiras?

6. Dios anhela tener comunión con nosotras. Lee los siguientes versículos y describe la metáfora que la Palabra usa para describir la relación íntima que podemos tener con Dios.

    Juan 15:5 _____

    Romanos 8:15-16 _____

    2 Corintios 11:2 _____

7. Lee el extracto de "Mi corazón, hogar de Cristo" (páginas 72-73). ¿Cómo te hace sentir el hecho de que Jesús quiera pasar tiempo contigo, sentirse en casa cuando está contigo? ¿Cómo puede este entendimiento cambiar tu vida devocional de ser una tarea a un placer?

8. ¿Qué mensaje poderoso te ha dejado este capítulo?

CAPÍTULO 6: SERVICIO EN LA COCINA

Preguntas para la discusión o reflexión

1. Dwight L. Moody dijo: "De cien hombres, uno leerá la Biblia; los noventa y nueve restantes leerán a los cristianos."[1] ¿Quién fue el primer cristiano en tu vida en vivir de tal manera que

pudieras ver claramente a Cristo? ¿Cómo esta persona afectó tu vida?

2. Lee la historia del niño y el evangelista en la página 97. ¿Cómo te gustaría que Jesús "salga por todas partes" en tu vida? Es decir, ¿qué características del Salvador te gustaría que Dios desarrolle en tu vida?

Vamos más profundo

3. Lee Juan 13:1-17. Que Jesús lavara los pies de los discípulos fue un ejemplo totalmente inesperado de lo que debe ser el verdadero amor cristiano. Mirando la página 82, ¿por qué es tan conmovedor?

4. J. Oswald Sanders dijo: "Es notable que solo una vez Jesús dijo que les estaba dejando un ejemplo a sus discípulos, y eso fue cuando les lavó los pies".[2] ¿De qué maneras inesperadas podemos lavarles los pies a quienes nos rodean?

5. Pon una (o más) de las siguientes letras al lado de cada uno de los versículos a continuación. En este pasaje Jesús ministró (a) mientras iba *de camino*; (b) *saliéndose del camino*; (c) por *todo tipo de maneras y caminos*.

    _____   Marcos 1:29-34

    _____   Marcos 6:30-34

    _____   Marcos 7:31-35

6. ¿Cómo podrías administrar de manera práctica el amor de Cristo en cada una de esas formas? Yo completé la primera como ejemplo.

    Cuando voy de camino: *Le agradezco al guarda de la esquina del colegio de mis hijos por ayudarlos a cruzar seguros.*

    Cuando me salgo de mi camino: _____

    En toda clase de caminos: _____

7. Lee Hechos 3:1-10. ¿Qué podemos aprender de este pasaje sobre cómo mostrar activamente el amor de Dios a las personas que nos rodean?

8. ¿Qué mensaje poderoso te ha dejado este capítulo?

CAPÍTULO 7: LA MEJOR PARTE

Preguntas para la discusión o reflexión

1. Lee la historia sobre la tarjeta de cumpleaños en las páginas 99-100. Nombra las responsabilidades que tienes que son como aros de hula-hoop. ¿Cuál es la más difícil de mantener en movimiento?

2. Considera las palabras de Wilbur Rees que invitan a la reflexión:

   Me gustaría comprar tres dólares de Dios; una cantidad que no sea suficiente para hacer explotar mi alma ni para perturbar mi sueño, sino que equivalga a un vaso de leche caliente o a una siesta bajo el sol... Quiero éxtasis, no transformación; quiero el calor del vientre, no el nuevo nacimiento. Quiero medio kilogramo de lo eterno en una bolsa de papel. Me gustaría comprar tres dólares de Dios.[3]

   Di con toda sinceridad, ¿cuánto de Dios deseas? ¿Qué te impide desear más?

Vamos más profundo

3. Vivimos con mucho menos de lo que Dios desea que tengamos. Pídele al Señor que ilumine tu entendimiento al leer la oración de Pablo por los creyentes en Efesios 3:16-19. Luego escribe tres verdades de este pasaje que te gustaría que Dios hiciera realidad en tu vida.

4. ¿Cómo se relaciona Mateo 6:33 con el principio de Stephen Covey "Primero lo primero" (página 103), es decir, poner las piedras grandes primero? Da un ejemplo de alguna vez en que hayas visto que este principio es cierto en tu vida.

5. Lee las páginas 107-108 sobre la lucha personal de Sidlow Baxter para tener un tiempo devocional. ¿Qué tan importante es tu voluntad en este proceso de buscar a Dios? ¿Qué tan importantes son tus emociones?

6. Explica cómo es que los siguientes personajes bíblicos eligieron poner de primero a Dios a pesar de sus sentimientos o circunstancias abrumadoras.

   David (2 Samuel 12:13-23) _____

   Daniel (Daniel 6:3-10) _____

   Jesús (Mateo 26:36-39) _____

7. Usa el bosquejo "Lleva un registro de tu camino" en el Apéndice D y las instrucciones de la página 114 para meditar y escribe sobre alguno de los siguientes pasajes.

   Salmos 139   Romanos 8   Efesios 4

   Isaías 55   1 Corintios 13   Santiago 1

8. ¿Qué mensaje poderoso te ha dejado este capítulo?

CAPÍTULO 8: LAS LECCIONES DE LÁZARO

Preguntas para la discusión o reflexión

1. ¿Cuál es tu clase de historias preferida y por qué?

   Romance   Misterio   Biográficas

   Aventura   Ciencia ficción   Fantasía

2. ¿Cuál de las siguientes lecciones de Lázaro encontraste más real en tu vida? Explica las circunstancias y qué aprendiste.
   - La voluntad de Dios no siempre sigue una línea recta.
   - El amor de Dios a veces se tarda para nuestro bien y para su gloria.
   - Los caminos de Dios no son nuestros caminos, pero se puede confiar en su carácter.
   - El plan de Dios se pone en marcha cuando creemos y obedecemos.
   - El "fin" nunca es el fin; es solo el comienzo.

Vamos más profundo

3. Lee Juan 11:1-6. Haz un círculo alrededor de las palabras clave, piensa en la situación de esta familia y en la respuesta de Jesús.

Cuando enfrentas dificultades, ¿cuál de estos versículos podrían consolarte y por qué?

4. Dado que estamos limitadas por el tiempo y el espacio, no siempre podemos ver lo que realmente está sucediendo. ¿Qué dicen los siguientes versículos sobre este tiempo del "mientras tanto" en el cual nos encontramos?

   Juan 16:33 _____

   Hebreos 11:13-16 _____

   Santiago 1:2-4 _____

5. Martha Tennison dice: "Solo confiamos en aquellos que conocemos. Si estás luchando para confiar en Dios, puede ser porque no lo conoces de veras".[4] Llegamos a conocer mejor a Dios a través de su Palabra. ¿Qué nos revelan los siguientes versículos acerca de nuestro Padre celestial?

   Salmos 27:1   "El Señor es _____"

   Salmos 34:18   "El Señor es _____"

   Salmos 100:5   "El Señor es _____"

   Salmos 145:8   "El Señor es _____"

6. Busca la palabra *confianza* en una concordancia. Encuentra dos frases que te hablen a ti y anota sus correspondientes versículos.

7. Laura Barker Snow escribe sobre los tiempos difíciles que todas enfrentamos y que debemos ver a través de la soberanía y bondad de Dios, viviendo como si Dios estuviera diciendo:

   Hija mía, tengo un mensaje para ti hoy; deja que te lo susurre al oído, que bañe de color dorado cualquier nube de tormenta que pueda levantarse y suavice los lugares ásperos sobre los cuales tienes que caminar. Es algo breve, son solo cuatro palabras, pero deja que se hundan en la profundidad de tu alma; úsalas como una almohada sobre la cual recostar tu cabeza cansada… Esto viene de MÍ.[5]

   ¿En qué sentido todo sería diferente si pudieras recibir estas palabras como verdades y como evidencias del amor de Dios en tu vida?

8. ¿Qué mensaje poderoso te ha dejado este capítulo?

CAPÍTULO 9: EL CORAZÓN ENSEÑABLE DE MARTA

Preguntas para la discusión o reflexión

1. ¿Cuál de los siguientes términos describe mejor la clase de estudiante que eras en la escuela?

   Intelectual   Distraída   La preferida de la maestra
   Procrastinadora   Fiestera   Exitosa

   ¿Qué te gustaba más en la escuela? ¿Qué te gustaba menos? ¿Cómo llevaste esas preferencias a la vida de adulta?

2. Piensa en alguien que consideres enseñable. ¿Qué cualidades y características te hacen ver a dicha persona de ese modo?

Vamos más profundo

3. Completa el cuestionario "¿Eres enseñable?" de la página 139.

4. Debemos aceptar el diagnóstico si hemos de experimentar la cura. Creo que Marta hizo precisamente eso. Lee Lucas 10:38-42. Ahora lee Juan 11:17-28. ¿Qué diferencias ves en Marta en estas dos historias?

5. Lee Hebreos 12:5-11 y luego enumera las razones por las que Dios nos disciplina y cuatro resultados de esa disciplina.

   RAZONES   RESULTADOS

   _____   _____

   _____   _____

   _____   _____

6. La Biblia está llena de proposiciones de tipo si-entonces. "Si nosotros hacemos tal cosa, entonces Dios hace tal otra". ¿Qué nos prometen los siguientes versículos si obedecemos? Yo llené el primero a modo de ejemplo.

   Josué 1:8   Si... *medito en la Palabra de Dios y la cumplo,*
                    Entonces... *seré próspera y exitosa.*
   Juan 8:31-32   Si...
                    Entonces...

Santiago 1:25   Si...

Entonces

7. Dios está dispuesto a perdonarnos y cambiarnos, incluso lo peor de nosotras. Medita en la oración que David oró en Salmos 51:10-12 después de su amorío y adulterio con Betsabé. Reescribe este clamor por transformación en tus propias palabras. Luego léeselo en voz alta al Señor.

8. ¿Qué mensaje poderoso te ha dejado este capítulo?

CAPÍTULO 10: EL AMOR EXTRAVAGANTE DE MARÍA

Preguntas para la discusión o reflexión

1. Describe alguna ocasión en la que hayas expresado amor y preocupación por otros y hayas sido malinterpretada.

2. Mira las diferencias entre el amor de María y de Judas por Cristo:

MARÍA	JUDAS
• Tenía un corazón agradecido.	• Tenía un corazón codicioso.
• Vino rendida.	• Vino con una agenda.
• Escuchó lo que Jesús dijo y respondió.	• Oyó pero no entendió.
• No retuvo nada.	• No entregó nada.

¿Qué aspectos del amor de María te resulta más fácil? ¿Cuál es el más difícil para ti?

Vamos más profundo

3. Lee Juan 12:1-11. ¿Cuál fue la respuesta de Judas al amor extravagante de María? ¿Cuál dijo Juan que era la motivación que había detrás de esa reacción?

4. Lee Mateo 16:21-23. ¿Cuál fue la respuesta de Pedro a la explicación de Jesús de que era necesario que muriera? ¿Cuál dijo Jesús que era la motivación subyacente de esa respuesta?

5. Lee otro relato del ungimiento de María a Jesús en Marcos
   14:6-9 NVI.
   Finaliza las siguientes declaraciones que Jesús hizo acerca de su
   amor extravagante.
   "Ella ha hecho _____ para mí".
   "Ella hizo _____".
   "Ungió mi cuerpo de antemano, preparándolo para _____
   _____".
   "En cualquier parte del mundo donde se predique _____
   _____, se contará también, en memoria de esta mujer,
   _____".
   Medita sobre alguna de estas declaraciones. Pídele al Señor que
   te muestre formas prácticas en las que puedes amarlo de una
   manera más hermosa y sacrificial.

6. Ambos, Mateo y Marcos, indican que el cambio drástico de
   Judas ocurrió inmediatamente después del acto extravagante de
   amor de María. De acuerdo con los siguientes versículos, ¿por
   qué son tan peligrosos la codicia y el amor al dinero?
   Mateo 6:24 _____
   1 Timoteo 6:9-10 _____
   Santiago 4:1-4 _____

7. María amaba de manera extravagante porque había
   experimentado de primera mano el amor extravagante de Dios.
   Lee 1 Juan 3:1 y Romanos 8:31-39. Escríbele una carta de amor
   a Dios, expresando tu gratitud por su amor abundante y su
   gracia extravagante.

8. ¿Qué mensaje poderoso te ha dejado este capítulo?

CAPÍTULO 11: EQUILIBRAR EL TRABAJO CON LA ADORACIÓN

Preguntas para la discusión o reflexión

1. ¿Cómo se ve tu subibaja respecto de equilibrar el trabajo y la adoración? Dibuja una línea que muestre para qué lado tiende a inclinarse.

↑ TRABAJO	ADORACIÓN ↑

EJE

2. Lee la lista de comprobación "Escucha a tu alma" en las páginas 182-183. De acuerdo con la lista de comprobación, ¿necesitas pasar más tiempo en la sala o en la cocina? ¿Cuáles son algunas formas prácticas en la que podrías inclinarte hacia el lado débil para traer equilibrio en tu vida cristiana?

Vamos más profundo

3. De un lado del subibaja encontramos la importancia de amar a la gente. Lee la historia del buen samaritano en Lucas 10:25-37. Describe la forma en que el samaritano cumplió estas acciones:

   Tomó CONOCIMIENTO _____

   Tomó ACCIÓN _____

   Tomó RESPONSABILIDAD _____

   ¿Cuál de las tres cualidades te sale más fácil? ¿Cuál es la más difícil para ti?

4. Después de la historia de Marta y María encontramos la enseñanza de Cristo sobre la oración. ¿Qué nos muestra Lucas 11:1-13 acerca de nuestra parte en la oración y la respuesta prometida de Dios?

   NUESTRA PARTE   RESPUESTA DE DIOS

   _____   _____

   _____   _____

   _____   _____

5. De acuerdo con los siguientes versículos, ¿por qué es tan peligroso pasar todo el tiempo en el extremo del subibaja?

    Mateo 7:21-23 _____

    Santiago 2:14-17 _____

    1 Juan 3:16-18 _____

6. Todas precisamos tiempo para que nuestra alma nos alcance. Partiendo de Isaías 58:13-14, anota tres formas en las que podemos "guardar el sabbat" y también tres bendiciones que recibiremos si honramos el "día santo del Señor".

7. De acuerdo con los siguientes versículos, ¿qué bendiciones recibimos de la hospitalidad?

    Isaías 58:6-8 _____

    Mateo 25:34-36 _____

    Hebreos 13:2 _____

8. ¿Qué mensaje poderoso te ha dejado este capítulo?

CAPÍTULO 12: TENER UN CORAZÓN DE MARÍA EN UN MUNDO DE MARTAS

Preguntas para la discusión o reflexión

1. ¿Alguna vez escuchaste un testimonio cristiano grandioso y deseaste tener la fe de esa persona o vivir de la manera como vivió? ¿Cuál fue el proceso que llevó a esa persona a obtener dicho resultado?

2. Cuando enfrentas dificultades en la vida, ¿qué enfoque realmente asumes? Explícalo.

    La estrategia de lucha libre: "¡Dios! Estoy haciendo todo esto para ti. ¿Qué tal si me mandas algo de ayuda?".

    La estrategia de Job: "¿Dónde estás? ¿Por qué no haces algo?".

    La estrategia de Jonás: "Olvídate de Nínive; me estoy yendo a las Bahamas."

Vamos más profundo

3. Lee Juan 12:1-3. De acuerdo con lo que sabes sobre estas dos hermanas, ¿qué dos cosas podrías concluir sobre Marta y María con base en este pasaje? ¿Cómo resumirías a Marta en una sola palabra? ¿Cómo a María? ¿Cómo difieren estas palabras de las que pusiste en este mismo estudio en el capítulo 1 (pregunta 3)?

4. Lee los siguientes versículos. Describe el proceso que Dios usa y el propósito que tiene en mente.

    Deuteronomio 8:2   PROCESO _____

                            PROPÓSITO _____

    Romanos 8:28-29   PROCESO _____

                            PROPÓSITO _____

    2 Corintios 4:17   PROCESO _____

                            PROPÓSITO _____

5. ¿Cómo trabajamos en conjunto en este proceso, según lo que nos dice Filipenses 2:12-13?

    Nosotras hacemos...

    Dios hace...

6. Lee Filipenses 1:6 y Hebreos 10:35-36, luego busca en el diccionario las siguientes palabras y escribe sus definiciones:

    Confianza

    Perseverar

    Perfeccionar

¿Cuál de ellas significa más para ti ahora mismo y por qué?

7. Lee Filipenses 3:12-14. Haz un círculo sobre las palabras clave y luego reescribe el pasaje con tus propias palabras. Léelas en voz alta como una oración, una declaración de fe y/o una declaración personal de misión. Pídele a Dios que las mantenga siempre delante de ti mientras corres la carrera por el premio.

8. ¿Qué mensaje poderoso te ha dejado este capítulo?

Recursos para la intimidad de la sala

Devocionales

Mi experiencia con Dios, de Henry T. Blackaby y Claude V. King. Nashville, Tennessee: Life Way Press, 1993.

En pos de lo supremo, de Oswald Chambers. Barcelona: Editorial Clie, 2019.

Manantiales en el desierto, de L. B. Cowman. Miami, Florida: Vida, 2015.

Clásicos cristianos

El secreto de la vida Cristiana feliz, de Hannah Whitall Smith. Terrassa: Clie, 2005.

Pies de siervas en los lugares altos, de Hannah Hurnard. Unilit, 2013.

En sus pasos, de Charles M. Sheldon. Uhrichsville, Ohio: Casa Promesa, 2010.

Mero cristianismo, de C. S. Lewis. Madrid: Rialp, 2018.

La práctica de la presencia de Dios, de Brother Lawrence. New

Kensington, PA: Whitaker House, 1997.

Cartas del diablo a su sobrino, de C. S. Lewis. Ediciones Rialp, 2021.

Con Cristo en la escuela de la oración, de Andrew Murray. El Paso: Casa Bautista de Publicaciones, 1980.

Música para el tiempo de oración

Adoración instrumental, serie producida por Don Marsh. Brentwood, Tenn.: Brentwood Music, 1999.

Instrumentos de adoración, serie producida por Tom Brooks. Mobile, Ala.: Fairhope Records (una división de Integrity Music), 1998.

En pos de lo supremo series de artistas varios. Nashville: Word Music, 1993.

Simplicity serie producida por Trammell Starks. Portland, Oreg.: Pamplin Music, 1997.

Apéndice C

Recursos para el servicio en la cocina

Servicio

Diseñando la vida de una mujer, de Judith Couchman. Sisters, Oreg.: Multnomah, 1995. Un estudio bíblico y un cuaderno de trabajo están disponibles por separado.

Mejorando tu servicio, de Charles Swindoll. Dallas: Word, 1997.

Viviendo una vida con propósito de Jan Johnson. Colorado Springs, Colo.: WaterBrook Press, 1999.

Organización

Se acabó el desorden de Sandra Felton. Unilit, 2014.

Lleva un registro de tu camino

Aunque muchas personas escriben un diario para asentar sucesos y sentimientos, un diario de la lectura bíblica sirve para registrar lo que Dios nos está diciendo en su Palabra y nuestra respuesta a ello. Este es el formato que me sirve a mí.

Fecha _____ Lo que leí hoy _____
La mejor parte que marqué hoy: *Referencia:* _____
Pensamiento: _____
_____
_____

Cómo esto me impactó:
_____
_____
_____
_____
_____
_____
_____

El formato de registro de la lectura bíblica se utiliza en el curso de discipulado de Navegantes 2:7, y contiene siete días en una página.[6]

Pero yo también he usado cuadernos de espiral y diarios encuadernados (disponibles en librerías) cuando necesitaba más espacio para escribir. Tú puedes incluso diseñarlo y fotocopiarlo.

Un plan sencillo para medio día de oración

"Conocer a Dios no es algo que se pueda hacer aprisa", dice E. M. Bounds. "Él no concede sus dones a los que los buscan con impaciencia. Estar a solas con Dios es el secreto de conocerlo y recibir su influencia".[7]

Algo poderoso ocurre cuando apartamos tiempo para buscar intensamente el rostro de Dios. Estos son algunos principios para pasar medio día en oración que yo adapté de los Navegantes:

1. *Encuentra un lugar libre de distracciones.* A mí me resulta práctico irme fuera de casa para los tiempos extensos de oración. La casa vacía de alguna amiga, una iglesia o un centro de conferencias cristiano, o hasta una habitación en un hotel puede funcionar.

2. *Lleva tu Biblia, un cuaderno de notas y un bolígrafo o lápiz.* También querrás tener un devocional, himnario, una lista de oración, perlas bíblicas para memorizar y tu agenda semanal. Usa ropa cómoda y lleva algún refrigerio.

3. *Debes estar despierta y alerta.* Descansa bien la noche anterior. Cambia de posición con frecuencia. Siéntate a ratos, camina un poco, varía la posición para evitar adormecerte.

4. *Prueba una variedad de enfoques.* Lee las Escrituras un rato, ora otro poco, planea u organiza, y así sucesivamente. Puedes dividir el tiempo en tres partes: (a) esperar en el Señor; (b) orar por otros; (c) orar por ti misma.

5. *Ora en voz alta con un susurro o voz suave.* A veces pensar en voz alta ayuda.

6. *Realiza una lista de preocupaciones.* Hay cosas que vienen a la mente durante la oración. En vez de intentar ignorarlas, escríbelas. Ordénalas por prioridad en oración en una lista de cosas para hacer. Pídele a Dios que te muestre cómo hacer lo que debes hacer.

Derechos cristianos en el trabajo

La discriminación religiosa, incluida la exigencia de que los cristianos trabajen en el sabbat, ha sido prohibida por mucho tiempo bajo el Título VII de la Ley de Derechos Civiles de 1964. La siguiente información está tomada de *Christian Rights in the Workplace: What the Law Says About Religion at Work* [*Derechos cristianos en el trabajo: Qué dice la ley sobre la religión en el trabajo*], un folleto publicado por el Centro Americano de Ley y Justicia.

Los empleadores deben admitir las solicitudes de ausencia por el Sabat u otras fiestas religiosas. Surge un deber afirmativo bajo el Título VII para que el empleador haga un esfuerzo de buena fe para organizar el horario del empleado para permitirle tener los sábados libres. El empleador estará violando el Título VII si "no ha hecho ningún esfuerzo real" o han tomado una actitud de desinterés… (p. 9).

El deber afirmativo del empleador de intentar acordar la solicitud de tiempo libre del empleado no está limitado si el empleado solicita más de un acuerdo… [por ejemplo] tiempo libre en vista de dos creencias religiosas sinceras… (p. 9).

La misma regla se aplica cuando las creencias religiosas de un empleado le impiden trabajar los domingos *y* le impiden pedirle a otra persona que participe en esta actividad prohibida para él.

El hecho de permitir que el empleado intercambie turnos con alguien no constituye una adaptación razonable en este caso... (pág. 9).

Son muy pocas las ocasiones en que los empleadores pueden exigir a los empleados violar sus creencias religiosas, o negarse a permitir que el empleado practique sus creencias religiosas en el trabajo... Para afirmar con éxito esta defensa, los tribunales exigen que el empleador demuestre la intención de lograr un acuerdo antes de alegar una dificultad excesiva.

Los empleadores también deben poder mostrar evidencia de que esas dificultades excesivas son más que una mera especulación (pág. 13).[9]

Para una explicación exhaustiva de lo que significa "dificultad excesiva" y nuestros derechos como cristianos en el trabajo, visita el sitio web del Centro Americano de Ley y Justicia: https://aclj.org/free-speech-2/Christian-rights-in-the-workplace.

NOTAS

Capítulo 1

1. El material de las páginas 1 y 2 ha sido actualizado y revisado desde su publicación original.

2. Amanda Wilkinson, *So Wives Didn't Work in the 'Good Old Days'? Wrong* ["¿De modo que las esposas no trabajaban en los 'viejos buenos tiempos'? Está equivocado"] *The Guardian*, 13 de abril de 2014, www.theguardian. com/commentisfree/2014/apr/13/working-women-stay-at-home-wives-myths.

3. Compilado de *Farm Wife, 1900* ["Esposa granjera, 1900"], EyeWitness to History, www.eyewitnesstohistory.com/farmwife.htm (2007). Este relato de primera mano aparece originalmente en Hamilton Holt, ed., *The Life Stories of Undistinguished Americans as Told by Themselves* (New York: J. Pott, 1906).

4. Extraído de *Growing Strong in God's Family* [Fortaleciéndonos en la familia de Dios], The 2:7 Series (Colorado Springs, Colo.: NavPress, 1987), p. 20.

5. Miriam Neff y Debra Klingsporn, *Shattering Our Assumptions* [Sacudir nuestras suposiciones], (Minneapolis: Bethany, 1996), p. 194.

6. Tomado de *A New Beginning* [Un nuevo comienzo], copyright 1995 de Stonecroft, Inc. Usado con permiso. Para seguir leyendo, ve a www.stonecroft. org y haz clic en "A New Beginning".

Capítulo 2

1. Dutch Sheets, *The River of God* [El río de Dios], (Ventura, Calif.: Gospel Light, 1998), p. 195.

2. Una versión de esta historia apareció por primera vez en Joanna Weaver, "Out in the Cold" ["Afuera en el frío"], *HomeLife* 54, no. 6 (marzo de 2000): 20-2.

Capítulo 3

1. Joel Gregory, *Growing Pains of the Soul* [Las penas crecientes del alma], (Dallas: Word, 1987), p. 31.

2. Edward Hallowell, *Worry: Controlling It and Using It Wisely* [Preocupación: contrólala y úsala sabiamente], (New York: Pantheon, 1997), p. xi.

3. Adaptado de Hallowell, *Worry*, pp. 79-83.

4. "An Average Person's Anxiety Is Focused on…" ["La ansiedad de una persona promedio se enfoca en…"], citado en John Underhill y Jack Lewis, comp., Bible Study Foundation Illustration Database, Bible Study Foundation Web site (www.bible.org).

5. Mira Archibald D. Hart, *Overcoming Anxiety* [Superando la ansiedad], (Dallas: Word, 1989).

6. Tony Evans, *Basta ya de excusas* (Grand Rapids, Mich.: Portavoz, 2013), p. 223 del original en inglés.

7. Sheila Walsh, *Bring Back the Joy* [Vuelve al gozo], (Grand Rapids, Mich.: Zondervan, 1998), p. 53.

8. Hallowell, *Worry*, p. 70.

9. Entrevista de Anne Driscoll con el Dr. Edward Hallowell, *What, Me Worry?* ["¿Qué? ¿Preocuparme yo?"], *On Air Dateline NBC*, 4 de noviembre de 1999, sitio web: http://MSNBC.MSN.com/news/210941.asp, 3.

10. Gary E. Gilley, *Think on These Things* [Piensa en esto], boletín 4, no. 2 (febrero de 1998).

11. Oswald Chambers, *En pos de lo supremo*, (Barcelona: Editorial Clie, 2019.), p. 135 del original en inglés.

12. Corrie Ten Boom, citada en *Moments—Someone Special* [Momentos-Alguien especial], (Minneapolis: Heartland Samplers, 1997), n.p.

13. Selwyn Hughes, *Every Day Light* [La luz de cada día], (Nashville: Broadman & Holman, 1998), Día 1.

14. Bill y Kathy Peel, *Descubra su destino,* (Nashville, TN: Editorial Caribe, 1997), p. 202 del original en inglés.

15. Citado en Chambers, *En pos,* p. 30 del original en inglés.

16. Joseph M. Scriven, "What a Friend We Have in Jesus" ["Oh, qué amigo nos es Cristo"], *The Hymnal for Worship & Celebration* (Waco, Tex.: Word Music, 1986), p. 435.

Capítulo 4

1. Adaptado de una historia de Rosemarie Kowalski. Usado con permiso.

2. Bernard R. Youngman, *The Lands and Peoples of the Living Bible* [Las tierras y personas de la Biblia], (New York: Hawthorn, 1959), p. 213.

3. Youngman, *Lands and Peoples,* pp. 213-214.

4. G. Ernest Wright, ed., *Great People of the Bible and How They Lived* [Grandes personajes bíblicos y cómo vivieron], (Pleasantville, N.Y.: Reader's Digest Association, 1974), pp. 324-325.

5. William Barclay, *Comentario al Nuevo Testamento: Evangelio según San Juan,* (Barcelona: Clie, 1996), p. 248, del original en inglés.

6. Charles H. Spurgeon, *Morning and Evening* [Mañana y tarde], (Nashville: Nelson, 1994), 24 de enero, Evening [Tarde].

Capítulo 5

1. Robert J. Morgan, *On This Day* [En este día], (Nashville: Nelson, 1997), 5 de enero.

2. Philip Yancey, *What's So Amazing About Grace?* [¿Qué es lo tan asombroso de la gracia?], (Grand Rapids, Mich.: Zondervan, 1997), p. 97.

3. Anne Wilson Schaef, *LAUGH! I Thought I'd Die If I Didn't* [¡RÍETE! Pensé que moriría si no lo hacía], (New York: Ballantine Books, 1990), 27 de mayo.

4. Quiero agradecer a Greg Laurie y su programa de radio *A New Beginning* [Un nuevo comienzo] por este pensamiento que compartió conmigo años atrás.

5. Kent Hughes, *Liberating Ministry from the Success Syndrome* [Liberando al ministerio del síndrome del éxito], (Wheaton, Ill.: Tyndale, 1988), p. 139.

6. Extraído de *The Growing Disciple* [El discípulo en crecimiento], The 2:7 Series, Curso 1 (Colorado Springs, Colo.: NavPress, 1987), pp. 69-73.

7. Adaptado de Emilie Barnes, *The Spirit of Loveliness* [El espíritu de bondad], (Eugene, Oreg.: Harvest House, 1992), pp. 109-110.

8. De una entrevista por e-mail con Robin Jones Gunn, 30 de enero de 2000.

9. De una conversación telefónica con Lisa Bevere, 15 de agosto de 2013

10. Max Lucado, *La gran casa de Dios* (Nashville, Tenn.: Betania, 1998.), p. 4 del original en inglés.

11. Matthew Henry, *Matthew Henry's Commentary on the Whole Bible*, [Comentario de Matthew Henry a toda la Biblia], vol. 4 (New York: Revell, n.d.), p. 153.

12. Confirmado en una conversación telefónica con Eugene Peterson, 29 de enero de 2000.

13. Adaptado de una cita en Henry Blackaby, *Mi experiencia con Dios* (Nashville, Tennessee, Life Way Press, 1993), p. 34 del original en inglés.

14. Hughes, *Liberating Ministry*, pp. 72-73.

Capítulo 6

1. Sermón grabado y entrevista con el Dr. Donald Argue, Billings, Montana, marzo de 1999.

2. William Barclay, *El evangelio según san Juan I*, (Barcelona: Editorial CLIE, 1995), pp. 138-139 del original en inglés.

3. J. Oswald Sanders, *Discipleship Journal* 76 (julio-agosto 1993), pp. 39.

4. Citado en Madre Teresa, *In My Own Words* [En mis propias palabras], (New York: Random House, 1996), p. 100.

5. Citado en Philip Yancey, *What's So Amazing About Grace?* [¿Qué es lo tan asombroso de la gracia?], (Grand Rapids, Mich.: Zondervan, 1997), p. 97.

6. Brother Lawrence, *La práctica de la presencia de Dios* (New Kensington, PA: Whitaker House, 1997), p. 10 del original en inglés.

7. Charles Grierson, "Martha", *Dictionary of the Bible* [Diccionario de la Biblia], ed. James Hastings (New York: Scribner, 1909), p. 588.

8. Brother Lawrence, *La práctica de la presencia*, p. 22 del original en inglés.

9. C. S. Lewis, "The Efficacy of Prayer" ["La eficacia de la oración"], *The World's Last Night* (La última noche del mundo, New York: Harcourt Brace Jovanovich, 1960), p. 9.

10. Blackaby, *Mi experiencia*, pp. 13-15.

11. Blackaby, *Mi experiencia*, pp. 13-15.

12. Linda Andersen, "Love Adds a Little Chocolate" ["El amor agrega un poquito de chocolate"], en Medard Laz, *Love Adds a Little Chocolate: One Hundred Stories to Brighten Your Day* [El amor agrega un poquito de chocolate: Cien historias para iluminar tu día], (New York: Warner, 1998), p. 15. Reeditado como *Love Adds the Chocolate* (Colorado Springs, Colo.: WaterBrook, 2000).

13. Primera cita de Daphne Kingsma, *Weddings from the Heart* [Bodas del corazón], (New York: MJF Books, 1995), p. 111. Segunda cita de la Madre Teresa, *In My Own Words* [En mis porpias palabras], p. 33.

14. Kenneth C. Kinghorn, *Descubra sus dones y talentos* (Editorial: Grand Rapids: Vida, 2013); C. Peter Wagner, *Cómo hallar sus dones: Un cuestionario de uso fácil para ayudarse a descubrir y entender sus dones espirituales* (Miami, Fla.: Editorial Unilit, 1995).

15. Jack B. Hoey Jr., "Breaking the Unplowed Ground" (Trabajando el suelo sin arar), *Discipleship Journal 39* (mayo-junio 1987): 4.

16. John Milton, "When I Consider How My Light Is Spent" ["Cuando considero cómo gasto mi luz"], *Norton Anthology of English Literature*, vol. 1, rev. ed. (New York: W. W. Norton, 1968), p. 1015.

17. Jan Johnson, *Living a Purpose-Full Life* [Viviendo una vida llena de propósito], (Colorado Springs, Colo.: WaterBrook, 1999), pp. 151-153.

18. John Ortberg, *Un amor más allá de la razón* (Miami, Fla.: Vida, 2004), pp. 11-14,18.

19. Yancey, *What's So Amazing*, pp. 258-259.

Capítulo 7

1. Mira Janet Holm McHenry, *PrayerWalk: Becoming a Woman of Prayer, Strength, and Discipline* [Caminatas de oración: Conviértete en una mujer de oración, fuerza y disciplina], (Colorado Springs, Colo.: WaterBrook, 2001).

2. Citado en Dennis Rainey, *Pulling Weeds and Planting Seeds* [Arrancar malezas y plantar semillas], (San Bernardino, Calif.: Here's Life, 1989), p. 114.

3. Selwyn Hughes, *Every Day Light* [La luz de cada día], (Nashville: Broadman & Holman, 1998), Día 1.

4. Robert Robinson, "Come Thou Fount of Every Blessing" ["Ven, fuente de toda bendición"], *The Hymnal for Worship & Celebration* [Himnos de adoración y celebración] (Waco, Tex.: Word Music, 1986), p. 2.

5. Adaptado de Stephen R. Covey, *Primero lo primero* (Barcelona: Paidós, 1999), pp. 88-89.

6. Wilbur Rees, "$3.00 Worth of God" ["Tres dólares de Dios"], citado en Tim Hansel, *When I Relax I Feel Guilty* [Cuando me relajo me siento culpable], (Elgin, Ill.: David C. Cook, 1979), p. 49.

7. Cynthia Heald, "Becoming a Friend of God" ["Convirtiéndome en amiga de Dios"], *Discipleship Journal 54* (noviembre-diciembre 1989): 22.

8. De la correspondencia personal con J. Sidlow Baxter, 8 de septiembre de 1987, citado en Kent Hughes, *Liberating Ministry from the Success Syndrome*

[Liberando al ministerio del síndrome del éxito], (Wheaton, Ill.: Tyndale, 1987), pp. 78-81.

9. Puedes encontrar esta guía de lectura en www.becominghis.com.

10. Howard E. Butt Jr., *Renewing America's Soul: A Spiritual Psychology for Home, Work, and Nation* [Renovando el alma de América: Una piscología espiritual para el hogar, el trabajo y la nación], (New York: Continuum, 1996), pp. 232-233.

Capítulo 8

1. Max Lucado, *Dios se acercó* (Miami, Fl.: Editorial Vida, 1992), p. 79 del original en inglés.

2. Ray C. Stedman, "God's Strange Ways" ["Los extraños caminos de Dios"], sermón dado el 9 de septiembre de 1984 en la Peninsula Bible Church, Palo Alto, California.

3. Martha Tennison en un sermón dado el 25 de septiembre de 1999 in Billings, Montana.

4. Stedman. Ob. cit.

5. CeCe Winans, *On a Positive Note* [Siendo optimista], (New York: Pocket Books, 1999), p. 207.

6. Citado en L. B. Cowman, *Manantiales en el desierto* (Miami, Florida: Vida, 2015), p. 35 del original en inglés.

7. Biblia de estudio NVI: Nueva Versión Internacional (Grand Rapids, Mich.: Zondervan, 1985), nota del texto de Juan 12.

8. Tennison, sermón dado el 25 de septiembre de 1999.

9. Philip Yancey, *Desilusión con Dios* (Miami, FL: Vida, 2011), p. 211 del original en inglés.

10. Yancey, *Desilusión*, p. 211 del original en inglés.

11. Adaptado de Harry Pritchett Jr., *Leadership* (Verano de 1985), citado en Charles Swindoll, *Tales of a Tardy Oxcart* [Historias de una lenta carreta de bueyes], (Nashville: Word, 1998), pp. 491-492.

Capítulo 9

1. Citado en *Daybreak Quotes* (Wheaton, Ill.: Tyndale, 1991), n.p.

2. Carol Mayhall, "Listening to God" ["Escuchando a Dios"], en Judith Couchman, ed., *One Holy Passion* [Una Pasión Santa], (Colorado Springs, Colo.: WaterBrook, 1998), pp. 109-111.

3. Chambers, *En pos*, p. 210 del original en inglés.

4. Kathleen Norris, *Amazing Grace: A Vocabulary of Faith* [Sublime gracia: El vocabulario de la fe], (New York: Riverhead Books, 1998), pp. 14-15.

5. Adaptado con permiso de la autora Joanie Burnside.

Capítulo 10

1. Josefo les dijo a los saduceos "en sus [conversaciones] con sus pares son tan rudos como con los extraños" Biblia de estudio NVI: Nueva Versión Internacional (Grand Rapids, Mich.: Zondervan, 1985), nota del texto de Juan 11:49.

2. James B. Pritchard, ed., *Everyday Life in Bible Times* [Vida cotidiana en los tiempos bíblicos], (Washington, D.C.: National Geographic Society, 1977), p. 305.

3. Charles Panati, *Sacred Origins of the Profound* [Orígenes sagrados de lo profundo], (New York: Penguin, 1996), p. 323.

4. Biblia de Estudio NVI, nota al texto de Marcos 14:3.

5. Ruth V. Wright y Robert L. Chadbourne, *Gems and Minerals of the Bible* [Gemas y minerales de la Biblia], (New York: Harper & Row, 1970), p. 6.

6. Los estudiosos creen que había dos unciones diferentes: la primera, realizada por una "mujer pecadora" en el comienzo del ministerio de Jesús (Lucas

7:36-50), y la segunda, realizada por María al final de su ministerio (Juan 12:3; Mateo 26:6-13; Marcos 14:3-9).

7. William Barclay, *El evangelio según san Juan I* (Barcelona: Editorial CLIE, 1995), p. 11 del original en inglés.

8. Theodore Parker, citado en Cora Lee Pless, "How Do We Return?" ["¿Cómo regresamos?"], *God's Abundance: 365 Days to a Simpler Life* [La abundancia de Dios: 365 días para vivir una vida más simple], (Lancaster, Pa.: Starburst, 1997), 27 de diciembre.

9. Citado en Barclay, *El evangelio según san Juan I*, 2:111.

10. Barclay, *El evangelio según san Juan*, 2:112.

11. Tom Fennell Timmins, "Homecoming for a Hero" ["Regreso de un héroe"], *Maclean's*, 25 de enero de 1999, p. 26.

12. Hannah Whitall Smith, *El secreto de la vida cristiana feliz* (Terrasa: Clie, 2005), pp. 45-46 del original en inglés.

13. Peter Kreeft, *Three Philosophies of Life* [Tres filosofías de vida], (San Francisco: Ignatius Press, 1989), pp. 94-95.

Capítulo 11

1. Tim Hansel, *Holy Sweat* [Sudor santo], (Waco, Tex.: Word, 1987), p. 12.

2. Jill Briscoe, *Renewal on the Run* [Renovación en fuga], (Wheaton, Ill.: Harold Shaw, 1992), 109.

3. Nota que algunos de estos síntomas podrían indicar un desequilibrio físico o emocional, así como también espiritual. Si son persistentes o severos, deberías considerar visitar a un médico y orar pidiendo dirección de Dios sobre cómo equilibrar tu vida.

4. Elizabeth Moll Stalcup, "Seizing the Sabbath" ["Aprovecha el Sabat"], *Virtue*, agosto-septiembre de 1998, pp. 26-27.

5. Stalcup, "Seizing the Sabbath", pp. 26-27.

6. Entrevista con Jane Johnson Struck, "Hospitality on the Run" ["Hospitalidad en fuga"], *Today's Christian Woman*, enero-febrero de 1992, pp. 58-59.

7. Kathleen Norris, *Amazing Grace: A Vocabulary of Faith* [Sublime gracia: El vocabulario de la fe], (New York: Riverhead Books, 1998), pp. 265-266.

8. Adaptado de Karen Mains, *Open Heart—Open Home* [Corazón abierto, casa abierta], (Elgin, Ill.: David C. Cook, 1976), pp. 171-176.

9. William Plummer, "Taken by the Sea" ["Llevado por el mar"], *People*, 14 de diciembre de 1992, pp. 59-61.

Capítulo 12

1. Citado en Howard L. Rice, *Reformed Spirituality* [Espiritualidad reformada], (Louisville, Ky.: Westminster/John Knox, 1991), p. 179.

2. Claire Cloninger, *When God Shines Through* [Cuando Dios brilla], (Dallas, Tex.: Word, 1994), p. 132.

3. Henrietta Mears, *De qué se trata la Biblia* (Miami, Fla.: Unilit, 1992), p. 84 del original en inglés.

4. Citado en Madre Teresa, *Life in the Spirit* [Vida en el Espíritu], (San Francisco: Harper & Row, 1983), pp. 76-77.

5. Kent Hughes, *James: Faith That Works* [Santiago: una fe que obra], (Wheaton, Ill.: Crossway Books, 1991), p. 17.

6. Hughes, *James*, p. 17.

7. Charles Swindoll, *Growing Strong in the Seasons of Life* [Fortaleciéndote en las etapas de la vida], (Portland, Oreg.: Multnomah, 1983), pp. 47-49.

8. William Barclay, *Santiago y Pedro* (Barcelona: Editorial Clie, 1994), p. 44 del original en inglés.

9. Ken Gire, *Intense Moments with the Savior* [Momentos intensos con el Salvador], (Grand Rapids, Mich.: Zondervan, 1985), p. 86.

10. Madre Teresa, *Life in the Spirit*, p. 24.

11. Jan Johnson, *Living a Purpose-Full Life* [Viviendo una vida llena de propósito], (Colorado Springs, Colo.: WaterBrook, 1999), pp. 95.

12. Citado en *Daybreak Quotes* [Citas del alba], (Wheaton, Ill.: Inspirations, Tyndale House, 1991), n.p.

Apéndices

1. Citado en Philip Yancey, *What's So Amazing About Grace?* [¿Qué es lo tan asombroso de la gracia?], (Grand Rapids, Mich.: Zondervan, 1997), p. 262.

2. J. Oswald Sanders, *Discipleship Journal 76* (julio-agosto de 1993): 39.

3. Wilbur Rees, "$3.00 Worth of God" ["Tres dólares de Dios"], citado en Tim Hansel, *When I Relax I Feel Guilty* [Cuando me relajo me siento culpable], (Elgin, Ill.: David C. Cook, 1979), p. 49.

4. Martha Tennison en un sermón dado el 25 de septiembre de 1999 en Billings, Montana.

5. Citado en L. B. Cowman, *Manantiales en el desierto* (Miami, Florida: Vida, 2015), p. 35.

6. Formato adaptado de *The Growing Disciple*, The 2:7 Series, Curso 1 (Colorado Springs, Colo.: NavPress, 1987), n.p.

7. Citado en *The Growing Disciple*, p. 77.

8. Adaptado de *The Growing Disciple*, pp. 84-85.

9. Derechos cristianos en el trabajo: Qué dice la ley sobre la religión en el trabajo (Virginia Beach, Va.: The American Center for Law and Justice, 1997), pp. 9,13.

Querida lectora:

Después de escribir este libro, tengo un nuevo aprecio por la declaración final del Juan en su Evangelio: "Jesús hizo también muchas otras cosas, tantas que, si se escribiera cada una de ellas, pienso que los libros escritos no cabrían en el mundo entero" (Juan 21:25). Si Juan pudo dejar su Evangelio sabiendo que no lo había dicho todo, yo también debo estar dispuesta a dejar que el Espíritu Santo continúe donde yo me he quedado. Después de todo, Él es el único que puede guiarte a la verdad. Mis palabras no son otra cosa que una sombra vacía de todo lo glorioso que Dios desea hacer en ti.

Que el Señor tome esta simple historia de dos hermanas y use este papel y tinta, estas palabras, como una puerta que te conduzca a una relación más profunda con Él. Recuerda que es un proceso de toda la vida y una obra del Espíritu Santo, no algo que podamos lograr con nuestros medios y recursos. ¡Esa es una buena noticia!

Dios mismo desea escribir una carta de amor en tu corazón, una carta "escrita en nuestro corazón, conocida y leída por todos" (2 Corintios 3:2). Me encantaría escuchar sobre la historia que Dios está escribiendo en ti. Aunque quizás no pueda responder a cada carta, consideraría un privilegio tener la oportunidad de orar por ti.

¡Las más deleitables y extravagantes bendiciones para ti, querida amiga y hermana!

Joanna

Doy gracias a mi Dios cada vez que me acuerdo de ustedes.
En todas mis oraciones por todos ustedes, siempre oro con alegría (...)
Estoy convencido de esto: el que comenzó tan buena obra en ustedes
la irá perfeccionando hasta el día de Cristo Jesús.
Filipenses 1:3-6